Anne Guibert et Marie-Laure Cuzacq

Le grand livre de la manipulation

EDITIONS ESI

Sommaire

Introduction 11

PREMIÈRE PARTIE :

LA MANIPULATION EN 35 LEÇONS

Pourquoi user de manipulation ? 19

La théorie de l'engagement 24

Le sentiment de liberté 29

Le principe de réciprocité 34

Le besoin d'appartenance 39

Estime de soi et influence 44

Les techniques de manipulation

Le langage du corps 51

Toucher et proxémie 56

La synchronisation 61

Les leçons de la PNL 66

Le pied dans la bouche 71

Le storytelling 76

L'effet de puits 81

L'étiquetage 86

Le jeu de la séduction 91

Parler à un homme 96
Parler à une femme 101
Le pied dans la porte 106
Le leurre et l'amorçage 111
La porte au nez 116
Et ce n'est pas tout ! 121
Le pied dans la mémoire 126
Créer le besoin 131
La technique peur/soulagement 136
Un peu, c'est mieux que rien ! 141
La psychologie inversée 146
La stratégie gagnant-gagnant 151

MANIPULER À BON ESCIENT

Désamorcer un conflit 159
La manipulation passive 164
Savoir analyser la situation 169
Manipuler des inconnus 174
Manipuler ses proches 179
Manipuler au travail 184

SECONDE PARTIE : MANIPULATEURS ET PERVERS NARCISSIQUES, COMPRENDRE ET DÉJOUER LEURS PIÈGES

La manipulation : une notion ambiguë 195
Cohérence et engagement 200
Domination, soumission et manipulation 205
Incertitude, peur et manipulation 210
L'illusion du libre arbitre 215
Isolement et compartimentage 220
Savoir se rendre sympathique 225
Complimenter pour mieux manipuler 230
Engendrer la confusion 235
Utiliser notre rapport au groupe 240
Manipuler l'information 245
Dépendance et culpabilité 250
Manipulation et jeux psychologiques 255

DÉJOUER LES PIÈGES DES MANIPULATEURS

Dictature et manipulation 263

Sectes : séduction et manipulation 268
Sectes et dépendance 273
Le pervers narcissique : petite définition 278
Le pervers narcissique en couple 283
Le pervers narcissique au travail 288

NE PLUS SE FAIRE MANIPULER

Faire confiance à son système d'alarme interne 295
Ne plus culpabiliser 300
Faire preuve d'affirmation de soi 305
Savoir dire non 310
Éviter le piège de la réciprocité 315
Savoir revenir sur sa décision 320
Garder contact avec ceux qui comptent 325
Clarifier sa communication 330
Être clair avec soi-même 335
Être conscient de ses choix 340

Conclusion 347

INTRODUCTION

« Ce n'est même pas la peine que je lui demande une augmentation, il ne voudra jamais », *« Sabrina, laisse tomber, elle m'a dans le nez, je vais plutôt les faire moi-même mes photocopies »*, *« Je ne sais pas s'il m'accompagnera finalement à cette soirée, il n'avait pas l'air convaincu... »* Qui n'a jamais rêvé, pour une fois, de tirer les ficelles ? De cesser de dépendre de la volonté capricieuse d'un collègue lunatique, d'un patron radin ou d'un ami hésitant ? Que diriez-vous de reprendre la main et d'optimiser votre influence sur les autres ? Cet ouvrage, qui présente deux parties, vous propose dans un premier temps de découvrir comment manipuler autrui, mais sans arrière-pensée négative. Dans un second temps, vous apprendrez comment ne pas vous faire prendre vous-même aux pièges d'autres manipulateurs.

Cet ouvrage n'a pas la prétention d'être exhaustif, mais il peut apporter quelques outils théoriques et pratiques pour mieux comprendre la nature humaine. Car étudier la manipulation, c'est étudier les petits et grands secrets de l'être humain : ses désirs, ses intentions, ses motivations, ses émotions. C'est aussi, de façon plus pratique, avoir une vision plus claire des échanges et des relations avec nos proches, nos collègues, nos amis... Dans ce livre, le terme « manipulateur » est utilisé fréquemment, car il n'y a qu'un seul mot pour parler de celui qui manipule. Il faut cependant se défendre contre une vision trop manichéenne de ce terme : il n'a pas forcément cet aspect négatif qu'on lui prête souvent. Tous les manipulateurs ne sont pas forcément des personnes assoiffées de pouvoir et de sang. Un manipulateur, ce peut être votre enfant, votre mari, votre patron, votre mère, votre père, votre meilleur ami... vous-même, peut-être ? Il faut donc prendre ici le mot « manipulateur » au sens large, c'est-à-dire comprendre tout

simplement la personne qui manipule. Gardons-nous bien de coller des étiquettes de façon inconsidérée sur ceux qui nous entourent…
Les grandes questions traitées dans cet ouvrage sont donc les suivantes. Comment la manipulation affecte-t-elle nos décisions ? Quelles sont les cordes sensibles sur lesquelles elle joue ? Quelles techniques met-elle en œuvre ? Comment se positionner comme dominant dans de telles situations ? Quels en sont les dangers ? Et enfin, comment s'en libérer et s'en défendre ?
Vous trouverez dans la première partie les techniques et les outils de manipulation. Vous vous rendrez compte qu'ils ne sont pas réservés qu'à servir de sombres desseins. Bien maîtrisés et utilisés à bon escient, ils peuvent vous aider dans votre vie quotidienne à faire entendre votre voix : faire la différence lors d'un entretien d'embauche, convaincre vos collègues ou vos proches, négocier une augmentation, gérer les conflits, ou même séduire… Ce guide n'a rien d'un pacte avec le diable, il est destiné avant tout à vous aider à améliorer vos compétences de communication. Découvrez les principes psychologiques sur lesquels s'appuie la manipulation, puis, appropriez-vous les techniques plus élaborées qui vous permettront d'atteindre vos objectifs. Les témoignages vous aideront à considérer les applications concrètes de ces connaissances théoriques. Le récapitulatif de fin de chapitre vous permettra d'adapter la manipulation en fonction des personnes que vous souhaitez influencer. La manipulation est une notion plurielle dont il faut aborder les deux aspects. Manipuler, et ne pas se faire manipuler. C'est la vocation de la seconde partie de ce livre. Vous y apprendrez à aiguiser votre œil pour déceler les comportements des manipulateurs et ne pas vous laisser influencer par eux. Nous balayerons ainsi le large spectre de la manipulation : de la plus bénigne à la plus dangereuse, de la plus inoffensive à la plus destructrice.
Bonne lecture !

PREMIÈRE PARTIE

La manipulation
en 35 leçons

Pourquoi user de manipulation ?

« Quand on se fout de la morale, le moral va mieux. »

Albert Willemetz

Témoignage

« J'ai toujours été très honnête, un peu poire maintenant que j'y pense. Je n'ai jamais usé de stratagème, je ne mens pas, je suis directe. Dans ma vie privée et au boulot aussi. J'ai un travail que j'exécute sérieusement et je m'attendais à être reconnue pour ça. J'ai été augmentée quelques fois mais mon salaire n'a jamais vraiment décollé.

Ça, c'était avant que je ne sympathise avec Caroline, la nouvelle standardiste. On travaille dans le bâtiment, alors les femmes sont plutôt rares. Caroline, c'est tout le contraire de moi. Elle est toujours à comploter, minauder, mentir pour obtenir ce qu'elle veut... et elle l'obtient ! Elle a donc réussi à avoir une augmentation. Sa technique était assez simple, elle ne demandait pas s'il était envisageable qu'elle ait une augmentation, comme moi je l'avais fait, elle demandait un chiffre précis d'augmentation, extrêmement élevé, qu'elle était sûre de ne pas obtenir. Mais elle le faisait avec un tel aplomb que la question même de l'augmentation ne se posait pas et qu'on lui en proposait naturellement une plus modeste. Elle m'a expliqué également qu'elle laissait entendre que d'autres étaient prêts à l'embaucher, ce qui était évidemment faux. Elle m'a expliqué que dans la vie professionnelle, les plus méritants n'étaient pas les plus récompensés à moins qu'ils sachent y faire et qu'il s'agissait d'un jeu social comme un autre, où personne ne risquait rien. Depuis que j'ai compris cela, ma vie a un peu changé. »

Nelly, 47 ans

Un peu de théorie

Communication et manipulation

On a beau s'en défendre, la manipulation est partout autour de nous, que ce soit au travail (avec nos collègues, nos employés, nos supérieurs hiérarchiques) ou dans notre vie au quotidien (en famille, entre amis, chez les commerçants, etc.). Si l'on s'en tient à la définition la plus simple, « amener quelqu'un par des voies détournées à faire ce qu'on veut », c'est plusieurs fois par jour qu'on en est l'auteur ou l'architecte, le plus souvent sans même y penser. En effet, en considérant stricto sensu la définition, l'on joue sur ce terrain dès que l'on ne demande pas franchement et directement quelque chose. Et l'on a beau être le plus honnête du monde, on sait tous, d'expérience ou d'instinct, comment procéder avec certaines personnes ou dans certaines situations. Je sais, par exemple, que si je lance la boulangère sur sa famille, elle m'ajoutera sans doute un petit cadeau à mes achats ; je sais qu'il ne faut pas demander à mon collègue quoi que ce soit avant le déjeuner sous peine de voir ma demande automatiquement rejetée ; je sais que si je dis à ma mère que mon fils est malade, elle me proposera de venir le garder… Toute communication est une sorte de manipulation.

L'expérience nous prouve bien souvent qu'il ne suffit pas de demander pour être exaucé. Comprendre comment sont motivées nos actions et nos décisions, connaître les outils de communication, les adapter à son public et maîtriser certaines techniques vous permettra d'obtenir beaucoup plus que vous ne l'espériez.

La manipulation innocente

Si toute communication est manipulation, toute manipulation n'est pas innocente pour autant. Il y a un monde entre amener son mari à faire la vaisselle de lui-même et endormir la vigilance d'une personne pour lui voler son argent. Les spécialistes s'accordent pour distinguer en réalité trois types de manipulation : la manipulation dite « innocente » appelée aussi influence, la manipulation égocentrique et la manipulation malveillante.

L'influence vise le « bien » de la personne sur laquelle on l'exerce. Manipuler ne signifie donc pas forcément nuire à autrui. Le « bien » tel qu'on l'entend, cela va sans dire, c'est-à-dire qu'on incite quelqu'un à aller vers ce qu'on considère, nous, comme juste ou meilleur pour eux. On le fait donc pour eux mais pour nous aussi, pour notre conscience. Il peut s'agir, par exemple, d'amener ses enfants à se laver les dents pour éviter les caries, à lire ou à respecter le code de la route : on pense que c'est bien pour eux, et l'on use de tous les procédés efficaces pour les y amener s'ils ne le font pas eux-mêmes directement. Le cadeau que l'on fait est souvent à mettre dans cette catégorie aussi : j'offre ce livre à mon frère parce que je connais ses goûts et je sais qu'il va l'apprécier ou que cette lecture lui sera bénéfique. Ce peut être aussi pour protéger ceux qu'on aime : faire cesser un comportement qu'on juge nocif ou dangereux (fumer, se surmener, etc.) ou les aider à surmonter leurs appréhensions ou à progresser.

Les manipulations égocentrique et malveillante

La manipulation égocentrique a pour but le bien, la satisfaction, la réussite personnelle de la personne qui l'exerce. C'est l'augmentation négociée d'une main de maître, c'est le rendez-vous obtenu contre toute attente ou encore le cadeau de Noël qui ne tombe bizarrement pas à côté. Attention, « égocentrique » ne veut pas forcément dire qu'il y a une personne lésée dans l'histoire, cela signifie seulement que vous êtes le bénéficiaire de l'opération. Si vous œuvrez en vue de vous faire aider par des amis tire-au-flanc pour votre déménagement, à moins d'un accident, vous aurez atteint votre objectif et vos amis auront peut-être eu l'occasion de passer un bon moment ensemble. Dans tous les cas, vous n'aurez fait souffrir personne. En revanche, si vous vous félicitez d'arriver à emprunter de fortes sommes à ces mêmes amis sans jamais les rembourser, ils y trouveront sans doute à redire à un moment ou à un autre.

La manipulation malveillante est complètement différente. Elle vise la destruction de l'individu influencé. Bien évidemment, vous ne trouverez dans ces pages aucune recette pour vous aider à devenir un parfait harceleur ou un pervers narcissique hors pair, mais il peut être utile quand on commence à maîtriser l'art de l'influence de poser des garde-fous. Demandez-vous toujours jusqu'où vous êtes prêt à aller, quelles sont les limites à ne pas franchir et si vos agissements ne nuisent en rien à la personne que vous êtes en train d'influencer.

À RETENIR

Tout le monde manipule tout le monde

C'est un des effets de la communication. On le fait la plupart du temps sans y penser. On l'utilise à chaque fois qu'on n'est pas dans une demande directe pour parvenir à nos fins. On peut avoir recours à plusieurs techniques en fonction des personnes à manipuler. Il y a trois types de manipulation à différencier : innocente, égocentrique et malveillante.

Manipuler pour l'intérêt d'autrui

la manipulation innocente est aussi appelée influence. Elle vise le bien, la protection ou le plaisir de la personne qu'on manipule. C'est faire en sorte qu'elle fasse quelque chose qu'on considère bon pour elle mais auquel elle n'aurait pas pensé toute seule. C'est simplement optimiser sa façon de communiquer pour obtenir plus facilement ce qu'on recherche.

Les autres types de manipulation

La manipulation égocentrique a pour objectif son propre bien-être, la personne manipulée n'est qu'un moyen d'y parvenir. On l'utilise sans lui nuire. Quant à la manipulation malveillante, elle est dangereuse et nocive, il y a toujours un risque à jouer avec les armes de communication. Gardez les pieds sur terre et ne vous laissez pas aveugler par le pouvoir.

La théorie de l'engagement

« Le sage change d'avis et le sot s'entête. »

Proverbe espagnol

Témoignage

« Il m'est arrivé une fois de participer à un concours de cuisine. L'épreuve du jour consistait à réaliser un gâteau d'anniversaire un peu exceptionnel pour un goûter d'enfants. J'avais à ma disposition un super moule en forme de château de princesse. J'étais ravie ! je me mets au travail : avec enthousiasme, je prépare ma génoise et je la verse dans le moule tandis que le four préchauffe. Là, un autre concurrent me fait remarquer que j'ai oublié de graisser le moule : erreur de débutant ! À ce moment-là, il aurait été simple de retirer la pâte, rincer le moule et le graisser tout simplement, en plus il me restait beaucoup de temps devant moi. Mais, je ne sais pas ce qui m'a pris, j'ai complètement ignoré sa remarque, j'ai continué ce que je faisais comme si de rien n'était et j'ai mis mon gâteau au four. Le moment du démoulage a été épique : j'ai perdu deux tours sur les quatre et le reste n'était pas dans un état présentable non plus. La catastrophe ! J'avais encore le temps de recommencer... pourtant, je me suis acharnée, j'ai fait un glaçage au chocolat. Le résultat était affligeant : il y avait bien une vague idée de château mais on aurait dit qu'il avait été dévasté par un fleuve de boue. Pour rendre tout ça un peu plus gai, j'ai eu l'idée d'ajouter des bonbons colorés un peu partout. Un désastre, non seulement mon gâteau ne ressemblait à rien du tout mais en plus il était immangeable parce que beaucoup trop sucré. J'ai perdu, bien évidemment. »

Gaëlle, 24 ans

Un peu de théorie

La cohérence et l'engagement

Quand on prend une décision (justifiée, extorquée, n'importe quelle décision), on a tendance à ne pas changer d'avis et même à agir dans la droite ligne de cette décision : c'est ce qu'on appelle la cohérence. Évidemment, c'est plutôt normal et sain. À qui pourrait-on se fier si tout le monde s'avisait de changer d'avis sans raison ou agissait de façon contraire à ses décisions ? Là où c'est moins raisonnable, c'est quand la décision s'est avérée être mauvaise, qu'elle n'a pas eu les résultats qu'on attendait et qu'on ne renonce pas, qu'on continue tout de même à s'acharner.

Chaque décision ou action a un coût : en argent, en temps, en énergie… Et plus une action est chère, plus elle est engageante. Plus j'investis dans quelque chose, moins je suis susceptible de revenir en arrière, sous peine de voir mon investissement gâché. Imaginons que je sois invitée à un mariage et que je cherche de belles chaussures pour aller avec une robe que je possède déjà. Je cherche pendant un après-midi entier et je ne trouve rien. Après tout ça, je pourrais raisonnablement reconsidérer le choix de ma robe mais comme j'ai déjà engagé du temps dans cette recherche, je vais m'obstiner et perdre encore plus de temps en espérant trouver la perle rare. Et plus je vais chercher, plus je vais être engagée dans cette recherche, plus j'aurai du mal à renoncer. L'escalade d'engagements se caractérise justement par une série de décisions qui sont de plus en plus coûteuses et infructueuses.

Le piège abscons

C'est le piège dans lequel on s'est mis tout seul à cause de l'effet pervers de l'engagement. C'est lorsqu'une personne campe sur ses positions, qu'elle reste focalisée sur une stratégie ou qu'elle maintient une ligne de conduite dans laquelle elle a déjà beaucoup investi (en argent, en temps, en énergie) et ceci au détriment d'autres stratégies ou lignes de conduites bien plus avantageuses mais qu'elle n'a pas voulu voir ni prendre en considération. Le principe est simple et le scénario connu de tous : on prend une décision qui s'avère rapidement mauvaise et, plutôt que de faire marche arrière et comme on a déjà « investi » dans cette mauvaise voie, on s'obstine en accumulant les erreurs. Et plus on s'obstine, plus on s'engage, et le piège prend forme. On peut, par exemple, observer ce phénomène au sein de couples que tout oppose, qui ne s'aiment et ne s'entendent plus mais qui s'évertuent à rester ensemble tout de même. Non seulement l'engagement entraîne l'engagement mais la remise en question implique souvent la reconnaissance d'une erreur originelle, ce qui n'est jamais agréable. On s'est investi dans quelque chose, on y a mis du cœur et on ne veut pas reconnaître qu'on a fait tout ça pour rien. C'est le plat dans lequel on a renversé trop de sel qu'on essaie de sauver en ajoutant des épices. C'est aussi le cas typique de mauvaise sortie d'autoroute : on continue parce qu'on pense que cela va bien mener quelque part jusqu'au moment où l'on est complètement perdu.

Quid de la manipulation ?

Cette tendance naturelle peut être exploitée pour la manipulation. Il suffit d'amener la personne à prendre une décision ou lui faire croire qu'elle a pris une décision. Dès lors, la personne est « engagée » et va agir conformément à sa décision. La plupart des manipulations consistent, pour un résultat souhaité B, à extorquer une première décision A, simplement destinée à « conditionner » la personne dans une chaîne de décisions cohérentes. J'ai besoin de téléphoner mais mon téléphone n'a plus de batterie. Si j'arrête quelqu'un dans la rue pour lui demander de but en blanc son téléphone, il y a peu de chances qu'il accepte. Mais si je commence par lui demander l'heure, il sera plus réceptif à ma demande quand elle viendra. La raison est simple :

si je demande l'heure, il est peu probable que la personne refuse tant le coût du service est moindre. Ce qu'elle ne sait pas, c'est que, ce faisant, elle s'est comme engagée à me rendre service et qu'il lui sera difficile de dire non quand je lui demanderai de me prêter son portable. Un refus aussi peut être engageant : un ami de mon fils participe à une vente pour payer un voyage scolaire, il me sollicite pour acheter un lot de DVD. Je refuse poliment en arguant que j'aimerais l'aider mais que je n'ai que la moitié de la somme... Il décide aussitôt de les vendre à l'unité ce qui me met dans une position où il ne m'est plus possible de refuser. Ici, malgré mon refus, j'ai exprimé mon envie de l'aider, je me suis engagée là encore.

À RETENIR

Des comportements cohérents

Quand je prends une décision, elle n'est généralement pas isolée de ce que je suis en règle générale et elle conditionne la suite de mes agissements. Si une décision est mauvaise, on a tendance à vouloir persévérer parce qu'on s'est investi. Et plus une action me coûte (en argent, en temps, en volonté), plus elle va m'engager pour la suite.

Ne pas tomber dans le piège

Je prends une mauvaise décision sans m'en rendre compte. Et, plutôt que de la remettre en question dès que je m'aperçois qu'elle pose des problèmes, je préfère persister, continuer à m'engager, quitte à perdre beaucoup et à aggraver la situation. C'est ainsi qu'on se retrouve piégé. On perd finalement encore plus en s'obstinant qu'en s'arrêtant à temps.

Comment manipuler

La personne qui manipule doit mettre sa « victime » dans une dynamique qui va l'engager pour la suite. On lui demande par exemple un petit service qu'elle ne peut qu'accepter et lorsqu'on lui en demande un plus grand juste après, elle ne peut donc pas refuser. On a réussi à l'amener à prendre une décision et elle ne peut plus faire machine arrière.

Le sentiment de liberté

« Nul n'est plus esclave que celui qui se croit libre sans l'être. »

Goethe

Témoignage

« Je suis professeur de latin débutant à la fac. C'est un défi pour moi parce que c'est une matière difficile, une langue morte que peu d'étudiants ont envie d'apprendre, et tout à fait facultative dans le cursus où j'enseigne. Mon but, c'est garder le plus d'élèves possibles pour qu'on ne me sucre pas mon cours. Normalement, il suffit seulement que les étudiants y aient consacré un an pour qu'ils se réinscrivent l'année suivante. Il faut donc faire en sorte qu'ils s'investissent suffisamment pendant cette année-là. Avant, je donnais des devoirs et je faisais des interros très régulièrement mais ça ne marchait pas du tout. Les résultats étaient mauvais, ils me disaient tous qu'ils étaient déjà surchargés de travail, ils commençaient à sécher et beaucoup abandonnaient en cours d'année. C'était trop pour eux. J'ai donc décidé de changer de méthode : je propose des interros et des devoirs facultatifs. Je dis par exemple : "Pour ceux qui veulent et qui ont le temps, il y a une version très intéressante page x, si vous me la rendez, je la corrigerai" ou "Jeudi prochain, je ferai une interro de grammaire, vous êtes libres de participer ou pas." Eh bien, ça a marché ! Quand je propose un devoir facultatif, ils sont plus nombreux à me le rendre que quand c'était obligatoire ! Et, qui l'eût cru, les interros aussi ont leur succès ! Et les résultats aux partiels suivent évidemment. Bien sûr, il y a toujours des gens qui abandonnent mais beaucoup moins qu'avant. »

Vincent, 34 ans

Un peu de théorie

La liberté, un concept flou

Donner une définition au terme de liberté est une tâche difficile à laquelle nous ne nous mesurerons pas. Le fait est que le sentiment de liberté, c'est-à-dire celui de pouvoir agir sans entrave ni influence, de faire ce que l'on veut (dans la mesure du possible) est un sentiment indispensable au bien-être de l'homme. Il fait partie de ses fondamentaux. Bien sûr, il est contraint de toutes parts, par son corps, les lois de la physique, les lois du pays dans lequel il vit, ou même par sa situation professionnelle ou familiale. Il serait trop facile de pouvoir agir toujours comme on l'entend ! Mais cela ne nous rend pas pour autant malheureux. On a tous des obligations, des responsabilités. On doit tous faire des petits efforts pour pouvoir être insérer dans la société, dans un groupe, à l'école, au travail... bien sûr, il faut essayer de ne pas voir cela comme des entraves à notre liberté d'action, mais plutôt comme une envie de s'adapter pour mieux vivre avec les autres. À l'intérieur même de ces contraintes, on peut trouver de petites marges de manœuvre qu'il convient de préserver et qui permettent de ne pas nous sentir brider.

Pour réussir à manipuler une personne, il faut alors, avant tout, la laisser dans l'illusion qu'elle conserve toute sa liberté. Pour arriver à ses fins, il peut suffire pour cela d'utiliser une simple phrase pour faire tomber la vigilance : *« Vous faites ce que vous voulez après tout », « Tu es entièrement libre de refuser ou d'accepter, bien sûr. »*

Liberté et engagement

Créer ou préserver ce sentiment de liberté est donc le secret d'une bonne manipulation. N'oublions pas que manipuler, c'est amener quelqu'un par des moyens détournés à faire quelque chose qu'il n'aurait pas fait autrement. C'est l'influencer, l'amener à agir pour son bien-être, dans son intérêt. Pour qu'il y ait manipulation, il faut que cette personne soit intimement persuadée d'être aux commandes et qu'elle croit réellement être la seule à avoir pris ses décisions sans avoir été influencée par personne. Par exemple, si vous travaillez dans la vente, vous allez proposer plusieurs produits à vos clients, vous allez bien sûr, avant tout, vanter leurs qualités. Un autre bon argument de vente est la proposition d'un délai de rétractation : les clients ont la liberté de rendre le produit s'ils ne sont pas satisfaits. Cela les convainc donc d'acheter et une fois la décision prise « en toute liberté », le sujet est engagé. Et cet engagement les empêche, en général, de rendre ce qu'ils ont acheté. Ce serait la même chose pour un professeur qui déciderait de ne faire que des devoirs facultatifs à ses élèves. Ils auront alors l'impression d'avoir le choix de travailler ou non et à ce moment-là, s'ils décident de s'y soumettre, ils le feront vraiment. Ils commenceront à investir de leur temps et de leurs efforts dans cette matière, leurs résultats augmenteront, ils seront motiver parce qu'ils auront fait ce choix par eux-mêmes et il leur semblera logique de continuer sur cette lancée.

Soumission librement consentie

Dans tout cela, on ne peut pas nier qu'il y a une relation de pouvoir qui s'instaure entre les différentes parties. Imaginons un couple dont la femme veut aller passer le week-end chez ses parents. Elle pourrait tout simplement l'imposer à son mari : *« Ce week-end, on va chez mes parents. »* Mais avec cette technique, elle a peu de chances d'atteindre son objectif. Ou alors, elle peut agir de façon plus subtile en lui laissant entendre qu'il a le choix de ne pas venir s'il veut : *« Ce week-end, je vais aller chez mes parents. »* Il va sans dire que le mari ne serait jamais allé de lui-même passer le week-end chez les parents de sa femme. Il sait cependant qu'elle veut qu'il l'accompagne, même si elle ne le formule pas, ce en quoi elle fait bien, puisqu'elle préserve

son sentiment de liberté. On parle alors de soumission librement consentie : oui, je fais ce que tu veux mais parce que « je » l'ai décidé. On crée un sentiment de liberté dans la contrainte même.
On peut aussi jouer sur la peur de se faire manipuler en comptant sur l'effet de réactance. Dans les relations d'autorité ou d'emprise, le sentiment de liberté est constamment menacé et le sujet a tendance à résister pour le sauvegarder. Il peut se contenter de ne rien faire, c'est ce qu'on appelle la résistance passive, ou carrément faire le contraire, c'est-à-dire faire exactement ce qu'on nous interdit de faire, consciemment ou non. En agissant de la sorte, la personne a l'impression de reprendre les commandes.

À RETENIR

Pas de manipulation sans liberté

La liberté est un droit fondamental. C'est le propre de l'homme. C'est pourquoi, pour réussir à manipuler quelqu'un, il faut absolument qu'il pense que sa liberté n'est pas entravée. Il est facile d'endormir sa vigilance par des mots rassurants, qui mettent en valeur son libre arbitre : *« Bien sûr, vous êtes libre de refuser », « c'est toi qui vois »*...

Une décision engageante

Tout l'art de la manipulation consiste à faire croire à la personne manipulée qu'elle a le choix, que c'est elle qui décide et qu'elle ne subit l'influence de personne. La décision qu'on prend librement est plus engageante que celle prise sous la contrainte. Et une fois que la personne s'est engagée, elle s'investit bien plus et ne revient pas en arrière.

Une relation de pouvoir

On peut préserver ce sentiment de liberté même quand on se plie à la volonté d'autrui, c'est ce qu'on appelle la soumission librement consentie. On obéit à quelqu'un mais parce qu'on l'a décidé : je ne me soumets pas, je décide d'accéder à ta demande. La peur de perdre sa liberté peut aussi être exploitée avec les manœuvres de la psychologie inversée.

Le principe de réciprocité

« Œil pour œil, dent pour dent. »

Exode

Témoignage

« Depuis quelque temps, pour arrondir mes fins de mois, j'exerce la profession de représentante pour une marque de parfums. Je dois faire du porte-à-porte pour essayer de les vendre. C'est une marque que je ne connaissais pas auparavant et qui n'utilise que ce procédé pour vendre ses produits. Au début, je le reconnais, j'étais assez sceptique mais la copine qui m'avait mise en relation m'a assuré qu'à chaque fois qu'elle présentait ses produits, elle réussissait à faire une vente. La technique est simple, on se rend chez la cliente potentielle, on lui explique un peu ce qu'est le produit en vantant ses qualités et puis on propose de laisser un coffret de démonstration pendant 48 heures chez elle, pour qu'elle l'essaie hors de toute pression, pour qu'elle en profite. Bien sûr, elle peut vider les bouteilles si elle en a envie. Mais en général, elle n'a pas le temps, ni l'envie ! On revient deux jours plus tard pour récupérer le coffret, débriefer, discuter un peu avec la cliente, voir ce qu'elle a pensé du parfum et tenter de lui vendre quelque chose. Et ça marche ! Au début, je ne comprenais pas trop pourquoi ni comment. Après tout, nos parfums sont de bonne qualité, c'est vrai, mais ils n'ont vraiment rien d'exceptionnel. Cela ne fait pas longtemps que j'ai saisi : en fait elles se sentent un peu redevables du "cadeau" qu'on leur a fait (profiter gratuitement de tous nos parfums pendant 48 heures) et s'acquittent de leur dette en faisant un achat. »

Christine, 34 ans

Un peu de théorie

Un principe universel

Le principe est très simple : si une personne nous fait grâce de quelque chose, il faut lui rendre en retour. Il peut s'agir de n'importe quelle transaction : mon voisin me rend service, je m'efforcerai de lui être utile le moment voulu ; je reçois une carte de vœux, j'en enverrai une en retour, un simple *« bonjour »* demande une réponse équivalente. Et ce n'est pas qu'une règle de politesse restreinte : ce principe a cours dans toutes les sociétés humaines et s'applique à tous les échanges. C'est même l'un des principes de cohérence de toute société.

Nous agissons tous de cette manière et nous trouvons cela naturel. Quand je rends service à quelqu'un, j'en fais mon « obligé » et le terme n'est pas anodin. Il se sent véritablement contraint de me rendre la pareille. La possibilité d'accepter quelque chose sans rien faire en retour n'est pas envisageable. De fait, on préfère refuser un avantage, même présenté comme sans aucun engagement, que risquer d'être redevable à un moment donné à quelqu'un sans pouvoir honorer sa dette. Imaginons par exemple un rendez-vous galant : Pierre invite Géraldine à dîner et insiste pour payer l'addition. Si le rendez-vous s'est bien passé, il est probable que Géraldine laissera Pierre payer parce qu'elle sait qu'ils seront amenés à se revoir et qu'elle pourra s'acquitter de sa dette ultérieurement. En revanche, si elle veut cesser net leur relation, elle insistera de toute évidence pour payer sa part, de façon à ne pas se sentir redevable.

Un outil de manipulation

On peut se soustraire à ce principe quand il est évident, comme dans l'exemple précédent : la personne invitée à dîner peut essayer de refuser le « don » qu'on lui fait. Mais il est également possible de créer des dettes. Prenons un exemple : si votre fille est adorable, qu'elle s'active à toutes sortes de tâches ménagères dans votre maison sans que vous ne réclamiez jamais rien, qu'elle est serviable, obéissante et sage, vous vous sentirez obligé d'accepter le service qu'elle vous demandera à un moment donné, quand elle voudra sortir en discothèque avec son petit copain. En effet, comment lui refuser alors qu'elle fait autant de choses pour vous, qu'elle est irréprochable ? Vous vous dites qu'elle mérite bien cette distraction, après toute l'aide qu'elle a apportée. Sa façon de procéder vous met devant le fait accompli, vous êtes comme piégé. Elle ne propose pas de tondre la pelouse, ni de mettre la table, elle le fait d'elle-même et crée ainsi une sorte de dette. Le « don » n'a pas à être seulement matériel, il peut tout simplement s'agir de temps. C'est sur ce principe que reposent la plupart des ventes en réunion : le vendeur donne de son temps, de son énergie, de son enthousiasme pour présenter ses produits et les gens se sentent obligés de lui acheter au moins « un petit quelque chose » en contrepartie du temps qu'il leur a consacré et du mal qu'il s'est donné (pour transporter son matériel, faire sa présentation, répondre aux questions, etc.).

Une technique

La technique dite de la porte au nez repose aussi sur ce principe de réciprocité. En voici le fonctionnement : je demande quelque chose à une personne, quelque chose qui, je le sais, est beaucoup trop coûteux (en argent, en temps, en énergie, en volonté...) pour qu'elle puisse accepter, bien qu'elle soit d'accord sur le principe de m'aider. Bien entendu, elle refuse. À ce moment, je peux demander ce que je veux réellement, c'est-à-dire une chose qui n'aurait pas été acceptée de prime abord. Mais parce que je l'amène juste après son premier refus, ma requête va obtenir un bien meilleur accueil. Pourquoi cela fonctionne-t-il ? Grâce au principe de réciprocité : j'ai fait une concession (j'ai diminué mes exigences), mon interlocuteur se sent comme obligé d'en faire une aussi (accéder à ma seconde demande). On joue ici sur le sentiment de culpabilité de notre interlocuteur : on sait qu'il est plein de bonne volonté, qu'il a envie de nous faire plaisir et de nous aider. Et puisqu'il a refusé notre première demande, il est prêt à tout accepter pour se rattraper. Pour que cette technique fonctionne, il faut bien gérer les deux propositions que l'on soumet, en sachant que l'une n'existe pas sans l'autre. Elles doivent également ne pas être trop éloignées l'une de l'autre dans le temps pour que la personne manipulée ait bien en mémoire son premier refus. Un peu de comédie est nécessaire également : il faut avoir l'air déçu ou montrer qu'on fait une concession, un pas vers l'autre.

À RETENIR

Une obligation

Cela ne se réduit pas seulement à de la politesse. C'est un fondement de la vie en société sans lequel nous ne pourrions vivre ensemble. Quand quelqu'un fait quelque chose pour nous, on veut faire quelque chose pour lui en retour. C'est ressenti comme une obligation. C'est pourquoi il peut nous arriver de refuser de l'aide, pour ne pas se sentir redevable.

Créer des dettes

Il est bien plus facile de refuser un avantage que de ne pas s'acquitter de la dette naturelle qui en découle. Des dettes peuvent être créées sans que les personnes s'en aperçoivent : on peut leur rendre service à leur insu, leur offrir un cadeau… Le don n'est pas forcément matériel. Il peut être plus abstrait : ce peut être du temps, de l'attention…

La porte au nez

La technique de manipulation de la porte au nez repose essentiellement sur ce principe de réciprocité. On fait une demande coûteuse à quelqu'un qui ne peut que refuser. Il se sent coupable. Il est donc prêt à accepter votre seconde demande, qui est celle que vous souhaitiez réellement concrétiser. Chacun a eu l'impression de faire un effort pour l'autre.

Le besoin d'appartenance

« La plupart des hommes sont incapables de se former une opinion personnelle mais le groupe social auquel ils appartiennent leur en fournit de toutes faites. »

Gustave Le Bon

Témoignage

« Je me souviens quand j'ai décidé d'ouvrir mon restaurant. C'était un rêve que j'avais depuis longtemps et je pensais vraiment en avoir la carrure et les capacités. Sur le plan de la cuisine certainement, et au niveau de l'accueil aussi, j'étais au point, mais il y avait un détail que j'avais complètement négligé : la communication. Mon resto était plutôt situé dans un quartier animé, mais il restait désespérément vide. Je n'avais que près peu de clients, et encore, seulement au début quand j'ai fait des offres promotionnelles. Je songeais réellement à mettre la clef sous la porte quand une amie m'a ouvert les yeux sur ce problème. Les gens ne vont pas dans des restaurants vides : dîner au restaurant coûte bien trop cher pour qu'on soit prêt à prendre des risques. Un restaurant vide n'inspire pas confiance, s'il n'y a personne, on pense qu'il y a une raison et c'est sûrement parce que ce n'est pas bon ! Plus un restaurant est plein, plus il ramène de clients et inversement. Elle m'a donc proposé d'organiser quelques jours de « faux remplissage » : elle a mobilisé tous nos amis communs et les siens, nos familles, nos collègues, pour me remplir le restaurant durant quelques soirs. Bien sûr, je les ai invités. Dès le premier soir, ça a marché, les gens commençaient à s'arrêter sur le trottoir pour regarder la carte et quelques-uns sont entrés. Le troisième soir, on a dû refuser du monde ! Aujourd'hui, le restaurant marche bien, et tous les clients paient ! »

Patrick, 43 ans

Un peu de théorie

Un réflexe naturel

L'homme n'est pas un animal solitaire, il se définit par les autres : fils de X, mari de Y, ami de W, etc. Faire partie d'un groupe, d'une communauté, est une réalité et un besoin naturel. Chacun de nous appartient à une ou plusieurs communautés. Celles-ci sont basées sur des souvenirs, des goûts, des valeurs en commun. Il y a le cercle restreint de la famille, celui des amis, des collègues, mais aussi des cercles plus vastes comme celui d'une génération ou des habitants d'un pays ou plus spécifiques comme les fans d'un artiste ou les adhérents d'un club. Bien sûr, le groupe se nourrit de l'individualité de ses membres, mais il impose également une culture et un système de pensée que l'individu doit faire siennes s'il veut être reconnu comme légitime. Ce peut être une façon de s'habiller, une façon de parler ou encore d'appréhender la réalité.

Ne pas respecter les codes, c'est aller à l'encontre de la communauté et risquer de ne plus en faire partie, d'en être exclu. Sur le plan légal, si je transgresse la loi, je suis mis à l'écart du groupe société. À l'inverse, c'est en me conformant à ses codes que je rentre dans la communauté. Et s'il est un groupe dans lequel je me reconnais (comme par exemple, celui des mères, des gastronomes, des sportifs, ou des jeunes cool), j'aurais tendance à adopter ses attitudes. Et de fait, confronté à une situation inédite qui nous désarçonne, nous avons tendance à calquer notre comportement sur celui de nos pairs…

L'effet de groupe

Bien sûr, le groupe peut avoir une mauvaise influence sur l'individu qui en fait partie, celui-ci se retrouve comme pris au piège, et se sent obligé d'agir comme les autres pour rester intégré et éviter le rejet et l'isolement. L'effet de groupe peut être utilisé à des fins malveillantes dans le cas de dérives sectaires, de manipulations politiques ou de bandes organisées (malfaiteurs, gangs…). Il permet de se sentir plus puissant et d'en profiter pour exercer cette force du nombre sur d'autres groupes ou des individus isolés. On se sent protégé et invulnérable. Mais il peut aussi servir des intérêts plus nobles : récolter de l'argent pour une œuvre caritative, aider un proche à surmonter ses appréhensions ou fédérer des personnes autour d'un projet. Si les dons du sang s'installent en plein milieu des campus universitaires, ce n'est pas seulement parce que c'est plus commode pour les étudiants, c'est aussi pour fédérer un maximum de personnes qui, se reconnaissant dans les personnes qui entrent et sortent, seront plus facilement tentées de faire la même chose, de se laisser influencer. Les groupes de parole sont aussi fondés sur ce principe : les alcooliques anonymes ou les thérapies de groupe réunissent des personnes autour des mêmes problèmes et récréent une communauté où chacun va pouvoir se reconnaître en l'autre dans ses échecs mais aussi ses réussites, le tout dans une dynamique de progrès. Elles peuvent ainsi se servir de ce que font les autres pour s'en sortir.

Utiliser ce besoin

On peut utiliser le besoin d'appartenance de trois manières différentes. On pense d'abord naturellement au ressort identitaire : je me reconnais dans cette communauté parce qu'elle aime la même musique que moi, qu'elle pratique la même activité ou qu'elle a la même passion que moi. Elle adopte tel comportement dans cette situation, je vais donc faire de même. Les rédacteurs de pétitions l'ont bien compris et mettent en avant les personnalités charismatiques qui les ont signées et qui vont de ce fait exercer une influence sur nous.

Mais on peut également jouer sur les aspirations de la communauté à laquelle souhaite appartenir la personne. C'est surtout dans le monde de l'adolescence, où le besoin d'appartenance est le plus palpable, qu'on trouvera les exemples les plus remarquables : untel va s'habiller de la même façon que le groupe dans lequel il ou elle veut se faire accepter, un autre deviendra végétarien comme son artiste préféré et sa communauté de fans, ou encore il va aller dans la boîte de nuit que fréquente la bande de copains avec qui il veut devenir ami…

Enfin ce phénomène peut aussi être utilisé comme repoussoir : telle attitude est caractéristique d'un groupe honni, elle est donc à bannir ou à éviter : *« Non, pas ce tapis, ça fait nouveau riche, ringard, bobo, etc. »* C'est ce que peut faire une mère sans le vouloir en montrant en exemple une personne représentative pour son fils d'une communauté à laquelle il ne souhaite surtout pas appartenir.

À RETENIR

Le respect des codes

Le besoin d'appartenance est un phénomène naturel. Il s'observe chez tous les individus qui se définissent souvent par la ou les communautés auxquelles ils appartiennent (famille, amis, collègues, pays…). Chaque communauté a besoin des singularités de ses membres mais possède ses propres codes qu'il faut respecter si on veut l'intégrer et y rester.

Une référence rassurante

Devant une situation inédite, on a tendance à imiter le comportement du groupe dans lequel on se reconnaît. Cette tendance peut être utilisée à des fins manipulatrices ou malveillantes, parce qu'on se sent protégé et puissant, mais aussi pour aider quelqu'un à surmonter ses peurs, à se lancer dans une entreprise ou fédérer des personnes autour d'un projet.

Le rapport au groupe peut être de trois sortes

L'identification fera que je me conformerai aux attitudes et aux réactions de ce groupe dans une situation donnée. Si j'aspire à faire partie d'une communauté, j'aurai aussi tendance à suivre son exemple. Si au contraire, j'éprouve de l'aversion pour un groupe, il suffira qu'on me dise que telle décision lui est caractéristique pour m'en éloigner.

Estime de soi et influence

« Qui a confiance en soi conduit les autres. »

Horace

Témoignage

« Je vis en colocation avec Cindy. On ne se connaissait pas et ça colle bien entre nous. Pourtant, elle est tout le contraire de moi : extravertie, délurée… moi, je suis plus posée. Bon, je ne suis ni grande, ni mince, ni blonde comme elle… mais ça va plutôt bien. J'ai des amis, des résultats acceptables à la fac, je suis heureuse. Quand on nous voit pour la première fois ensemble avec Cindy, j'ai bien conscience qu'on me considère comme la petite grosse qu'elle traîne avec elle. En réalité, c'est plutôt le contraire. Non que je ne me considère comme le "cerveau", mais je crois quand même que je l'influence beaucoup. Malgré les airs qu'elle se donne, elle n'est vraiment pas sûre d'elle et accumule les plans foireux. Au début de l'année, je la retrouvais en larmes régulièrement, je passais des heures à lui expliquer qu'elle n'était pas la dernière des nulles. Je crois qu'elle a changé à mon contact, elle est moins angoissée, plus réfléchie. Elle a confiance en moi et m'écoute, du coup j'ai l'impression qu'elle choisit de mieux en mieux ses copains, et même elle commence à s'intéresser à autre chose. Ce qui est plutôt une bonne nouvelle parce qu'elle a un talent indéniable pour le dessin. J'ai vu qu'elle commençait à se sentir mieux dans sa peau, elle cherche à découvrir et étudier de nouvelles choses par elle-même. Elle a aussi une bonne influence sur moi à présent, elle m'aide à aller vers des personnes vers lesquelles je ne serais pas allée naturellement. »

Chiara, 22 ans

Un peu de théorie

L'influence

L'estime de soi désigne la façon dont chacun se voit. C'est l'évaluation que chacun fait de soi-même. Ce n'est pas seulement la confiance en soi, c'est aussi le respect qu'on a de soi, l'amour qu'on se porte, la gestion du regard des autres et la capacité qu'on a à accepter son passé et se projeter dans l'avenir.

Avoir une bonne estime de soi, c'est accepter de se voir sans filtre négatif ou positif : avoir conscience de ses défauts et de ses faiblesses, certes, mais aussi de ses qualités. Ne pas être dans la dévalorisation. C'est se respecter pour ce qu'on est.

Avoir une faible estime de soi prédispose à être manipulé. Quand on ne sait pas où on va ni qui on est, qu'on doute de soi, de ses capacités, on a tendance à se reposer sur les autres pour décider à sa place. Et l'on ne se pose pas de questions sur la légitimité des personnes qui cherchent à nous influencer : de toute façon, elles valent mieux que nous. On se sent inférieur et vulnérable.

À l'inverse, une bonne estime de soi est la garantie d'une influence puissante. Quand on est à l'aise avec soi et avec les autres, on renvoie une image positive qui attire la confiance. C'est là que la différence avec la confiance en soi est cruciale : je peux être persuadé d'avoir raison et ne convaincre personne. Une personne dont l'estime de soi est bonne ne tient pas à avoir raison à tout prix, elle accepte le doute, la critique et les prend en compte. Si elle se trompe, elle le reconnaît et cela assoit son autorité.

Booster l'estime de soi

S'estimer, cela ne va pas de soi ! Cela dépend de beaucoup de facteurs, à commencer par l'éducation qu'on a reçue, l'image que nous ont renvoyée nos parents quand nous étions petits, la façon dont ils ont géré les difficultés, leur manière de nous inculquer leurs valeurs, de nous aimer, de nous faire confiance. C'est souvent à cette époque que se sont formées nos croyances négatives : *« Je suis fainéant », « Je n'y arriverai pas », « Je ne suis pas digne d'intérêt ».* Des parents trop distants ou trop valorisants peuvent nuire à l'estime de soi. Dans un cas, l'on ne se sent pas aimable, pas à la hauteur, incapable de croire en nous, dans l'autre, on croit que tout nous est acquis, qu'on est les meilleurs et quand la vie vient nous prouver le contraire, la chute est violente et on tombe de son piédestal. Par la suite, l'expérience et les rencontres continuent à la former. Des événements malheureux peuvent contribuer à construire une mauvaise image de soi et la confiance s'effondre.

Parfois, il faut faire un véritable travail sur soi pour rétablir une estime de soi satisfaisante : revenir à plus d'objectivité (quels sont mes qualités, mes défauts, qu'en pensent réellement les autres ?), apprendre à faire preuve d'indulgence envers soi (je fais des erreurs mais je peux tâcher de m'améliorer), regarder en face ses erreurs mais aussi ses succès (je suis bon à ça), tirer les leçons de son passé, apprendre à lâcher prise et comprendre que tout ne dépend pas que de nous.

Une gymnastique quotidienne

Sans être pour autant complètement névrosé, on a tous des moments d'incertitude, de doute, de mal-être. On se sent perdu, démuni, on ne sait pas comment agir pour s'en sortir. Dans ces situations, on ne convainc personne. Des réflexes au quotidien peuvent vous aider. Se dévaloriser est une manie qui ne peut que vous nuire, pourtant c'est une habitude que nous sommes nombreux à partager : *« Faites pas attention, je n'ai pas fait le ménage », « Ce pull ? C'est trois fois rien, je l'ai acheté en solde », « Ça te plaît ? Moi, j'étais plutôt déçu de mon travail », « Jolie ? T'as vu mes cernes ? »* Bien sûr, c'est un réflexe de modestie, mais à force, le message finit par s'ancrer et le regard des autres change ; après tout, en vous dévalorisant de la sorte, ce sont eux que vous critiquez (s'ils vous complimentent sans raison, c'est qu'ils n'ont pas beaucoup de jugeote). Apprenez à accepter les compliments, ce n'est pas une maladie honteuse. Ce n'est pas de la prétention de les prendre en compte. Si on vous trouve jolie, si votre travail plaît, réjouissez-vous ! De plus, être toujours négatif fait fuir les autres ou les met dans une position inconfortable. Cela rend vos relations plus difficiles.

Plus vous vous jugerez digne d'estime, plus les autres feront de même, c'est un cercle vertueux. Pensez-y quand vous voudrez négocier une augmentation, convaincre votre conjoint(e) de changer les rideaux, ou mobiliser vos collègues autour d'un projet qui vous tient à cœur.

À RETENIR

Influencer grâce à une bonne estime de soi

Si on veut convaincre les autres, il faut d'abord être convaincu soi-même. L'estime de soi correspond au respect et à l'amour qu'on se porte. Il s'agit d'accepter ses qualités et ses défauts avec objectivité. Quand on a une bonne estime de soi, on peut facilement influencer les autres parce qu'on dégage une image positive et agréable qui donne confiance.

D'où vient la mauvaise estime de soi ?

Avoir une mauvaise image de soi-même peut provenir de notre enfance, de notre éducation, du comportement de nos parents avec nous, ou d'expériences que l'on a vécues par la suite. Lorsqu'on se dévalorise et que l'on ne se sent pas digne d'intérêt, on a tendance à accorder trop rapidement sa confiance, on devient une proie facile à manipuler.

Un travail au quotidien

Cela arrive à tout le monde de perdre confiance. Se dévaloriser est une manie qui se travaille sur le long terme. Évitez les réflexes toxiques, acceptez qu'on vous fasse des compliments, soyez objectif, bienveillant avec vous-même et attentif à ce que vous réussissez. En changeant le regard que vous posez sur vous-même, vous influencerez celui des autres.

Les techniques de manipulation

Le langage du corps

« Les yeux sont les fenêtres de l'âme. »

Georges Rodenbach

Témoignage

« Je reviens d'un tournoi de poker. J'ai vite été éliminé mais j'ai continué à regarder. Le poker est un jeu de hasard mais la difficulté principale pour moi est de réussir à cacher mes "tells", c'est-à-dire toutes les réactions qui peuvent trahir mon jeu. Il est presque impossible de ne rien exprimer pendant une partie. Il y a toujours un paramètre qui tend à nous échapper : le regard, la voix, les mains... Les techniques qu'on emploie ne sont pas des secrets mais il faut vraiment avoir un bon niveau pour les maîtriser. Il y a, par exemple, le fait d'adopter une gestuelle propre pour le jeu : les mouvements doivent être automatiques et indépendants de l'état d'esprit. Il faut également apprendre à rester calme, à maîtriser ses émotions. On peut aussi porter des lunettes de soleil pour cacher l'expression de ses yeux. Surtout ne pas parler plus que nécessaire et adopter toujours la même syntaxe.

Il est aussi important de pouvoir lire les "tells" des autres. Chaque individu a sa propre façon de jouer, il n'y a donc pas de truc infaillible pour détecter la technique qui marche. Une bonne observation est la clef de tout. Pour découvrir les "tells" des adversaires, il faut se concentrer sur tous leurs mouvements pour repérer un indice, une manie, un geste récurrent. Vous aurez touché le gros lot si vous découvrez que votre adversaire a une attitude particulière quand il bluffe. Surtout, il faut toujours faire le lien entre les attitudes des joueurs et le contexte du jeu. »

Maxime, 27 ans

Un peu de théorie

La communication non verbale

On ne communique pas seulement avec le langage. Notre corps et notre visage expriment quelque chose, aux aussi, de tout aussi important. La posture, la gestuelle, les différentes expressions du visage, les tics, la distance, les vêtements même, sont signifiants. Prêter attention aux positions du corps et aux mimiques qu'on peut lire sur le visage peut permettre de mieux comprendre son interlocuteur, de lire des choses en lui sans qu'il parle, voire de connaître la vérité alors qu'il essaie de nous mentir. Réussir à percevoir cela chez l'autre peut nous aider à maîtriser plus complètement le message que nous aussi nous envoyons.

Prenez, par exemple, un entretien d'embauche : les deux personnes sont normalement assises l'une en face de l'autre (parfois à côté). « Être assis sur une chaise » : cette simple position implique en réalité une multitude de positions (bras croisés, mains sur les cuisses, jambes croisées, main sur la bouche, etc.), qui révèlent un peu de votre personnalité ou de votre état d'esprit du moment. Ces attitudes sont toutes susceptibles de modifier la façon dont vous perçoit votre interlocuteur que ce soit de façon consciente ou inconsciente. Les professionnels du recrutement sont en général au fait de ces postures et savent lire le candidat indépendamment de ce qu'il dit. Ils savent décrypter ce que le corps exprime. Mais, nul n'est besoin de synergologie (la discipline qui étudie ces phénomènes) pour « sentir » les personnes.

Langage du corps et manipulation

À chaque geste ne correspond malheureusement pas un état d'esprit précis. Ce serait trop simple. Par exemple, mettre sa main devant la bouche peut tout aussi bien signifier l'intérêt que le désaccord le plus complet. La synergologie n'est pas une science et une observation

valable pour une personne n'est pas forcément valable pour une autre (surtout si elles sont de cultures différentes). Ce qu'il faut retenir surtout, c'est simplement que la position est signifiante. Il y a néanmoins des constantes : en règle générale, on admettra qu'il y a des positions ouvertes et des positions plutôt fermées. Dans les positions fermées, il y a un repli sur soi, c'est-à-dire qu'on croise les bras, les jambes, on serre ses mains, on replie ses jambes sous la chaise… Tout cela n'est pas bon signe pour l'interlocuteur et, de toute évidence, on ne lui fait pas confiance et on n'est pas prêt à accepter ce qu'il propose.
Pour celui qui veut faire preuve d'influence, la maîtrise du langage du corps est un formidable outil. D'abord parce qu'elle permet de savoir où l'on met les pieds, c'est-à-dire de voir si la personne est réceptive ou non à ce qu'on lui dit, si elle ment, si elle doute, si elle nous fait confiance… On peut ainsi adapter son discours et en constater les effets.
Il est également important d'avoir conscience des messages que l'on renvoie, pour ne pas se trahir quand on ment par exemple ou pour donner une impression de confiance, d'assurance.

Le cas du mensonge

À moins d'être bien entraîné, comme c'est le cas des grands joueurs de poker, par exemple, on ne peut mentir sans être trahi par son corps. Plusieurs signes peuvent être repérés.
Tout d'abord, commençons par étudier les yeux : les pupilles de l'œil sous l'effet de la chaleur mais aussi des émotions diverses se dilatent et se rétractent. On admet qu'elles se dilatent sous le coup d'une émotion positive et qu'elles se contractent quand nous éprouvons une émotion négative, ce qui arrive quand on ment. C'est la raison pour laquelle les joueurs de poker portent des lunettes noires, pour ne pas qu'on les voit bluffer.

Ensuite, on peut observer au niveau de la respiration qu'une personne qui ment a tendance à expirer en fin de phrase, c'est comme un soupir de soulagement. C'est un phénomène qu'il est assez difficile de repérer, il faut être assez prêt pour l'observer.
En ce qui concerne les contacts entre les mains et le visage, on se toucherait plus le visage quand on est en désaccord avec ce qu'on dit. Ce peut être poser un doigt sur sa bouche, se gratter le nez, se frotter un œil, etc.
On peut également voir qu'un sourire sincère entraîne un plissement des yeux alors qu'un sourire forcé aura tendance à n'être exécuté que par la bouche.
Et pour finir, les attitudes inhabituelles ou répétitives comme croiser et décroiser les jambes, se passer la main dans les cheveux de manière répétée, malmener un objet… toutes ces attitudes trahissent un certain malaise, une forme de nervosité.

À RETENIR

Communiquer sans la parole

Les gestes, les postures, les expressions du visage en disent autant que le message verbal, voire plus. Par exemple, si votre interlocuteur se replie sur lui-même, c'est qu'il n'est pas réceptif à ce que vous dites. Apprendre à reconnaître ces signes chez les autres peut nous aider à les identifier chez nous et à mieux maîtriser l'image que nous renvoyons.

La signification des postures

Une posture ou un geste n'ont pas forcément le même sens en fonction des personnes et des situations. On peut retenir qu'il existe des positions fermées et ouvertes qui révèlent un peu de notre état d'esprit et de notre personnalité. Savoir maîtriser son corps permet d'adapter son discours ou son comportement par rapport aux circonstances.

Mentir sans être trahi par son corps

Le corps traduit toujours le conflit qui existe entre ce qu'on dit et ce qu'on pense même si c'est de manière imperceptible. Faites attention à ce que vos gestes disent de vous. Votre corps peut vous trahir, que ce soit au niveau des yeux, de vos mouvements de mains vers votre visage, de votre respiration, votre sourire ou de vos attitudes.

Toucher et proxémie

« Notre conseil : si vous voulez rester maître de vous-même en toutes circonstances, n'acceptez pas qu'on vous touche ! »

R.-V. Joule et J.-L. Beauvois

Témoignage

« Quand j'ai commencé à bosser dans la concession automobile, on m'a reproché d'être trop familier avec les clients. Non que je sois incorrect avec eux ou que je leur parle comme à des proches, non, ce qu'il y a, et ce qui a posé problème à mon patron, c'est que je les touche, je ne peux pas m'en empêcher. C'est comme ça, quand je dois parler à quelqu'un pour le convaincre, j'accompagne la parole d'un contact. Pas de manière outrancière ni déplacée, attention, j'établis juste un contact physique, je leur touche l'avant-bras par moments. Ou je les prends par le bras pour leur montrer un détail de la voiture. Ça n'a rien de sexuel, je fais ça aux hommes comme aux femmes. C'est assez naturel chez moi et puis j'ai l'impression que ça crée un lien, je ne sais pas, il me semble qu'ils m'écoutent mieux de cette manière, qu'ils se sentent plus concernés par ce que je leur dis. Après les remarques de mon chef, j'ai fait plus attention et j'ai essayé d'arrêter. Eh bien, mes chiffres ont baissé de manière vraiment significative ! C'était étonnant ! Est-ce que c'était parce que j'étais moins à l'aise, moins sûr de moi ? Effectivement, je sentais que je me censurais, que je n'étais plus tout à fait naturel, je me retenais d'être ce que je suis vraiment et j'étais moins convaincant. Comme on est quand même là pour vendre, le directeur a fini par me laisser faire comme je l'entendais. Après tout, personne ne s'était jamais plaint et je suis l'un des meilleurs vendeurs du magasin. »

Cédric, 43 ans

Un peu de théorie

La proxémie

On doit le terme de proxémie à l'anthropologue américain Edward T. Hall. Il s'agit d'une approche étho- et ethno-méthodologique des situations de communication. Une observation éthologique des animaux révèle que les rapports de proximité entre les différents membres régulent en partie le comportement de chacun. Tout se passe comme si des sphères invisibles définissaient une bulle autour de chaque individu et que la relation entre les individus et la taille de la bulle étaient interdépendantes.

Edward T. Hall adapte cette dimension cachée aux comportements humains. Il définit quatre bulles dans lesquelles il différencie deux positions, proche et éloignée. À chaque sphère, correspond une manière de percevoir particulière : on ne voit pas une personne de la même façon quand on est à 40 centimètres ou à 2 mètres, on ne l'entend pas de la même façon, les odeurs ne sont pas perçues de la même manière non plus…

– La bulle intime : c'est celle que l'on a avec la personne qui partage sa vie et ses enfants. La position proche correspond au contact et la position éloignée peut aller jusqu'à 45 centimètres.

– La bulle personnelle : c'est celle des amis, elle peut atteindre 1,25 mètre.

– La bulle sociale : celle qu'on adopte avec ses collègues par exemple.

– La bulle publique : celle du discours où la prise de parole est hiérarchisée. Dans ce contexte, on n'a plus guère de contacts visuels directs, l'auditeur peut se soustraire de l'influence de celui qui parle sans effet notable.

Communication et proxémie

D'une manière générale, ces distances s'établissent de façon vraiment naturelle, instinctive, en fonction des personnes avec lesquelles on se trouve : conjoint, amis proches, collaborateurs... Et les transgresser est le signe d'une volonté, consciente ou non, de changer le mode de relation avec l'autre. Il n'y a qu'à penser à une situation de séduction, par exemple : on commence dans la bulle sociale, on passe à la bulle personnelle pour aboutir finalement à celle de l'intime. Il est intéressant d'avoir conscience de ces bulles parce que c'est se donner le pouvoir de jouer avec la représentation de la relation qu'a son interlocuteur et de savoir où il se situe.

D'un point de vue professionnel, un directeur qui voudrait changer de relations avec ses employés pourrait ne plus faire que des réunions informelles, dans une salle plus petite, par exemple, ce qui lui permettrait de se rapprocher physiquement de ses collaborateurs. Ces derniers se sentiraient alors plus impliqués par ce qu'il dirait : il passerait ainsi de la bulle publique à la bulle sociale, voire personnelle avec certains d'entre eux.

Attention, il faut savoir que ces distances dépendent de beaucoup de facteurs, comme notre éducation, par exemple. La culture dans laquelle on a l'habitude d'évoluer aussi détermine notre rapport à la proxémie : l'espace entre les personnes est plus grand pour un Français que pour un Chinois par exemple, mais il est plus petit que celui d'un Américain.

Ne me touche pas !

Il semblerait, malgré ces observations avérées, que le toucher bénéficie d'un statut spécial et ce dans toutes les cultures. Théoriquement, le toucher quand on n'appartient pas à la sphère des intimes ou des amis devrait constituer une transgression, une intrusion et causer de la répulsion. On penserait plutôt qu'on n'a pas envie d'être touché par un inconnu. Mais des études ont montré qu'au contraire, c'était un catalyseur d'influence. R.-V. Joule et J.-L Beauvois recensent un certain nombre de situations où il a été prouvé que le toucher avait une influence positive. Dans une situation commerciale, par exemple, les personnes qui ont été touchées par un vendeur trouvent plus agréable le magasin dans lequel elles se trouvent, le personnel plus compétent et elles achètent plus facilement. En général, être touché modifie la perception qu'on a de son interlocuteur, renforce la confiance en lui, permet de se sentir plus à l'aise, rend de meilleure humeur et réduit le stress*. Et, dans un contexte de requête, celle-ci est plus facilement acceptée quand la personne sollicitée a été touchée. Bien sûr, il peut y avoir des ratés, il y aura toujours des personnes méfiantes, choquées de vous sentir pénétrer une sphère plus intime. C'est pourquoi il convient de manier cette technique avec délicatesse, de bien estimer avant à qui vous avez affaire et de ne pas être trop insistant, une simple pression discrète sur le bras suffit généralement.

À RETENIR

La distance physique est signifiante

À chaque type d'interaction et selon les cultures, il y a une distance correspondante. Ces distances sont comme des bulles dans lesquelles évoluent les relations entre les personnes. On peut en distinguer quatre sortes : la bulle intime, personnelle, sociale et publique. À l'intérieur de ces bulles, il y a deux positions : proche et éloignée.

Ne pas respecter ces distances est aussi un signe

Se rapprocher de quelqu'un ou au contraire s'en éloigner brouille la perception de la relation. On peut aussi choisir délibérément de changer de mode de relation. Avoir conscience de ces distances permet d'en jouer et de maîtriser un autre paramètre de la communication. Notre rapport à la distance dépend aussi de notre culture et de notre éducation.

Le toucher échappe à cette règle

Contrairement à ce qu'on peut penser, Il a été prouvé qu'en dépit de ces distances, créer un contact physique avait de manière générale un impact positif sur la communication et favorisait la manipulation. En effet, toucher une personne, même une inconnue, met en confiance : elle sera donc plus facile à influencer si on a une demande à lui faire.

La synchronisation

« Qui se ressemble, s'assemble. »

Proverbe

Témoignage

« Depuis le temps que je travaille au service après-vente, on peut dire que j'en ai vu passer des clients mécontents ! C'est un boulot assez ingrat, faut dire : on n'est là finalement que pour entendre les gens se plaindre. C'est assez dur de gérer ça au quotidien. Ce qu'il faut éviter de faire, je pense, c'est se sentir personnellement attaqué. Mais on a beau savoir que ce n'est pas notre faute, c'est parfois dur de ne pas le prendre pour soi quand un client vient se plaindre. Moi, j'essaie de me dire que je ne représente pas la boîte mais le client, que je suis son interlocuteur privilégié, que je ne suis pas là pour encaisser ses critiques mais pour l'aider. Après, c'est tout un art que de réussir à calmer quelqu'un de mécontent. Au début je pensais qu'il suffisait de rester calme quoi qu'il arrive. Grossière erreur ! Le plus souvent, ça les énerve, les gens, ils ont l'impression que vous ne les prenez pas au sérieux. Moi, ce que je fais, c'est que je me cale sur mon client : il est indigné (les livreurs ont abîmé son téléviseur), je suis indigné ("ce n'est pas tolérable, vous avez raison"*), il est inquiet (il craint d'avoir cramé son disque dur tout neuf), je suis inquiet (*"j'espère que ce n'est pas trop grave"*), etc. En fait, je me mets véritablement à sa place, sauf que moi j'ai les moyens de tout arranger. Et, petit à petit, comme je trouve des solutions, je change d'humeur et je me calme, ce qui a pour effet de calmer mon interlocuteur. C'est presque magique ! »*

Jean-Louis, 48 ans

Un peu de théorie

Les divers plans de la synchronisation

La synchronisation est une des méthodes issues des théories élaborées par la programmation neurolinguistique. Elle consiste à adopter le même mode de communication que son interlocuteur. Son but initial est d'optimiser sa manière de communiquer en se mettant sur la même longueur d'onde que lui. C'est un fait avéré, on accorde plus facilement sa confiance à quelqu'un qui nous ressemble parce qu'on se sent plus proche de lui.

Pour se mettre au diapason de son interlocuteur, plusieurs facettes de la communication sont à prendre en compte.

– La synchronisation corporelle consiste à adopter certaines postures ou expressions qu'utilise votre interlocuteur. Attention, il ne s'agit pas d'imiter tous ses mouvements mais juste de lui emprunter un ou deux gestes. Ainsi, quelque chose en vous lui semblera plus familier. Cependant, il faut être prudent en utilisant cette technique, il s'agit d'être discret, subtil et de bien savoir doser les choses.

– La synchronisation verbale : là, c'est le discours qui est imité. Tous les aspects sont importants : le rythme, l'intonation, le volume sonore mais aussi les tournures de phrase, le vocabulaire employé. Parler de la même façon que votre interlocuteur, c'est vous garantir d'être compris et lui donner l'impression qu'il vous comprend parfaitement également.

– La synchronisation de l'humeur : c'est la technique qu'on peut utiliser au travail pour montrer à ses clients qu'on prend à cœur leurs intérêts en adoptant la même humeur qu'eux.

Synchronisation et manipulation

Cette technique peut être utilisée, on l'a vu, pour mieux vous faire comprendre, ce qui est primordial si vous cherchez à influencer

les autres. Observez bien le discours des hommes politiques, vous constaterez qu'ils modifient leur propos en fonction de leur public : ils vont adopter un vocabulaire métier et un ton plus direct, une manière de s'exprimer plus simple, s'ils doivent, par exemple, rencontrer des ouvriers.
En outre, en vous mettant ainsi dans la peau de votre interlocuteur et si vous êtes particulièrement habile, il va se reconnaître en vous, se détendre, être à votre écoute et vous pourrez l'amener tout doucement à modifier son comportement. Au travail, vous pouvez être confronté à des clients ou à des collègues mécontents. En utilisant la technique de la synchronisation de l'humeur, c'est-à-dire en compatissant pour eux et en vous mettant dans le même état qu'eux, vous pouvez, insidieusement, prendre le contrôle. Votre interlocuteur se sentira alors compris et vous réussirez ainsi à le calmer et à l'influencer. Attention, pour réussir un tel tour, il faut un minimum d'entraînement, d'habileté et une certaine qualité d'empathie. En outre, ce n'est pas toujours la solution la plus appropriée (vous n'allez pas vous battre avec quelqu'un parce que lui-même à envie d'en venir aux mains), parfois il faut au contraire faire preuve de désynchronisation. Il convient de bien analyser la situation en amont et de mesurer l'ascendant réel qu'on a sur cette personne.

La synchronisation, pour quoi faire ?

Cette technique permet de mieux communiquer, de se faire entendre, de convaincre et d'influencer quelqu'un sans qu'il s'en aperçoive, juste en le mettant en confiance en nous rendant familier à ses yeux. Elle est utile, on l'a vu, pour désamorcer des situations de crise, pour amadouer son interlocuteur s'il est indigné, en colère ou soucieux. Elle est aussi particulièrement efficace dans la vente (on se met dans le même état que son client) ou les entretiens d'embauche (on peut adopter le même langage ou la même gestuelle que le recruteur). On peut considérer qu'elle vient renforcer le sentiment d'appartenance : *« Je me reconnais en lui, il prend telle décision dans cette situation donnée, je devrais faire de même. »*

Cependant, cette technique est à manier avec précaution et doigté. Si vous n'êtes pas naturel, si votre synchronisation est trop appuyée, trop visible ou pas assez mécanique, vous risquez de vous décrédibiliser entièrement et de ne pas du tout atteindre votre objectif. Il faut que vous soyez très observateur et dans une écoute active de votre interlocuteur. Si vous décidez d'employer les mots des autres, veillez à bien les comprendre, sous peine d'être taxé de démagogie, d'opportunisme ou de passer pour une personne sans personnalité. De même, si la communication se fait naturellement, par exemple si vous vous sentez très à l'aise lors d'un entretien d'embauche, ce n'est pas la peine d'avoir recours à cette technique et de prendre le risque d'être démasqué.

À RETENIR

Une technique de communication

La synchronisation consiste à se mettre dans la peau de son interlocuteur pour créer une proximité avec lui et pouvoir mieux communiquer. Il existe plusieurs types de synchronisation : corporelle (on utilise ses gestes ou sa posture), verbale (on emploie le même langage, le même rythme, etc.), ou de l'humeur (on se met dans le même état que lui).

Une arme de manipulation puissante

Cette technique permet également d'influencer les autres. Si vous vous mettez sur la même longueur d'onde qu'eux, en utilisant notamment l'empathie, ils se reconnaissent en vous et la communication est plus fluide : cela créer une relation de confiance. Sachez vous adapter aux situations et aux personnes et optez aussi parfois pour la désynchronisation.

Attention !

La synchronisation, malgré ses multiples atouts, reste cependant délicate à manipuler, il faut savoir doser ce qu'on emprunte à l'autre et le restituer de manière crédible. Elle nécessite de l'entraînement, de la discrétion, un grand sens de l'observation, une certaine écoute et de la finesse. Si on découvre votre technique, vous perdrez toute considération.

Les leçons de la PNL

« Commencez par changer en vous ce que vous voulez changer autour de vous. »

Gandhi

Témoignage

« Le jour où j'ai été nommée manager, j'ai été surprise et effrayée. La communication, ce n'est pas vraiment mon fort. J'avais trouvé un boulot génial où je ne faisais qu'exécuter les tâches qu'on me donnait. Aussi, quand on m'a annoncé ma promotion, je n'ai pas compris. Il allait falloir que je gère une équipe de trois personnes, leur donner du travail, veiller à leur épanouissement, à leur progression, à leurs motivations. Les premiers jours, j'ai évité mon équipe au maximum. Puis les difficultés se sont présentées. J'avais réfléchi à la façon dont on travaillait et il m'était apparu nécessaire de réorganiser mon service. J'ai donc envoyé un mail. Inutile de préciser qu'aussitôt ils sont venus dans mon bureau pour se plaindre. À partir de là, le travail est devenu encore moins efficace et mon chef m'a convoquée. J'ai dû me résoudre à lui exposer mon handicap. Il a ri et m'a donné un bouquin sur la PNL. Cette idée de modéliser les rapports humains m'a tout de suite séduite et cette façon d'analyser tous les aspects de la communication de façon systématique a su me parler. J'ai pris conscience que, si je savais effectivement m'exprimer, je négligeais tout ce qui faisait la communication : le contexte et surtout l'autre. J'ai aussitôt mis en œuvre les techniques proposées, à commencer par l'observation minutieuse de mon équipe : qui ils étaient, comment ils s'exprimaient, comment ils voyaient leur travail… J'ai découvert un monde que j'ai peu à peu appris à comprendre. »

Caroline, 32 ans

Un peu de théorie

La PNL, qu'est-ce que c'est ?

La programmation neurolinguistique regroupe un ensemble de connaissances et de pratiques ayant pour objectif l'amélioration de la communication et la gestion du changement. On doit le développement de cette discipline au psychologue Richard Bandler et au linguiste John Grinder dans les années 1970. Inspirés par les travaux et les résultats de psychothérapeutes reconnus tels que Fritz Perls, Milton Erickson et Virginia Satir, ils vont chercher à analyser les mécanismes de la réussite des professionnels de la communication et modéliser les techniques qui permettent d'y parvenir. En effet, ces derniers emploieraient des méthodes similaires (conscientes ou inconscientes) dans leur travail qui leur permettraient d'être plus performants. Bien que controversée à l'heure actuelle (ce n'est pas une science, comme certains l'affirment), la PNL fournit néanmoins des idées et des techniques efficaces pour qui veut améliorer son influence et ses capacités. Elle permet de mieux gérer ses relations et apporte de la confiance en soi. Elle est beaucoup utilisée dans les entreprises, chez les sportifs de haut niveau, et dans d'autres métiers (où elle peut servir à améliorer ses relations avec ses supérieurs hiérarchiques, ses employés ou avec ses collègues). Elle peut aussi être d'une grande aide dans la vie quotidienne, par exemple si nous éprouvons des difficultés dans l'éducation de nos enfants. Nous allons maintenant en explorer quelques pistes.

Les positions perceptuelles et l'empathie

On a souvent tendance à n'envisager la réalité de la communication qu'à travers son propre regard, ses représentations, son expérience. La PNL propose, pour avoir une approche plus complète de la situation de communication et en saisir tous les enjeux, de faire un effort de mise en perspective.

Il s'agit d'abord de se mettre à la place de l'autre, c'est la deuxième position : comment la situation est-elle vécue par mon interlocuteur ? Que ressent-il ? Quelles sont ses représentations ?
La troisième position permet d'appréhender la situation dans sa globalité en se demandant ce qu'un œil extérieur penserait de la transaction dans son ensemble.
Considérer les trois positions perceptuelles permet d'ajuster son discours de manière plus pertinente et efficace.
Pour pouvoir réellement communiquer, il faut faire l'effort de comprendre l'autre et faire preuve d'empathie. La technique de l'écoute active est un bon moyen d'y arriver.
Elle consiste à faire parler son interlocuteur en vue de cerner ses besoins et ses sentiments. Un outil essentiel dans cette discipline : la relance. Elle ne doit en aucun cas être porteuse d'un quelconque jugement de valeur. Son seul rôle est d'aider son interlocuteur à définir ses besoins et exprimer ses difficultés. Une relance efficace visera à affiner votre compréhension en interprétant les propos en termes de sentiments. Des phrases telles que *« si je comprends bien... », « ce que tu veux dire, c'est... »* vous seront d'un grand secours.

Établir le contact

Un des grands principes de la PNL est aussi de créer un lien avec les autres. Il existe des personnes qu'on ne sent pas, avec lesquelles on est mal à l'aise. Il est donc difficile d'établir le contact avec elles. On ne sait pas comment agir et améliorer cette relation. Dès lors, avoir une quelconque influence sur ces personnes tient de la mission impossible. La PNL propose plusieurs pistes pour aider à créer le « rapport ».
– Il s'agit tout d'abord de respecter a priori ses croyances et ses idées. Sans jugement. Il faut faire l'effort de sortir de sa propre vision des choses et comprendre que les autres ont des opinions, des visions différentes du monde et de son fonctionnement. Accepter leur altérité et

bien se souvenir que « chacun a sa propre représentation de la réalité et aucune n'est plus "vraie" qu'une autre.* ».

– La communication passe aussi par une réelle observation de l'autre : comment s'exprime votre interlocuteur, comment se tient-il, que disent de lui ses gestes. La parole est importante dans la communication mais le corps révèle beaucoup de choses, lui aussi. Partant du principe qu'« on ne peut pas ne pas communiquer* », qu'expriment ses silences ? En l'observant bien , vous pourrez mieux le cerner, le comprendre et vous adapter à lui pour mieux l'influencer.

– Pour entrer dans la bulle de votre interlocuteur, il vous sera utile de parler sa langue : utiliser ses mots, privilégier ses tournures de phrase, appréhender la réalité avec son regard.

* La PNL s'appuie sur un ensemble d'axiomes appelés présupposés. C'est sur ces neuf présupposés que repose la méthode d'analyse et de modélisation.

À RETENIR

La PNL n'est pas une science

C'est une discipline basée sur l'observation et la modélisation de pratiques efficaces pour améliorer ses capacités et ses qualités relationnelles au travail et dans la vie quotidienne. Elle permet également d'avoir plus confiance en soi et aide à notre propre développement personnel en s'ouvrant sur les personnes et le monde qui nous entourent.

Les techniques de la PNL

Sans l'autre, il n'y a pas de communication, c'est pourquoi il convient de le remettre au centre de la démarche. Pour y parvenir, la PNL à établi ce qu'elle nomme les trois positions perceptuelles. La technique de l'empathie aussi est efficace et largement utilisée par les psychothérapeutes. L'écoute active et la reformulation permettent de la développer.

Optimiser sa communication

En s'interrogeant tous les aspects de la communication (les intervenants, le contexte, le langage verbal et le non-verbal...), on comprend son fonctionnement et on est à même d'ajuster son comportement. L'observation de l'autre et essayer de se mettre à sa place sont essentiels pour réussir à mieux communiquer avec lui et atteindre son objectif.

Le pied dans la bouche

« La politesse est comme le zéro, qui, sans avoir de valeurs en soi, en ajoute à toutes choses. »

Anonyme

Témoignage

« Je travaille dans un grand magasin, je m'occupe d'un petit rayon de produits cosmétiques, mais ma tâche principale, c'est renseigner les gens. Sur les cosmétiques, bien sûr, mais aussi les renseigner en général : où sont les toilettes, à quelle heure ferme le magasin... Ça ne me gêne pas mais, parfois, j'ai vraiment l'impression de n'être qu'une machine à donner des infos et ça m'insupporte. Je suis peut-être vieux jeu mais je ne supporte pas qu'on me pose une question sans un minimum d'entrée en matière. Quelques mots suffisent pourtant : "bonjour", "excusez-moi". *Ce n'est pas qu'une question de politesse parce qu'en général, on me dit systématiquement* "s'il vous plaît", *non, c'est vraiment dans la façon de m'aborder. Attention, tout le monde n'est pas comme ça, il y a vraiment des gens sympas, qui font attention à toi, ceux-là, je leur facilite la vie, c'est sûr. J'ai bien conscience qu'ils s'en fichent de comment je vais et qu'ils font ça pour que je sois serviable, mais ça marche. Je fais mon boulot avec plus d'entrain et de bonne volonté. D'ailleurs, comme j'ai remarqué que ça fonctionnait sur moi, je m'en sers aussi dans la vie de tous les jours. Dans les administrations, je dis bonjour, bien sûr, mais j'essaie surtout d'établir un rapport avec la personne pour qu'elle se sente prise en considération. La personne me traite tout de suite autrement et si j'ai une faveur à solliciter, je peux être pratiquement sûre qu'elle va chercher à m'aider. »*

Brigitte, 44 ans

Un peu de théorie

La politesse

On sait tous que la politesse fluidifie les rapports humains et permet d'ouvrir bien des portes. Ce qu'on sait moins, en revanche, c'est que faire précéder sa requête – même polie – d'une simple formule du type *« ça va aujourd'hui ? »*, permet d'augmenter ses chances de succès d'une manière très significative. C'est ce qu'ont montré les recherches du professeur Daniel Howard de l'université de Dallas en 1990. L'expérience mise en place consistait à contacter des gens par téléphone pour les convaincre d'acheter des cookies au profit d'une œuvre de bienfaisance. Une fois sur deux, l'expérimentateur faisait précéder la requête d'un petit dialogue introductif : *« Comment allez-vous aujourd'hui ? – Bien. – Je suis très content que vous alliez bien. »* Les résultats sont là : pour la simple demande, il y a eu 10 % de succès, pour la demande précédée de la formule, 25 %.

Il est des situations dans lesquelles l'utilisation de cette technique du pied dans la bouche se révèle particulièrement pertinente. Il suffit de penser à toutes ces professions ingrates où les employés passent leur temps à renseigner des gens, gérer des malentendus... Comptoirs des administrations, service après-vente... la liste est longue. Ces personnes souffrent souvent de n'être considérées que comme l'incarnation de ce pour quoi elles travaillent. En faisant précéder votre demande d'une question ou d'une remarque à la personne réelle que vous avez en face de vous, vous rétablissez le dialogue d'individu à individu.

Les raisons du succès

Différentes hypothèses viennent expliquer ce phénomène. Pour Daniel Howard, la raison est simple. Nous sommes conditionnés à répondre de manière affirmative à la question : *« Comment allez-vous ? »*, la plupart du temps, nous répondons d'ailleurs mécaniquement, sans même y penser : *« oui et toi ? »* ou *« très bien, merci »*. Malgré le peu de sens et d'intérêt que nous donnons à cette réponse, elle garde cependant une signification. Dès lors, nous nous sentirions comme « coupables » de notre bien-être vis-à-vis de ceux qui sont dans le besoin et qui vont mal, ce qui faciliterait l'acte de générosité.

C'est une explication qui se justifie tout à fait dans le contexte américain où la question : *« Bonjour, comment allez-vous aujourd'hui ? »* (*« Hello, how are you today ? »*) est très naturelle même quand on s'adresse à des inconnus. En France, c'est déjà moins évident. On n'a pas l'habitude de s'adresser à des personnes qu'on ne connaît pas de cette manière. On ne demande pas aux gens comment ils vont, à moins que le contexte s'y prête, par exemple, on va demander à une vendeuse comment se passe son travail pendant l'affluence des soldes. D'autres expériences ont montré par la suite que, plus que la question rituelle et la réponse automatique qu'elle provoquait, c'était la création d'une relation, d'un dialogue qui était importante. Le fait que la personne se sente considérée, qu'on s'intéresse à elle, permet de pouvoir établir le contact avec elle.

Au téléphone

Cette technique du pied dans la bouche est moins évidente à appliquer si vous devez faire une demande au téléphone. Évidemment, si vous connaissez la personne, la relation existe déjà et il semble normal que vous lui demandiez de ses nouvelles. En revanche, s'il s'agit d'un inconnu, lui demander comment il va ne paraît pas approprié et vous ne pourrez pas vous servir du contexte environnant parce que vous ne disposerez d'aucun élément sur lui. Dans ce cas, un simple *« je vous dérange ? »* peut faire l'affaire. Ce faisant, votre interlocuteur sera dans de bien meilleures dispositions à votre égard. Il le sera d'autant plus si vous savez tirer parti de vos dons d'observation et d'empathie et il saura apprécier votre considération. Plus vicieux mais tout aussi efficace pour créer une occasion de communiquer, vous pouvez téléphoner à la première heure (deux minutes avant l'heure d'ouverture officielle, par exemple) et manifester votre soulagement d'avoir réussi à joindre quelqu'un : « *Ouf, vous êtes déjà arrivé ! J'appelle un peu tôt je suis désolé, voulez-vous que je vous rappelle plus tard ?* » Ce à quoi la personne, devant votre politesse, devrait vous assurer qu'elle vous écoute. Remerciez-la bien chaleureusement pour sa gentillesse avant d'exposer la raison de votre appel. Vous pouvez également essayer la même méthode en toute fin de journée, mais là rien ne dit que l'envie de partir ne sera pas plus influente que le bonheur d'être pris en considération.

À RETENIR

Faire précéder la requête d'un échange courtois

La technique du pied dans la bouche consiste à faire précéder une demande par une formule de politesse. Un simple « *comment ça va* » ou une remarque personnelle peuvent augmenter vos chances de voir votre demande satisfaite. Cette technique permet à votre interlocuteur de se sentir pris en considération et d'établir un contact humain avec lui.

Comment allez-vous ?

Quand on nous demande si on va bien, on répond de manière mécanique « *oui* ». Cela conditionnerait un état d'esprit propice à l'aide ou à la générosité. Cependant, en France, il est délicat d'utiliser le pied dans la bouche parce qu'on n'a pas pour habitude de prendre des nouvelles de personnes inconnues, à moins de se trouver dans un contexte particulier.

Une technique efficace au téléphone

Souvenez-vous qu'une simple question polie peut faire l'affaire. Pensez-y quand vous aurez une demande à faire au téléphone : avec les personnes qui exercent un métier ingrat et qui sont plus sensibles à ce genre de communication, quand vous souhaiterez faire renouveler votre passeport en urgence ou quand vous aurez des problèmes administratifs.

Le storytelling

« Une bonne histoire vaut mieux qu'un long discours. »

Adage français

Témoignage

« Je bosse dans la pub et ça fait longtemps qu'on a recours à cette technique. Après tout, à moins de vanter les mérites d'un produit réellement nouveau, on en est réduit à dire toujours la même chose : le linge lavé avec X est vraiment très propre et sent bon ; nos yaourts sont faits avec du lait…

On a fait le tour des arguments, ce n'est pas sur ces critères que le consommateur achète. Dans la même gamme de prix, il choisira le produit qui le séduira le plus. Et pour séduire, raconter une histoire, c'est encore ce qu'on a trouvé de mieux. Pour la lessive par exemple, on raconte la vie d'une famille avec des enfants qui se tachent en jouant au foot ou en mangeant comme des cochons, une jolie maman, une musique un peu nostalgique et le tour est joué. Pour les produits agro-alimentaires, la grande mode, c'est de s'inventer un illustre fondateur amoureux du goût et de la tradition. S'il s'agit de pâtes, il sera bien entendu italien, en fond sonore, on mettra de la variété italienne, et on n'oubliera pas de parler un peu de la mamma pour rendre le tout encore plus authentique. Les yaourts auront été conçus selon la recette ancestrale d'une fermière aux idées novatrices.

Évidemment, on ment, mais personne n'est dupe. Ce qu'on renvoie, c'est une image, après le client est libre d'acheter ou pas. Je ne dirais pas que c'est de la manipulation parce que personne n'y croit vraiment et que sinon tout serait manipulation. Non, c'est juste une façon de communiquer. »

Franck, 44 ans

Un peu de théorie

Story quoi ?

Comment expliquer le terme storytelling ? Littéralement cela signifie raconter une histoire. En communication, cela consiste à substituer à un discours argumentatif, un récit narratif. Ne pas expliquer que la pâte à tartiner regorge de nutriments mais raconter la journée d'un petit garçon qui déborde d'énergie parce qu'il en a mangé au petit déjeuner. Cette méthode n'est pas nouvelle, pensez aux fables de La Fontaine et à leur morale, aux contes et aux nombreux mythes de votre enfance, à la Bible, même. Autant de récits qui sont constitutifs de nos valeurs et de nos croyances, qui illustrent une idée que l'on veut faire passer aux lecteurs d'une manière romancée.

Il s'agit non pas de s'adresser à la raison mais au cœur, aux émotions. De capter l'attention, de séduire, avant (et parfois au lieu) de convaincre. Effectivement, le storytelling permet de faire rêver, pleurer, rire, de s'attacher à des personnages. Cette technique est aisément identifiable dans la publicité mais elle est largement utilisée dans de nombreux autres domaines. On y fait appel notamment dans le management, dans la gestion du changement en particulier ou encore en politique. Comparez l'impact des chiffres du chômage et le récit d'un dimanche en famille où l'on s'inquiète pour le maintien du travail du père, les études du petit et la recherche d'emploi du grand. Prêtez attention au discours des politiques, ils ont adopté l'art de raconter les histoires, parfois au détriment de vrais arguments.

Différentes histoires

Stéphane Dangel, auteur de Storytelling, le guide et spécialiste français de la question, explique qu'il existe trois types d'histoire.

– L'histoire témoignage

C'est typiquement la publicité qui met en scène un « vrai » client auquel on peut s'identifier. La technique consiste ici à lui donner en quelques secondes une existence plausible, pour cela on va personnaliser à outrance son portrait : on va l'appeler par son nom, montrer où il vit, ses enfants, son lieu de travail… et on va montrer comment cette « vraie » personne bénéficie du service ou du produit qu'on essaie de vendre. Dans la vie quotidienne, ce peut être l'histoire de son enfance qu'on raconte à ses enfants plutôt que de leur faire la morale : *« Tu sais, quand j'avais ton âge, j'ai moi aussi… »*

– La métaphore

Elle est utilisée quand le message qu'on veut faire passer est compliqué, trop technique. C'est par exemple les campagnes de prévention pour la santé buccodentaire qui mettent en scène des caries malveillantes ou la série d'animation Il était une fois la vie, où chaque élément du corps était personnifié : les méchants virus, les gentils globules blancs, etc.

– L'histoire tremplin

On se sert d'une première histoire pour donner envie de changement. On raconte par exemple l'histoire d'une personne qui fait un gâteau avec plusieurs appareils ménagers, son gâteau est délicieux mais elle a beaucoup de vaisselle à faire. Ensuite on raconte la même histoire en présentant le nouveau robot multifonctions.

Manipulation

Si le storytelling est une bonne manière d'attirer, de garder l'attention et de rendre son discours plus attrayant, il frôle tout de même la manipulation quand il se substitue totalement à une réelle argumentation. Dans le cas d'une publicité, on utilise les émotions des gens, on joue un peu avec leurs sentiments en leur faisant croire que ce qu'on montre est plausible, correspond à la réalité et qu'ils peuvent eux aussi y accéder. Ils peuvent aussi être manipulés pour la bonne cause : par exemple, on peut les amadouer en leur montrant le quotidien d'un enfant malade afin de récolter des fonds pour une association caritative. Le storytelling tel qu'il est théorisé par Stephen Dennings, un spécialiste de la communication américain, s'articule en trois mouvements : *« capter l'attention / stimuler le désir de changement / et (dans un dernier temps seulement), emporter la conviction par l'utilisation d'arguments raisonnés »*. En omettant cette dernière étape, on reste dans le domaine de l'émotion et pour peu que l'histoire soit entièrement inventée (ce qui est la plupart du temps le cas), si l'on remporte l'adhésion du public, on peut effectivement considérer que ce n'est que pure manipulation. Mais ce genre d'arnaque est rapidement dévoilé, l'effet de l'émotion se dissipe normalement et si la raison vient s'opposer, on vous le fera rapidement comprendre. Utilisez donc cette technique pour mettre en valeur et appuyer vos arguments et pas pour les remplacer.

À RETENIR

Le storytelling

C'est une technique de communication qui consiste à remplacer l'argumentation par un récit. On emporte ainsi plus facilement l'adhésion en jouant sur le registre des émotions. La publicité exploite largement cette technique mais de nombreuses autres disciplines y ont recours, comme les métiers de la communication, le management et même la politique.

Trois types d'histoire

On distingue plusieurs modes de storytelling qui peuvent être utilisés : tout d'abord, l'histoire témoignage (donner une existence à un personnage auquel on pourra s'identifier), puis la métaphore (personnifier des objets ou des entités), et ensuite l'histoire tremplin (montrer une situation avant et après un changement pour en démontrer les vertus).

Storytelling et manipulation

Stephen Dennings, le spécialiste du storytelling a théorisé cette technique en la divisant en trois mouvements : capter l'attention, stimuler le désir de changement, argumenter. On considère qu'il y a manipulation quand les arguments sont sacrifiés à l'histoire et qu'on ne joue que sur les émotions, ou bien entendu si le propos est faux.

L'effet de puits

« Oui, l'horoscope fonctionne, il fonctionne bien en effet. Mais la validité de l'horoscope n'entraîne pas celle de l'astrologie… »

Georges Charpak et Henri Broch

Témoignage

« Quand j'étais plus jeune, je draguais avec une espèce de numéro de médium. Ça se passait généralement en soirée. Je repérais des filles et j'allais leur faire des révélations sur elles-mêmes. Je commençais par bien les observer dans mon coin et, si je le pouvais, j'écoutais un peu leurs conversations. Puis j'essayais de m'incruster et je lançais la conversation sur le don de médium que j'avais.

Ensuite, je me choisissais une victime pour faire ma démonstration : un mélange de ce que j'avais déduit en les observant, de psychologie de base, de flatterie et de bonnes grosses généralités : "Il y a quelque chose en toi d'un peu fou que tu ne laisses pas toujours exprimer…", "Tu as l'air joyeuse comme ça, mais tu as aussi ta part d'ombre et de secrets", "Tu sais où tu vas mais tu sais écouter la petite fille qui est en toi"…

Ça fonctionnait assez bien, la fille trouvait toujours quelque chose avec quoi s'identifier (les copines corroboraient) et comme il y avait une connexion qui n'était plus à prouver entre nous, il arrivait que l'on finisse la nuit ensemble…

Bien sûr, ça ne marchait pas avec toutes et l'ambiance de la nuit y était sans doute pour beaucoup mais j'étais surpris qu'autant de filles par ailleurs intelligentes et cultivées soient prêtes à tomber dans ce genre de baratin. Peut-être avaient-elles juste envie que l'on s'intéresse à elles, qui qu'on soit, médium ou pas. Peut-être me manipulaient-elles aussi pour obtenir mes faveurs ? Va savoir… »

Mathieu, 32 ans

Un peu de théorie

L'effet de puits

Cette méthode est utilisée par tous les diseurs de bonne aventure, les voyants, les médiums : il s'agit de faire une description ou des prédictions suffisamment générales et vagues de la personne pour qu'elle puisse s'y retrouver, se reconnaître, s'identifier ou trouver des similitudes avec elle-même. L'effet de puits est aussi appelé effet Barnum du nom d'un entrepreneur de spectacles américain du XIXe siècle, Phineas Taylor Barnum, qui possédait un grand don de manipulateur. Le secret du succès de ses spectacles : un peu de tout pour pouvoir distraire tout le monde et ainsi satisfaire le plus grand nombre.

En voici quelques généralités : les mots employés doivent être suffisamment vagues pour qu'ils puissent parler à chacun. Ils peuvent ainsi être interprétés comme bon nous semble. Prenez les termes « aspirations » et « problèmes » par exemple. Chacun peut y mettre derrière ce qu'il veut en fonction de ce qui lui arrive à ce moment-là dans sa vie : les difficultés qu'il rencontre, un nouveau boulot, l'âme sœur qu'il aimerait rencontrer, une nouvelle voiture à acheter ; un découvert, un divorce, un rhume… Pour que la description fonctionne, il faut rester dans ce domaine et s'assurer que chacun pourra donner sens à la prédiction. C'est l'expérience personnelle de chacun qui nourrit la prédiction. C'est pour cela qu'on peut affirmer que l'horoscope fonctionne ; il fonctionne même tellement bien qu'on peut se retrouver dans tous les signes, vous pouvez faire l'expérience.

Tout et son contraire

Pour être sûr de ne pas se tromper, il suffit d'assurer ses arrières. Ainsi, on ne risque pas d'être pris au piège et d'être contredit. Pour cela, il faut réussir à prédire ou décrire une chose et son contraire, tout en restant évasif : *« Vous êtes généralement prudent mais vous savez aussi faire preuve d'initiative et de spontanéité quand il le faut » ; « Si vous êtes à la recherche d'un emploi, vous verrez bientôt vos efforts récompensés, si ce n'est pas le cas, ce sera l'occasion d'une remise en question constructive. »* Chacun peut, en réfléchissant bien, en faisant preuve d'introspection, s'approprier ces affirmations et les mettre en relation avec sa propre existence et les événements qui la jalonnent. On est ainsi persuadé que cela s'adresse vraiment à nous, et nous seuls.

Ne pas hésiter également à ajouter un soupçon de flatterie et de psychologie. Ne pas oublier bien sûr de brosser dans le sens du poil, sans trop prendre de risques cependant, en mentionnant des qualités que tout le monde voudrait ou croit avoir à son actif : *« Vous avez un tempérament artistique mais n'avez pas l'occasion de l'exprimer », « Vous n'avez pas peur de penser par vous-même et êtes prêt à défendre vos idées. »* On est ainsi tellement flatté, tellement heureux qu'on s'intéresse à nous de la sorte, qu'on est prêt à écouter et croire tout ce qu'on nous révèle. On a l'impression que quelqu'un nous comprend enfin, décèle en nous des choses que personne (amis ou famille) ne perçoit.

Et dans la vraie vie ?

Vous vous dites sans doute qu'à moins de vouloir vous lancer dans la voyance, maîtriser cette rhétorique ne vous sera pas très utile dans la vie de tous les jours. Détrompez-vous ! C'est une très bonne manière de se mettre les gens dans la poche, de capter leur attention, d'acquérir leur confiance ou de fidéliser une clientèle si vous en avez besoin dans votre travail. Bien sûr nous ne saurions que trop vous recommander de ne pas fonder vos relations amicales ni amoureuses sur une approche de ce type, ce ne serait pas très honnête et risquerait de ne pas aller très loin. De plus, si votre stratagème est découvert, vos relations risqueraient d'en subir les conséquences. Mais, avec des personnes moins proches ou dans le domaine professionnel, vous pouvez y avoir recours. Pour obtenir des faveurs de quelqu'un ou entrer dans les bonnes grâces d'une autre, c'est tout à fait jouable. C'est également une technique d'approche ou de drague tout à fait prouvée et on n'a pas trouvé mieux pour bien se faire voir d'une collègue revêche ou d'un beau-frère en mal de reconnaissance (*« Vous n'êtes pas du genre à vous laisser manipuler, je me trompe ? »*). Par cette technique, il vous sera facile de vous trouver des points communs avec quelqu'un et de se rapprocher de lui : *« Parfois, j'ai l'impression que je fais tout de travers, pas vous ? »* C'est aussi une arme de choix si vous voulez vous lancer dans la politique, parce que la langue de bois, ce n'est pas autre chose, après tout.

À RETENIR

Utilisez des mots vagues

C'est un outil utilisé par ceux qui prétendent prédire l'avenir ou décrire le caractère en se fondant sur des théories divinatoires (cartomancie, astrologie, numérologie, etc.). Il s'agit de parler de choses très générales. C'est la garantie de taper dans le mille. Le sens n'est pas dans la prédiction elle-même mais dans ce que va y mettre le destinataire.

Flatter votre interlocuteur

Il faut que tout ce que vous disiez puisse être vrai : « *Vous êtes rêveur mais vous savez avoir les pieds sur terre quand il le faut.* » Vous dites ainsi une chose et son contraire et vous ne risquez pas de vous tromper. La personne peut vraiment croire qu'il s'agit d'elle. Vous pouvez aussi la flatter et faire appel à quelques notions de base de psychologie.

À quoi ça sert ?

Pas la peine d'être voyant, cette technique peut s'utiliser pour d'autres occasions. Par exemple, pour mettre les gens en confiance en leur donnant l'illusion qu'ils sont compris, qu'on s'intéresse à eux. C'est une bonne technique d'approche pour séduire. En revanche, ne l'utilisez pas pour vous faire de nouveaux amis ou commencer une histoire d'amour.

L'étiquetage

« Comme on est sans défense devant la flatterie ! »

Milan Kundera

Témoignage

« Cela fait maintenant quelques années que je travaille dans une librairie. J'adore mon boulot, j'ai toujours voulu bosser entourée de livres et ce job comble toutes mes aspirations. Je passe mon temps à bouquiner, je fais des fiches de lecture et j'essaie d'orienter les clients du mieux que je peux. Ce qui me plaît vraiment, c'est réussir à faire découvrir des nouveaux auteurs à mes clients... sauf que ça ne marche pas tout le temps. Ils n'ont pas forcément envie d'être conseillés. Bien souvent, ils se contentent d'acheter le best-seller à la mode sans tenir compte de ma sélection. Ça me chagrine parce que la plupart du temps, ces romans ne valent pas le battage qu'il suscite et que de véritables chefs-d'œuvre restent là, à prendre la poussière jusqu'à ce que je les relègue dans la réserve. Je teste depuis quelque temps une nouvelle technique avec mes clients réguliers. Au lieu de bêtement conseiller un bouquin pour ses qualités intrinsèques, c'est le client que j'encense. Je ne dis plus : "Tiens, j'ai reçu ça, c'est fantastique, vous allez adorer" *mais des choses comme* "à un lecteur exigeant comme vous, je conseillerais ça" *ou* "je ne le conseillerais pas à tout le monde parce que c'est un peu ardu mais avec vous, je ne prends pas trop de risques..." *Et ça marche ! J'ai bien conscience qu'il s'agit de manipulation mais au bout du compte, le client revient ravi et commence à me faire confiance sans que j'aie besoin d'avoir recours à ce stratagème. »*

Hélène, 37 ans

Un peu de théorie

L'étiquetage positif

Il y a la façon dont on se voit et la façon dont nous voient les autres. La plupart du temps, ces identités coïncident à peu près, et si ce n'est pas le cas, on s'arrange pour les faire coïncider. Si je pense qu'on se méprend sur moi en pensant que je suis égoïste par exemple, je vais faire des efforts pour renvoyer une image plus conforme à ce que je suis. Si l'on me fait un compliment sur ma gentillesse, j'aurais à cœur de préserver cette image positive et agirais comme je suppose qu'une personne gentille le fait.

Dans les situations commerciales, c'est souvent une histoire de goût. La plupart du temps, les intentions ne sont pas toujours louables. Le client fait preuve d'un « goût si sûr et exigeant » qu'on n'a pas d'autre choix que de lui présenter un article plus en accord avec ses qualités : *« Je vois que vous avez du goût, laissez-moi vous montrer un très très beau produit »*, bien plus cher cela va sans dire. Mais une personne de goût laisse-t-elle le prix dicter ses achats ?

Dans le monde du travail, cette technique est très largement utilisée. Répétez à longueur de journée à quelqu'un combien vous admirez son dévouement, son sérieux et son professionnalisme : *« Merci, je savais que je pouvais compter sur toi. Comme toujours » ; « Je vous confie ce projet, je sais que vous le traiterez avec tout le professionnalisme auquel vous m'avez habitué »*... Puis demandez-lui de rester après les heures de bureau. Il y a fort à parier que vous n'aurez pas à le demander deux fois !

Les effets pervers de l'étiquetage négatif

Faire la démarche de renvoyer une image négative d'elle-même à une personne n'est certainement pas à conseiller. Bien sûr, si la critique est justifiée et vraiment objective, elle peut amener celui qui en est la cible à se ressaisir et à faire des efforts pour modifier son comportement. Mais le plus souvent, comme l'étiquetage positif, elle fige l'individu dans un rôle duquel il ne peut se défaire. C'est une maladresse qu'on observe souvent dans l'éducation : les enfants sont appelés « turbulents », « difficiles » ou « capricieux », et le deviennent véritablement ! Ceux à qui on dira : *« Tu chantes faux »*, continueront à chanter faux à l'âge adulte, seront bloqués ou auront du mal à travailler leur voix, à ne pas se juger. À quoi bon faire des efforts quand son sort est déjà scellé ?

Plus tard, c'est le même problème : *« Michel ? C'est même pas la peine que je lui demande de faire le dîner, il ferait tout cramer ! »* C'est un bon moyen pour que Michel ne mette jamais un pied dans la cuisine ! En effet, puisqu'on lui aura dit qu'il ne sait pas cuisiner, il n'apprendra jamais, ou s'il veut dépasser ce complexe, justement, il aura beaucoup de mal à y arriver. Il répondra d'une certaine manière à ce qu'on attend de lui, à l'étiquette qu'on lui a collée, en étant effectivement très mauvais cuisinier. Pour lui faire retrouver le chemin des fourneaux, mieux vaut l'encourager, lui rendre confiance, affirmer qu'il est créatif ou que c'est un cordon-bleu qui s'ignore.

Le prisme de l'étiquetage

Étiqueter quelqu'un n'a pas qu'un effet sur son comportement, cela peut également modifier la vision qu'en a autrui. Si je dis à une personne qu'une autre est « radine » ou « maladroite », cela va forcément modifier la façon dont elle la voit. Non pas qu'elle croie aveuglément ce qu'on lui dit, c'est juste qu'à partir du moment où la personne va être étiquetée, tout ce qu'elle va faire ou dire va être vu à travers ce prisme : pour confirmer ou infirmer cette caractéristique au mépris de toutes les autres. On aura vite fait de réduire la personne à cette particularité. Même si elle a d'autres qualités, qu'elle est intéressante, amusante, etc., on remarquera surtout le moment ou elle fera tomber un verre ou qu'elle refusera de nous payer un café. Si je dis à mon amie qu'un homme a des vues sur elle, toutes ses actions seront considérées à l'aune de cette révélation (*« il ne m'a pas adressé la parole de toute la soirée : qu'est-ce qu'il est timide ! », « on a parlé peu mais c'était intense »*). Utilisée de façon consciente et orientée, cette méthode peut changer la manière dont les personnes se voient ou détourner l'attention. Pour attirer l'attention sur le sérieux d'un collègue, je peux même pousser le vice jusqu'à affirmer qu'il est fainéant : les faits et gestes de mon collègue seront dès lors vus à travers ce jugement, et si rien ne vient corroborer cette thèse, mon interlocuteur aura eu l'occasion de remarquer son sérieux et son professionnalisme.

À RETENIR

Complimenter modifie le comportement

Étiqueter quelqu'un, c'est lui donner une caractéristique qui est censée le représenter : gentil, maladroit, créatif... Même si c'est une remarque ponctuelle basée sur l'observation, ce n'est jamais sans conséquence. De fait, c'est un bon outil pour la manipulation. On peut l'utiliser pour donner confiance à quelqu'un, le flatter ou l'amadouer.

Une étiquette négative à double tranchant

Cela peut inciter la personne à modifier son comportement ou la conforter dans ses agissements : tout dépend où elle trouvera son intérêt. Si l'on me dit « maladroit » et que je n'aime pas bricoler, j'aurai tout intérêt à ce qu'on continue à me considérer de la sorte. Si l'on me dit « égoïste », j'aurai sans doute à cœur de modifier cette image.

Un filtre

Réduire quelqu'un à une caractéristique, c'est modifier la façon dont est perçue cette personne par les autres. Qu'il soit justifié ou non, cet étiquetage va agir comme un filtre ne laissant passer que des preuves, des pistes visant à confirmer ou infirmer cette caractéristique, ce jugement. C'est un bon moyen d'attirer ou de détourner l'attention.

Le jeu de la séduction

« La séduction a toujours été une histoire de manipulation. »

François Raux

Témoignage

« Nous recherchions un appartement depuis des mois et nous commencions à désespérer. Un jour, une annonce parlait d'un duplex atypique baigné de lumière. Pour la visite, j'étais seul. C'était une merveille. La personne qui me fait visiter m'apprend alors que l'appartement appartient à son fils qui vit au Canada et qu'elle se charge des visites pour lui. Je tente alors de trouver des points d'accroches :

– Comment faites-vous pour trier les dossiers et les envoyer à votre fils ?

– Je scanne tous les dossiers et les envoie par mail.

– Quel travail de titan ! Écoutez, faisons plus simple, donnez-moi l'adresse mail de votre fils, et je lui envoie le dossier, pour vous éviter cette corvée.

Elle se détend et je lui demande ce qu'elle fait dans la vie. Elle écrit des romans photographiques et le dernier parle de l'Espagne.

J'essaye de l'amener sur un terrain où je suis à l'aise, les pays d'Amérique du Sud, l'histoire millénaire du Mexique… elle accroche.

– Vous connaissez le Mexique ?

Bingo, nous avions justement été au Mexique cette année-là :

– Nous l'avons parcouru l'année dernière… C'est fantastique !

– Oui, moi aussi, j'ai adoré le Mexique.

Je lui conseille un livre sur la chute de l'empire maya, elle est sous le charme et me conseille :

– Vous pouvez envoyer votre mail à mon fils aujourd'hui, avant que je ne lui envoie les autres dossiers, comme ça, vous serez le premier !

Résultat, nous avons eu l'appartement et j'ai offert le livre sur les Mayas à la mère de notre proprio ! »
Michel, 29 ans

Un peu de théorie

Être d'accord

Le principe de séduction est bien entendu à la base de la manipulation, mais les techniques de séduction à proprement parler, celles auxquelles on a naturellement recours dans les approches amoureuses peuvent également être mises à profit pour atteindre d'autres objectifs. Pas besoin de vouloir épouser la personne pour avoir recours à ces méthodes : elles vous serviront aussi dans la recherche d'un appartement, d'un travail, d'une nourrice…
La première technique de séduction consiste à acquiescer aux propos de votre interlocuteur, à montrer votre accord complet. N'attendez pas qu'il vous demande votre avis, hochez ostensiblement la tête et n'hésitez pas à l'interrompre s'il ne remarque pas vos mimiques : *« C'est justement ce que je me disais ce matin... », « mais oui ! », « comme je vous comprends ! »*. Si vous voyez où il veut en venir, finissez sa phrase (attention ne le faites qu'une fois, cela peut être agaçant). Vous pouvez aussi enregistrer soigneusement ce qu'il vous dit et lui répéter plus loin dans la conversation. Imaginons que vous soyez désespérément à la recherche d'une nourrice (vous savez malheureusement que la conjoncture fait que c'est à elle de vous choisir et pas le contraire). Vous rencontrez une candidate potentielle : faites-la parler de son métier, de sa journée type, de ce qu'elle fait avec les enfants, de ce qui compte pour elle, etc., puis reprenez tout à votre compte au moment de décrire ce que vous cherchez.

Se trouver des points communs

Soyez à l'affût de ce que dit votre interlocuteur et saisissez ses perches. Le logement que vous visitez est actuellement occupé par son propriétaire, c'est du pain bénit pour vous. Il ne tiendra qu'à vous d'affirmer que vous avez les mêmes rideaux, que vous adorez la musique qui passe et que justement vous vous apprêtiez à lire le roman ouvert sur la table. Autre exemple : lors d'un entretien d'embauche, vous remarquez une tasse de thé sur le bureau de la personne qui vous reçoit. S'il vient à vous proposer un café, essayez : *« Je préférerais un thé, si cela ne vous ennuie pas. »*

Il faut, pour être capable de réaliser de telles performances, avoir un grand sens de l'observation : écouter tout ce que dit votre interlocuteur certes, mais aussi interpréter ses gestes, son environnement. Si un recruteur vous accueille dans son bureau, jetez un œil attentif à son espace de travail : y a-t-il des photos d'enfants ? Des coupes de sport ? Vous pourrez, quand vous le jugerez opportun, orienter la discussion sur ces sujets.

Si c'est possible, essayez de vous renseigner avant sur la personnalité et les goûts de la personne à laquelle vous avez affaire. Dans le cas d'un travail, faites fonctionner vos réseaux sociaux. Prenez contact avec un employé de l'entreprise que vous convoitez et renseignez-vous sur les attentes du recruteur, ce qu'il apprécie chez un collaborateur, ce qui l'énerve, ce qui est rédhibitoire, autant de renseignements qu'on ne trouve pas sur une fiche de poste.

La flatterie

Vous pouvez également utiliser la technique de la flatterie : apprenez à complimenter votre interlocuteur, mais faites-le discrètement, de façon pertinente, en rapport direct avec votre situation de communication ou avec la transaction qui vous intéresse. S'il s'agit d'un entretien d'embauche pour un travail et que vous avez été reçu à l'heure par le recruteur, ne manquez surtout pas de souligner combien c'est agréable et rare. Si vous visitez un logement, faites remarquer au propriétaire des lieux comme son appartement est bien entretenu, bien décoré et rénové avec goût. La personne que vous sollicitez vous sera reconnaissante de vous rendre compte de ses efforts, cela titillera son réflexe de réciprocité. Elle pensera que vous vous ressemblez, que vous avez des points communs. Elle sentira une certaine proximité avec vous et accédera plus facilement à votre requête. Elle aura envie de vous faire plaisir en retour.

Il faut cependant être très prudent quand on a recours à cette technique. En effet, elle n'est pas indiquée dans tous les contextes et requiert un minimum de subtilité. Dans tous les cas, il convient de doser minutieusement ses interventions. N'exagérez pas trop car vous risquez d'être découvert et d'agacer votre auditeur. Essayez de bien observer et d'interpréter ses réactions. Vous devriez assez rapidement vous rendre compte de sa façon de recevoir vos compliments et de mesurer l'efficacité ou non de votre démarche.

À RETENIR

Créer une connivence pour séduire

La séduction peut servir dans différentes circonstances, et pas seulement dans la vie amoureuse. Pour séduire quelqu'un, soyez d'accord avec ce qu'il vous dit. Vous pouvez aussi finir ses phrases quand vous êtes sûr de ce qu'il veut exprimer ou réutiliser des informations qu'il vous a révélées. Dans cette entreprise, votre sens de l'écoute sera capital.

Affiner son sens de l'observation

Observez votre interlocuteur, le milieu où il évolue, les objets qui sont posés sur son bureau, comment est décoré son appartement, et à partir de cela, trouvez-vous des points communs avec lui et faites-lui partager subtilement. Pour cela, il vous faut développer votre sens de l'observation. Vous pouvez aussi vous renseigner sur lui avant de le rencontrer.

Bien choisir ses compliments

Ils doivent être en rapport avec le contexte de votre requête. N'allez pas complimenter votre employeur potentiel sur son parfum. Soyez attentif aux réactions de votre interlocuteur et apprenez à calibrer votre propos, restez subtil et arrêtez-vous avant d'en faire trop. La personne doit être séduite certes mais il ne s'agit pas de la mettre dans votre lit !

Parler à un homme

« L'homme est né pour l'action, comme le feu tend en haut et la pierre en bas. »

Voltaire

Témoignage

« Je dirige une équipe de cinq personnes, tous des hommes et j'ai un mal fou à me faire obéir. Quand je demande à l'un s'il peut me donner des chiffres sur un dossier, soit il m'ignore, soit il grogne, soit il le prend mal. Quand j'émets des critiques sur un travail, du coup, je prends des pincettes, je dis "c'est bien, mais...". *Eh bien, j'ai l'impression qu'ils ne retiennent que le* "c'est bien" *et que le* "mais" *passe à la trappe. L'autre jour, j'ai dit :* "Je ne suis pas sûre qu'il faille présenter le dossier comme ça" *et j'ai expliqué ce que je voulais en m'attendant à ce qu'il me revienne amélioré. Il n'est jamais revenu. Quand j'ai demandé des explications, on m'a rétorqué que je n'étais pas sûre alors qu'ils attendaient que je me décide ! Je me suis confiée à mon mari qui m'a dit que j'étais trop gentille, qu'il suffisait que je donne des directives sans y mettre particulièrement de formes. C'était justement ce que je voulais éviter : être trop autoritaire. Il m'a rassurée en me disant que tant que je n'abusais pas de mon autorité, personne ne me reprocherait de faire mon boulot. Je suis revenue travailler. J'ai rendu un dossier incomplet au premier que j'ai vu et je lui ai simplement dit : "Refaites-moi tout ce qui est annoté, si vous ne comprenez pas, je suis dans mon bureau". Le boulot a été fait correctement. Maintenant je suis plus directe dans le travail et ça fonctionne plutôt bien. Ça ne m'empêche pas de bien m'entendre avec mes collègues, par ailleurs. »*

Marina, 35 ans

Un peu de théorie

Mars et Vénus

Les théories que l'on connaît selon lesquelles les femmes seraient par nature plus dans l'affect et les hommes plutôt dans l'action sont assez réductrices. Elles nous enferment dans des idées reçues et interdisent toute évolution. Les prendre pour argent comptant est donc assez dangereux. Néanmoins, on peut admettre que des siècles de domination masculine ont conditionné notre vision du monde, la façon dont nous nous exprimons et nous comportons et qu'il est utile d'en avoir conscience pour s'adapter et communiquer de façon plus efficace.
L'humilité, par exemple, est une valeur essentiellement féminine. Chez les hommes, quand on est fier de son travail, on le dit. Et tant pis pour vous si vous ne faites pas valoir vos droits à la reconnaissance. N'attendez pas qu'on remarque vos efforts même si vous croyez qu'ils le méritent. Communiquez. Dites-vous que vous le faites dans un souci d'information. Si vous pensez que vous faites tout à la maison sans que personne ne s'en rende jamais compte, tandis qu'on félicite votre mari qui fait la cuisine une fois par an, ne rongez pas votre frein sans rien faire. Énumérez-lui chaque jour tout ce que vous avez fait pour la communauté par le menu, sans cela il risque de ne pas s'en rendre compte.
Se demander pourquoi le message ne passe pas quand on s'exprime de telle ou telle façon et savoir interpréter les propos de son interlocuteur à travers ce filtre peut être une piste pour mieux se comprendre.

Action versus affect

On peut remarquer certaines singularités dans le comportement des hommes, en particulier au travail où les relations sont le plus souvent hiérarchisées : ils parlent pour agir. Ils donnent et reçoivent des ordres. Tout cela est très simple et direct. Y mettre les formes, comme le font la plupart des femmes est susceptible de brouiller le message pour eux. Quel est l'intérêt d'ajouter des mots s'ils ne sont pas signifiants ? Par exemple, prenez la phrase : *« Tu pourrais faire telle chose ? »* Le conditionnel présent introduit une nuance d'incertitude (« éventuellement ») et la nécessité de l'action ne paraît plus si évidente que ça. Il y a donc déjà un malentendu dans les deux parties. Si on la prend littéralement, cette demande ne fait que questionner sur les capacités de quelqu'un à exécuter une tâche, mais si la réponse est affirmative, on peut se demander si ce n'est pas un reproche déguisé (on peut comprendre : *« Si tu as la capacité de le faire, pourquoi ne le fais-tu pas ? »*). Une phrase somme toute anodine pour une femme telle que *« Ça t'ennuierait de passer chez le teinturier ? »* peut dégénérer en règlement de compte si elle est mal comprise. Attention donc à la mauvaise interprétation que l'on fait parfois de certaines demandes. Si vous rechignez à employer l'impératif, utilisez des tournures du type *« je voudrais que »* ou *« j'aimerais que »* qui, bien que moins directes, ne laissent pas de doute quant à vos intentions.

La critique et le refus

Comme quand vous donnez des directives, si vous devez émettre une critique envers quelqu'un, faites-le franchement sans passer par des chemins détournés. Pour vous, c'est une manière de ne pas être agressive, d'être gentille, respectueuse et de ne pas abuser de votre situation de supériorité. Mais lui ne retiendra que ce qui l'arrange sans faire d'effort d'interprétation. N'ayez pas peur d'utiliser des mots forts et sans ambiguïté pour bien vous faire comprendre : si vous pensez qu'une réalisation masculine est « nulle », dites-le. Ce mot est clair, efficace et, même s'il n'est pas vraiment agréable à entendre sur le moment, vous pourrez être pratiquement sûre que votre interlocuteur ne le prendra pas personnellement, qu'il l'entendra et qu'il fera bien son travail par la suite.

Clarifiez votre discours en matière de refus. Apprenez à dire « non » sans modérer votre propos sinon vous risquez de laisser entendre que votre refus n'est pas définitif. Vous en avez sans doute déjà fait l'expérience lors de tentatives de séduction infructueuses, nul ne sert de louvoyer et de trouver des excuses, rien n'est plus efficace qu'un *« non »* franc et sans appel.
Le trait est bien entendu outré ici pour mieux mettre en valeur notre propos. Il n'y a évidemment pas une façon de parler spécifique aux femmes et aux hommes mais des tendances. Ces tendances sont en grande partie culturelles, mais elles tendent à disparaître à mesure que la société évolue.

À RETENIR

Attention aux généralisations !

Les hommes et les femmes ne fonctionnent pas tous de la même façon, fort heureusement. Malgré leurs différences, ils doivent essayer de trouver un terrain d'entente pour communiquer ensemble. Mais il ne faut pas non plus les cantonner dans des rôles trop définis. Servez-vous de ces conseils comme piste de réflexion pas comme guide de communication.

N'attendez pas qu'un homme reconnaisse vos mérites

Mesdames, commencez par mettre au placard votre modestie, et prenez exemple sur vos congénères masculins : revendiquez ce que vous croyez mériter. Sans cela, vous n'obtiendrez rien. Si vous ne parlez pas de ce que vous accomplissez, personne ne se rendra compte de votre travail et vous n'aurez aucune reconnaissance. Vous serez donc frustrée.

Épurez votre message

Oubliez donc la modalisation, les adverbes et les questions. Ne doutez plus, n'essayez pas d'être sympathique, allez plutôt à l'essentiel et assumez-vous. Vous voulez qu'on fasse quelque chose, dites-le clairement. Vous n'êtes pas d'accord, vous êtes mécontente, exprimez-vous. Ne laissez aucune place à l'incertitude ou à l'ambiguïté dans votre message.

Parler à une femme

« Les femmes sont plus difficiles à manipuler que les hommes. C'est dans leur esprit. »

Peter Sellers

Témoignage

« J'ai été élevé dans un milieu masculin. Ma mère est décédée quand j'étais petit et mon père ne s'est jamais remarié. Mon père bossait beaucoup et la vie de famille se réduisait au strict nécessaire. Ma grand-mère me raconte maintenant qu'il nous arrivait de communiquer par grognements ! C'est vrai qu'à l'école, je n'avais pas de copines, elles ne faisaient pas partie de mon univers.

Ce n'est qu'à la fac que j'ai commencé à m'intéresser aux filles et que j'ai rencontré Manon. Ça a été tout de suite le coup de foudre. C'était fusionnel. Et puis, on a décidé de vivre ensemble. Et là, les choses se sont gâtées. On était vraiment tout le temps ensemble, on avait à gérer les trucs du quotidien et on a commencé à se disputer. On s'engueulait pendant des heures. On a fini par se séparer. Je suis resté pas mal de temps tout seul, j'en ai profité pour me faire des copines. Pas des petites copines, juste des amies. Je crois que j'ai compris beaucoup de choses à leur contact, notamment qu'avec Manon, notre plus gros problème, c'était la communication. Je crois que le fait d'avoir grandi dans un milieu essentiellement masculin n'y est pas étranger. Je sors avec Julie maintenant et ça se passe beaucoup mieux. Bien sûr, il nous arrive de nous disputer mais j'arrive à faire la différence entre une dispute causée par un réel différend et une dispute motivée par l'incompréhension. Je fais attention à ce que je dis et comment je le dis, je n'ai pas envie de tout gâcher encore une fois. »

Jonathan, 24 ans

Un peu de théorie

Des deux hémisphères

La théorie selon laquelle les deux hémisphères du cerveau seraient chacun dédié à des fonctions précises, le gauche au raisonnement, le droit aux sentiments, et que les femmes mobiliseraient les deux là où les hommes n'utiliseraient que le gauche est certainement un peu simpliste et de plus en plus remise en question. Cependant, elle a tendance à refléter une réalité observable, en partie liée à notre héritage éducatif : les hommes ont tendance à bien séparer l'action de l'affect d'où des comportements jugés trop directs, voire brutaux, par leurs congénères féminines.

Affûter votre compréhension et travailler votre expression vous aidera à optimiser votre communication et éviter les malentendus.

Une première différence réside dans la fonction de la parole : chez un homme, elle est surtout performative, elle « fait » quelque chose. On parle à quelqu'un parce qu'on sollicite quelque chose de lui ou le contraire. Pour une femme, le langage n'est pas seulement cela. Un bon exemple est la verbalisation de la difficulté : une femme devant un problème aura tendance à s'exprimer, à vouloir communiquer pour évacuer le stress, mettre ses idées en place… Pour un homme peu attentif, c'est un appel à l'aide : on parle pour obtenir quelque chose de quelqu'un, dans ce cas, un coup de main. Proposer une solution n'est pas une réponse appropriée : ce peut être vu comme un moyen de lui couper l'herbe sous le pied, de lui dire qu'elle n'est pas capable.

Le besoin de reconnaissance

On éduque traditionnellement les petites filles dans des valeurs de discrétion et d'humilité : ne pas faire de vague, faire ce qu'on a à faire sans se vanter, ne pas chercher la reconnaissance… On observe même une tendance au dénigrement : « *Mais, non, c'est trois fois rien »*, *« J'aurais voulu faire mieux... »*, *« Ne faites pas attention, c'est le bazar »*... Chez l'homme, chez qui il n'y a aucun mal à se montrer satisfait de soi-même, on ne peut espérer de reconnaissance sans auto-promotion. D'où des malentendus : ils ne remarquent pas les mérites des femmes, quant à elles, elles les trouvent égocentriques et vantards. Souvenez-vous que si la femme ne cherche pas la reconnaissance, elle en a néanmoins besoin et s'attend à ce que l'on prête attention à ses efforts et ses succès (comme elle le fait elle-même avec les autres).

Pour être entendues et reconnues, elles peuvent avoir recours aux figures de rhétorique qu'elles ont à leur disposition, hyperbole comprise. Les hommes reprochent donc souvent aux femmes d'exagérer. Sachez lire entre les lignes et ne prenez pas tout au sens littéral ! *« J'ai passé la journée à courir »* ne veut souvent dire que *« je suis fatiguée »* et *« ce qu'elle peut être désagréable ! »*, *« je ne l'aime pas »*.

Bien sûr, ces observations n'ont pas vocation à refléter fidèlement la réalité mais plutôt des tendances. Les différences culturelles tendent à s'atténuer mais les habitudes et les pratiques éducatives se perpétuent naturellement avec les générations.

La politesse

Pour une femme, il est impératif de préserver l'autre en ne lui imposant ni son point de vue ni sa volonté. Même dans des positions d'autorité incontestables, il est très rare de voir une femme employer l'impératif. *« Rappelez M. X »*, *« Fais une lessive »* sont des phrases que vous n'entendrez pas d'une femme qui préférera des tournures du type : *« Ça vous ennuierait de rappeler M. X ? »*, *« Tu pourrais faire une lessive ? »* Ne vous méprenez pas, il s'agit quand même d'une directive et ces tournures ne sont que formelles, elles n'ont pas pour objet de vous questionner sur votre capacité à accomplir l'action en question ni de vous faire un reproche (*« Bien sûr que je peux, qu'est-ce que tu sous-entends par là ?* »). De la même manière, une femme aura des scrupules à exprimer son refus d'une manière trop directe. *« Je ne suis pas convaincue », « je ne suis pas sûre »* sont des manières polies de dire non, pas des invitations à insister.

Pour mieux vous faire comprendre du public féminin, apprenez à manipuler sa syntaxe.

– Bannissez à tout jamais l'impératif et le mot « non » de vos propos. Vous serez beaucoup plus efficace en y mettant les formes.

– Apprenez à conjuguer le verbe pouvoir et le conditionnel.

– Usez et abusez de tournures interro-négatives : plutôt que *« c'est comme ça qu'il faut faire », « tu ne penses pas que si on faisait comme ça, ça marcherait ? »*

– Découvrez l'art de la mesure et les locutions adverbiales : un peu, pas vraiment…

À RETENIR

Paroles, paroles

Sans tomber dans des généralités, on peut tout de même admettre certaines différences entre l'homme et la femme. Notamment dans l'utilisation du langage. Pour l'homme, parler signifie « action ». On parle pour faire quelque chose. La femme, quant à elle, se sert de la parole pour exprimer des sentiments, évacuer un stress... Elle est plus dans l'affect.

Le vrai sens des mots

La femme est traditionnellement élevée dans des valeurs de discrétion et de respect de l'autre, son discours en aura donc la marque. Elle ne cherchera pas à se mettre en avant mais elle attendra tout de même que les autres s'aperçoivent de ses efforts. Sachez interpréter ses métaphores et ses circonvolutions pour n'en retirer que le message.

Un peu de grammaire

Une femme n'emploiera pas l'impératif pour formuler un ordre. Elle y mettra les formes par politesse et pour ne rien imposer à l'autre. De même, elle ne refusera pas catégoriquement une offre ou une demande. Pour bien vous faire comprendre d'une femme et ne pas paraître autoritaire ou rustre, soyez attentif à ne pas être trop direct avec elle.

Le pied dans la porte

« Voilà ce qui fait un bon commerçant, il vous fait acheter ce qu'il a besoin de vendre. »

James Joyce

Témoignage

« À la maison, on a deux ados. De vraies feignasses. Ils font tout pour échapper aux tâches ménagères (mettre la table, faire la cuisine, aller acheter le pain...). Attention, si on leur demande, ils le font, mais à reculons et, la plupart du temps, ils sont comme par magie absents. Mais sinon, ils sont serviables... Ce qu'on fait maintenant quand on a besoin d'aide, c'est qu'on leur demande un tout petit truc.

Et puis, une fois qu'ils ont accepté et qu'ils nous voient submergés, on peut leur demander autre chose ou alors ce sont eux qui proposent assez naturellement leur aide. Par exemple, je fais le dîner et Julie n'est pas rentrée du travail. Hortense se met à pleurer, je sais qu'il faut la changer. Je reste aux fourneaux et je demande juste : "Benjamin, juste une seconde, tu peux aller voir pourquoi ta sœur pleure ?" Il y va et me donne ses conclusions. Je continue à m'activer dans la cuisine en disant : "O.K., je vois ça tout à l'heure". Comme il est gentil, il va la changer en ayant l'impression qu'il le fait de lui-même.

Autre exemple : on demande à Marion si elle peut éventuellement ramener du pain en sortant du lycée, elle accepte, ce n'est pas grand-chose. Le lendemain, on lui demande si elle ne peut pas en profiter pour passer à l'épicerie à côté faire quelques courses urgentes (trois fois rien, on ne les exploite pas non plus). Ça marche beaucoup mieux que si on leur demandait directement de changer leur petite sœur ou d'aller faire les courses. »

Simon, 47 ans

Un peu de théorie

Quelques principes

La technique du pied dans la porte repose sur le principe de l'engagement, sur le fait qu'une décision est toujours engageante pour celui qui la prend quel que soit son coût. Nos comportements sont cohérents entre eux (la plupart du temps) et nos actions suivent une dynamique.
Suivant ce principe, la technique du pied dans la porte consiste à obtenir d'une personne une première décision à coût moindre, on appelle cela le comportement préparatoire. Cette première décision va l'engager, la mettre dans une certaine disposition et elle sera naturellement encline à répondre favorablement à la seconde demande que l'on prépare, celle-ci beaucoup plus coûteuse. L'image est claire : c'est comme si l'on bloquait l'ouverture de la porte avec son pied pour pouvoir y entrer. On peut, par exemple si l'on souhaite collecter des fonds, commencer par faire signer une pétition. On peut être sûr de cette façon de récolter beaucoup plus d'argent que si l'on n'avait directement demandé.
Quelques règles sont à respecter pour le comportement préparatoire : son coût doit être faible, de sorte qu'il ne soit guère possible à la personne de refuser et qu'elle puisse être certaine d'avoir agi en toute liberté. Si c'est déjà une décision coûteuse, vous risquez la surenchère. Toutefois, ce comportement doit être suffisamment notable pour permettre l'engagement. En outre, il n'a pas forcément à être réalisé : il suffit simplement d'obtenir la décision de le faire.

Les deux décisions

Essayons d'étayer cette technique par des exemples précis : imaginons que vous souhaitiez emprunter la voiture d'un ami pour une course d'une demi-journée. Votre ami est généreux mais il tient beaucoup à son véhicule. Vous pouvez d'abord lui demander seulement pour une heure. Une fois qu'il aura accepté, vous pourrez revenir à la charge et lui dire que finalement vous en aurez pour plus longtemps que ce que vous pensiez. Bien évidemment, le succès n'est pas garanti mais il semblera difficile à votre ami de revenir sur sa décision initiale.

Pour que le pied dans la porte fonctionne, il faut que les deux décisions ne soient pas trop éloignées l'une de l'autre dans le temps. Ce qui est important, c'est que la personne puisse se souvenir de la première au moment de la seconde. Dans l'exemple précédent, les décisions étaient de même nature (prêter sa voiture pour un temps plus ou moins long) mais ce n'est pas impératif, mais il faut qu'elles rentrent dans le même registre d'action. S'il s'agit de définir mon action quand je signe une pétition, je ne dirais pas que je suis en train d'écrire mon nom sur une feuille, je dirais que je m'engage pour une cause. Et, dans cette situation, faire un don va rentrer dans le même registre d'action.

Si vous avez besoin de bras pour un déménagement, vous pouvez par exemple demander à votre voisin de vous prêter son diable pour la journée, il y a fort à parier qu'il acceptera et qu'il portera quelques cartons en sus si vous lui demandez.

La demande implicite

Dans cette variante, la seconde demande n'a pas besoin d'être formulée. L'acte préparatoire met la personne dans une dynamique telle qu'elle va agir comme on le souhaite. R.-V. Joule et J.-L. Beauvois racontent une expérience menée dans un supermarché aux États-Unis. L'expérimentateur demandait à des clientes de surveiller son sac, le temps de retrouver son portefeuille égaré. Une fois revenu, un complice laissait choir des provisions de son panier. On a observé que les ménagères auxquelles on avait extorqué un comportement préparatoire étaient plus nombreuses à signaler la chute des provisions que celles à qui l'on n'avait rien demandé.

La première demande les plaçait dans un registre d'action du type « rendre service », dès lors, c'est ce qu'elles ont fait dès que l'occasion s'est présentée. On peut trouver d'autres applications dans la vie courante : vous faites la vaisselle et vous aimeriez que quelqu'un l'essuie. Vous pouvez demander mais vous aurez créé une situation de contrainte probablement assortie d'un petit sentiment d'animosité (*« Comme si je ne faisais jamais rien ! »*).
Vous pouvez essayer, pour qu'on vous aide avec bonne volonté, non pas de demander qu'on essuie la vaisselle mais qu'on aille chercher un torchon à cet effet (comportement préparatoire). Il faudra bien montrer ensuite votre désarroi face à toute cette vaisselle (demande implicite) et votre « victime » arrivant avec le torchon n'aura d'autre choix que de proposer son aide (en toute liberté).

À RETENIR

Le principe d'engagement

Le pied dans la porte consiste à faire précéder notre véritable demande par une demande peu coûteuse qui ne peut pas être refusée. La personne accepte parce qu'elle a été préparée à rendre service. Prendre une décision, c'est s'engager dans une dynamique, c'est sur ce principe de cohérence entre nos décisions et nos actions que repose la technique.

La technique

Pour que cette technique fonctionne, la vraie demande doit avoir lieu peu de temps après la première pour que la personne manipulée s'en souvienne et ne puisse se désengager. Elle doit s'inscrire dans le même ordre d'idée. De sorte qu'elle ne puisse naturellement pas la refuser si elle a accepté la première sans une complète remise en question.

Une variante

La technique du pied dans la porte avec demande implicite consiste à ne faire qu'une demande qui engage la personne manipulée dans une dynamique, si bien que la seconde demande est inutile. Il suffit de faire appel à la bonne volonté de la personne et de lui laisser croire qu'elle est entièrement libre. C'est elle qui croit choisir de rendre service.

Le leurre et l'amorçage

« Qui veut vendre un cheval aveugle en vante les pattes. »

Proverbe allemand

Témoignage

« Il fallait que j'organise la fête annuelle de ma boîte. C'était pour mon patron une façon de me mettre à l'épreuve, et il promettait de me donner plus de responsabilités si j'arrivais à organiser une belle fête corporate avec tous les employés. Ce qu'il s'était gardé de me dire, c'est que la salle qu'il avait louée était à 50 km de Paris et que la fête se déroulerait un samedi soir. J'étais presque sûr d'y aller tout seul.

Dans l'angoisse, j'ai dû inventer un gros bobard. J'ai promis qu'il y aurait un célèbre chanteur et qu'il avait accepté de nous faire un petit set pendant l'apéritif. Seulement, les chanteurs, comme les employés, n'ont pas envie de se déplacer en pleine campagne un samedi soir. Grâce à cette promesse, j'ai réussi à convaincre tout le monde de venir. À côté, j'ai quand même fait en sorte d'organiser une belle fête : super buffet, open bar, DJ…

Le samedi soir en question, j'avais une boule dans le ventre. Quand tout le monde a été arrivé, j'ai dû annoncer que notre star avait décommandé au dernier moment. Mais, comme tout le monde avait fait l'effort de venir, cela ne valait pas le coup de repartir. D'autant que le buffet qui dépassait toutes mes espérances leur tendait les bras. La mayonnaise a commencé à prendre, les langues se sont déliées. Une fois que le buffet a été englouti, la plupart sont restés pour discuter et danser. Finalement, tout le monde s'est bien amusé et personne n'a jamais soupçonné que j'avais inventé cette histoire de chanteur. »

Léo, 25 ans

Un peu de théorie

L'amorçage

Aussi appelée vente à la postiche ou à la perruque, cette technique commerciale frauduleuse s'appuie sur le principe de l'amorçage. Il s'agit d'amener la personne à prendre une décision en ne lui montrant qu'une partie du tableau, les points négatifs étant omis. Ce qu'on lui tait étant bien sûr susceptible de la dissuader. Elle n'apprend la vérité qu'une fois la décision prise, alors qu'il est déjà trop tard. C'est, par exemple, demander à quelqu'un de venir vous aider à porter deux trois cartons pour votre déménagement sans lui préciser que vous habitez en fait au 5e étage sans ascenseur et que vous ne serez que tous les deux. La cible de cette arnaque est principalement les personnes âgées. Le téléphone sonne en général en semaine le matin ou au milieu de l'après-midi et la personne qui répond se voit offrir un magnifique service en porcelaine de « premier choix ». Elle est invitée à venir la récupérer dans un lieu où on lui présentera, ainsi qu'à d'autres personnes sélectionnées « pour leur goût sûr », d'autres articles d'une rare finesse. Là-bas, après un discours édifiant sur la mort de l'industrie de la porcelaine, toutes ces personnes apprendront, qu'elles ont bien gagné un magnifique service complet, à condition bien sûr qu'elles acceptent de faire graver leurs initiales dessus. Ce dernier service étant bien évidemment payant. Heureusement, tout le monde ne se fait pas avoir, mais l'opération est suffisamment efficace pour que la technique perdure.

Le leurre

L'amorçage et le leurre sont des techniques assez similaires dans leur esprit. Le leurre consiste à faire miroiter à une personne un avantage fictif qui disparaît une fois que le poisson a mordu à l'hameçon. On l'amène donc à prendre librement une décision attrayante pour elle.

À ce moment-là, on propose une solution de remplacement qui ne présente pas les mêmes avantages mais qui a toutes les chances d'être adoptée en vertu de la théorie de l'engagement. Par exemple, si vous décidez d'organiser une soirée, vous allez faire croire aux invités qu'un concert aura lieu. Une fois les convives arrivés, vous leur annoncerez que l'artiste s'est décommandé et qu'à la place vous avez préparé un bon buffet. Étant déjà sur place, vos invités n'oseront pas repartir. Imaginons aussi que vous mouriez d'envie de voir le dernier James Bond mais que votre petit(e) ami(e) ne partage pas vos goûts. Vous pouvez lui proposer d'aller voir un film qui lui plaît et de tout organiser. Vérifiez bien que le film en question ne passe pas aux mêmes horaires que le vôtre et donnez-lui rendez-vous devant le cinéma pour la séance du James Bond. Vous pourrez constater ensemble que vous vous êtes trompé de cinéma ou de séance. Dès lors, pour ne pas avoir fait le déplacement pour rien, vous pourrez suggérer d'aller voir l'autre film.
Cependant, il peut y avoir des problèmes : si la personne manipulée n'y gagne rien, le procédé ne pourra fonctionner qu'une fois et vos relations risquent d'en pâtir.

Pour quoi faire

La technique de l'amorçage est couramment utilisée dans l'établissement de contrats : vous convenez d'un prix pour une tâche donnée et une fois l'accord entendu, vous augmentez la tâche de manière discrète : *« Je vous confirme notre commande de 14 sondages de 10 questions chacun, pour le prix que vous nous avez proposé. Merci de prévoir deux questions supplémentaires par sondage, ainsi en cas de problème, nous pourrons être plus réactifs. »* Elle est en général utilisé dans des opérations de manipulation purement égocentrique : a priori, si vous avez pris la peine de dissimuler une partie du tableau, c'est que la personne manipulée n'a aucune raison d'y trouver son intérêt. Mais on peut aussi y avoir recours pour aider à surmonter des blocages, des peurs ou des a priori. Par exemple, si votre enfant prétend qu'il déteste le basilic alors que vous êtes à peu près sûr qu'il n'en a jamais goûté, confectionnez-lui un plat où cet aliment sera invisible bien que présent. Vous lui révélerez l'astuce une fois qu'il aura tout mangé.

Faites attention tout de même, l'amorçage est une technique de manipulation qui, bien qu'efficace, ne passe pas inaperçue. Certes, votre ami va vous aider à déménager mais ce n'est pas sûr que vous obtiendrez son aide la prochaine fois que vous le solliciterez. Votre enfant va peut-être vous remercier de lui avoir fait découvrir le basilic mais il n'est pas exclu qu'il le prenne mal et vous soupçonne de vouloir le piéger à chaque repas.

À RETENIR

Cacher une partie de la vérité

La technique de l'amorçage ne montre que la partie acceptable de la décision à prendre ou de l'action à effectuer. Cette partie va servir de tremplin pour le reste. Une fois engagée sur le tremplin, la personne aura l'impression qu'elle n'a guère d'autre choix que de sauter. Cette méthode est surtout utilisée pour manipuler les personnes âgées.

Un avantage fictif

Le leurre, quant à lui, sert, pour reprendre la métaphore, à appâter le poisson. On met en avant un attrait séduisant pour convaincre une personne de faire telle ou telle chose. Une fois qu'elle a accepté, l'avantage disparaît. Elle se retrouve piégée selon la théorie de l'engagement. Attention de ne pas trop abuser de ce procédé avec vos proches.

Pourquoi utiliser ces techniques ?

Ces techniques reposent sur le mensonge et l'égocentrisme. Elles sont utiles avant tout pour nous-même. C'est pourquoi elles risquent plus d'être découvertes et dénoncées comme telles. Elles peuvent aussi servir des intérêts plus nobles : on peut les utiliser pour aider à surmonter des blocages ou balayer des a priori mais les résultats ne sont pas garantis.

La porte au nez

« Refuser en donnant des raisons, ce n'est pas refuser. »

Alain

Témoignage

« Ma femme déteste voir mes parents. À chaque fois, c'est la corvée. Le problème, c'est qu'ils habitent loin et qu'en conséquence, quand on y va, c'est pour au moins deux jours. Bien sûr, elle n'est pas un monstre, elle comprend que mes parents ont envie de me voir et qu'ils me manquent.

Alors j'ai essayé autre chose, j'en avais assez de la voir se défiler. J'ai amené le sujet doucement : "Cela fait longtemps qu'on n'a pas rendu visite à la famille, ils commencent à s'impatienter." *Ce à quoi elle n'a pu qu'acquiescer. Ensuite, j'ai ajouté sur un ton très naturel :* "Mes parents ont loué une maison à la mer pour les vacances, on pourrait aller y passer une semaine, ce serait l'occasion de les voir et de profiter du soleil ?" *Là, elle s'est décomposée. Une semaine avec mes parents ! Même moi, ça ne me fait pas rêver ! Elle s'est confondue en excuses, mais a dû refuser. J'ai bien vu que ça lui coûtait parce qu'elle n'avait pas d'excuse type travail ou autre, qu'elle me disait juste* "non" *et que ça l'ennuyait. J'en ai profité pour lui proposer une alternative acceptable :* "Une semaine, c'est long, c'est vrai. On pourrait juste y passer deux jours sur le chemin de nos propres vacances..." *Elle n'a pu qu'accepter, elle se sentait trop coupable. Je sais bien que si je lui avais proposé directement elle aurait dit non, mais là, elle était coincée.*

Je crois qu'elle s'est rendu compte que je l'avais piégée, il faudra que je trouve une autre tactique pour la fois prochaine. »

Marc, 30 ans

Un peu de théorie

Une technique élaborée

Cette technique de la porte au nez est un peu l'inverse de celle du pied dans la porte. Comme dans cette dernière, le but est de faire accepter une demande mais, à la différence que là, il s'agit de la faire précéder d'une autre dont on est sûr qu'elle sera refusée tant son coût (en temps, en argent, en énergie…) est intolérable pour la personne.

On aura tout intérêt à d'abord sensibiliser la personne, à l'amadouer sur l'idée générale qui sous-tend la demande. Elle doit savoir que c'est un sujet important, qui nous tient à cœur.

La première demande qui est donc exorbitante et inacceptable doit découler naturellement de cette mise en condition.

La vraie demande arrive peu après. La personne a déjà dit non une fois. Cela lui a coûté parce qu'elle était d'accord sur le principe. Elle est donc dans la culpabilité d'avoir refusé la première requête, elle a envie de se racheter et de faire plaisir. La demande qui suit va alors lui permettre de sauver la face : c'est une porte de sortie honorable… et une habile manipulation. Cette technique fonctionne dans la plupart des cas. Le premier refus, bien loin de clore la discussion, a au contraire ouvert la porte… (d'ailleurs la seconde demande n'aurait pas lieu d'être sans la première) et elle est d'autant plus ouverte si la personne piégée a cherché à se justifier et s'est sentie mal à l'aise de refuser.

Parfois, la manipulation aura été si habile que c'est la personne piégée elle-même qui formulera la demande.

Comment ça marche

Le succès de cette technique repose en grande partie sur le principe de réciprocité. Effectivement, en réduisant ses exigences, on fait en quelque sorte une faveur à notre interlocuteur qui, à son tour, se sent obligé de nous en faire une en retour. Le sentiment de culpabilité est d'autant plus fort que le manipulateur fait preuve d'une grande compréhension devant le refus de l'autre. La personne manipulée est donc dans un état de disponibilité pour accepter ce qu'on lui demandera. Elle éprouvera aussi un sentiment de soulagement de croire qu'elle a échappé à bien pire.

La seconde demande bénéficie aussi de l'effet de contraste. C'est la même raison qui fait qu'on est toujours beaucoup plus exigeant au début de la quête d'un logement qu'à la fin : on est prêt à choisir d'habiter dans un logement qu'on aurait rejeté de prime abord, parce qu'on le compare à tous ceux qu'on a vus auparavant. On est d'accord pour faire quelques sacrifices. On est forcément moins intransigeant. La seconde demande est coûteuse en soi, on ne l'aurait d'ailleurs jamais acceptée dans d'autres conditions, mais comparée à la première, elle devient tout à fait acceptable. Cette technique, bien que d'une efficacité redoutable, reste un peu grossière : le manipulé peut se rendre compte qu'on s'est joué de lui. Si vous l'utilisez de façon à forcer la volonté de quelqu'un de proche, gardez à l'esprit que vous pouvez être découvert et qu'il risque de vous en vouloir.

Pour une bonne porte au nez

La première demande doit être trop exigeante mais rester dans les limites du crédible. Si vous voulez emprunter 50 euros à un ami, n'allez pas commencer par lui demander 1 000 euros. Allez-y doucement : demandez 100 euros et, devant son refus, demandez les 50 euros.

Les deux demandes doivent appartenir au même registre d'action, ce peut être exactement la même chose simplement diminuée (prête-moi 50 euros, passons deux jours chez mes parents, garde mon fils 1 heure) ou complètement autre chose, mais dont les motivations sont les mêmes. Imaginons que vous souhaitiez faire garder votre enfant par votre mère un samedi après-midi. Vous savez qu'elle va refuser parce qu'elle a déjà prévu un bridge avec ses amies et qu'elle vous a déjà maintes fois précisé qu'il fallait la prévenir bien à l'avance. Vous pouvez commencer par vous plaindre d'être débordé et, devant son envie de vous aider, lui demander d'aller faire vos courses de la semaine au supermarché (bondé un samedi après-midi, cela va de soi). Devant son refus, vous pourrez lui proposer de garder votre enfant le temps que vous vous occupiez de cette tâche ingrate. Les deux demandes ne sont pas de même nature mais participent toutes deux du même registre d'action : vous aider.

Enfin, les deux demandes ne doivent pas trop être éloignées dans le temps, l'idéal étant qu'elles soient faites consécutivement afin que votre interlocuteur n'ait pas le temps d'oublier sa « dette » ni de calmer sa culpabilité.

À RETENIR

Provoquer un premier refus

La technique de la porte au nez a pour objectif de faire accepter par votre interlocuteur une demande que vous lui faites. Il s'agit dans un premier temps de demander quelque chose d'impossible à accepter. Ce premier refus va coûter à votre interlocuteur, dès lors, quand vous lui offrirez l'occasion de se racheter, il en saisira l'occasion.

Le principe de réciprocité et l'effet de contraste

Votre vraie demande a beau être coûteuse, elle n'en a pas l'air comparée à la première et puisque vous avez réduit votre exigence, votre interlocuteur constate qu'une concession a été faite et a envie, à son tour, de faire un effort pour vous faire plaisir. Avec cette technique, vous obtiendrez de bons résultats mais attention de ne pas être découvert.

Pour une réussite assurée

La première demande doit être irrecevable sans être complètement extravagante : vous devez rester crédible. Les deux requêtes ne doivent pas trop être éloignées dans le temps pour que la personne éprouve toujours un sentiment de culpabilité et puisse être manipulée plus facilement. Et surtout elles doivent appartenir au même registre d'action.

Et ce n'est pas tout !

« Ah Gudule, viens m'embrasser, et je te donnerai...
Un frigidaire, un joli scooter, un atomixer
Et du Dunlopillo
Une cuisinière, avec un four en verre
Des tas de couverts et des pelles à gâteau ! »

Boris Vian

Témoignage

« Il y a quelques années, quand j'ai décidé de monter mon club de gym, je voulais vraiment proposer à mes clients des abonnements à prix attractif. J'avais envie que ce ne soit pas trop cher pour attirer le plus de monde possible. Alors j'ai calculé sans grosses marges, juste assez pour rentrer dans mes frais, pouvoir me payer et payer les deux autres profs. Finalement, je me suis rendu compte que ce n'était pas une si bonne idée que ça, parce qu'avec cette façon de procéder, je suis incapable de faire des cadeaux à mes adhérents – ou alors des vrais, et là, c'est la faillite assurée. Mes premiers clients m'ont tout de suite demandé si je faisais des prix "spécial ouverture". J'ai eu beau expliquer que les prix étaient le plus bas possible, cette incapacité à faire "le petit geste commercial" les a fait fuir. Au bout d'une semaine, je n'avais presque pas d'inscrits. Alors, sur les conseils d'un ami, je me suis décidé à changer de stratégie. Je me suis inventé des "frais de dossier". Moi, ça me paraissait fumeux, je pensais que ça ne marcherait jamais mais il paraît que ça se fait couramment. J'ai donc ajouté des frais qui s'élèvent à 235 euros par an. Le prix de l'abonnement mensuel est resté identique, mais j'ai ajouté ces 235 euros. Du coup, je peux facilement en faire cadeau. Et c'est un argument qui paie ! Quand je dis que j'offre les frais de gestion, ça convainc

bien plus les clients que quand je disais que les prix étaient calculés au plus juste. »
Arnaud, 40 ans

Un peu de théorie

Comment ça marche ?

La technique du « ce n'est pas tout » sert principalement dans le commerce. Elle est un argument de vente à l'efficacité redoutable. Elle consiste à motiver l'achat par le biais de « cadeaux » et à faire croire qu'on diminue le prix apparent de ce qu'on veut vendre. Elle repose aussi sur le principe de réciprocité. Effectivement, pour vendre son produit, un vendeur va vous faire une faveur, faveur que vous êtes conditionné à rendre par le principe de réciprocité : on a ainsi l'impression que le vendeur fait une concession, ce qui motive pour faire un effort de son côté. On ressent de plus une certaine satisfaction à avoir fait une bonne affaire ou des économies.
Les expériences menées par les chercheurs concernaient toutes des transactions commerciales et c'est là que la technique remporte le plus de succès. Cependant, on peut aussi utiliser le même principe dans d'autres domaines. Par exemple, pour se faire bien voir dans le cadre professionnel, pour montrer sa motivation et les sacrifices qu'on est prêt à faire pour notre travail. Comparez ces formules suivantes : *« Ce soir, pas de problème, je peux rester jusqu'à 20 h »* et *« ce soir... je devais partir à 19 h mais je vais m'arranger pour rester jusqu'à 20 h. »* Ou plus généralement, vous pouvez aussi vous en servir pour donner plus de valeur à vos décisions : *« Dîner demain soir, d'accord », « Dîner demain soir ? Ça m'embête, j'ai déjà quelque chose... Oh écoute je vais annuler, c'est d'accord ! »*

Les deux variantes

La première variante de cette technique consiste par exemple à garder le même prix, mais on augmente la marchandise. « *Et pour ce prix attractif, ce n'est pas un videur de pommes que vous avez, mais deux, auxquels j'ajoute cette magnifique assiette et comme vous m'êtes sympathique, ce somptueux napperon... tout ça pour seulement 5 euros !* » Pour toute cette marchandise, le prix paraît soudainement dérisoire. Devant l'accumulation, le client finit par oublier qu'il ne voulait, à la base, qu'un seul objet, objet qu'il n'était pas prêt à acheter au prix où il va finalement le payer.

La deuxième variante consiste à baisser le prix de vente, à afficher ou donner un premier prix et à revenir spontanément dessus. « *C'est 12 euros, mais il faut que j'écoule mon stock, je vous le fais pour 10 euros.* » Une expérience menée par le psychologue Jerry Burger a démontré que ce n'était pas le prix en lui-même qui motivait alors l'achat mais bien le geste de générosité. Il s'agissait de faire vendre des bougies par des groupes de deux lycéens au prix de 2 dollars. Un premier groupe appliquait la technique décrite ici : le premier lycéen annonçait un prix de 3 dollars et se faisait aussitôt corriger par le deuxième qui lui rappelait qu'ils venaient de décider de baisser ce prix à 2 dollars. Dans l'autre groupe, les lycéens annonçaient directement le prix de 2 dollars. Dans le premier cas, 57 % des personnes sollicitées achetèrent une bougie alors que dans le deuxième, elles ne furent que 14,3 %.

Les conditions du succès

Pour réussir une telle manipulation, il faut évidemment bien la préparer en amont. Fixez-vous un prix de vente et augmentez-le de manière à pouvoir le baisser. Cette technique n'est pas réservée qu'aux professionnels, elle pourra également vous servir à écouler vos vieilleries si vous participez à un vide-grenier, par exemple. Vous aurez bien plus

de succès en baissant le prix de votre vieille cafetière de 13 à 10 euros, au moment de la discussion avec un acheteur potentiel, qu'en la proposant directement à 10 euros. Vous pourrez aussi en profiter pour vous débarrasser d'autres objets indésirables : *« 10 euros, mais avec je vous offre aussi ce vase en étain et ce cendrier publicitaire. »*
Si vous vendez des services, il peut être intéressant de décomposer chacune des prestations qui les composent pour pouvoir en « offrir » une le cas échéant. Mais cette technique peut être utilisée aussi dans de nombreux autres domaines. Une coupe de cheveux par exemple, c'est un lavage, une coupe, un massage pourquoi pas, et un brushing. Ainsi si vous voulez vendre votre coupe 25 euros, vous pouvez afficher 30 euros et décider d'« offrir le brushing » exceptionnellement. Dans le même ordre d'idée, vous pouvez sortir une prestation de votre forfait, la rendre payante puis l'offrir dans le même mouvement : *« Ça nous fera 40 euros pour la chambre et le petit déjeuner, plus 5 euros pour le lit de bébé mais je vais vous en faire cadeau, 40 euros tout ronds, donc. »*

À RETENIR

Une bonne façon de convaincre

Baisser le prix spontanément ou augmenter la marchandise permet de convaincre l'acheteur potentiel qui a l'impression qu'on lui fait un cadeau. En agissant de la sorte vous faites un pas dans son sens et il se sent à son tour obligé de faire un pas vers vous, c'est le système du marchandage. Cette technique sollicite donc le principe de réciprocité.

Plusieurs techniques existent

Il existe deux variantes possibles à cette technique : vous pouvez soit augmenter la marchandise, mais vous restez au même prix, ainsi vous ne perdez rien et le client est satisfait de repartir avec plus d'objets, ou alors vous baissez le prix avoir l'avoir augmenté volontairement au préalable. Faites attention à ne pas vous tromper pas dans vos calculs.

Donner de la valeur à ses actions

Cette technique demande de la préparation. Elle est avant tout utilisée dans le commerce, mais vous pouvez vous en servir également dans d'autres circonstances (comme lors d'une brocante) et d'autres domaines professionnels, pour montrer votre motivation. Elle souligne les efforts que vous êtes prêt à faire pour satisfaire votre interlocuteur.

Le pied dans la mémoire

« Les influences qu'on n'arrive pas à discerner sont les plus puissantes. »

Gustav Meyrink

Témoignage

« Je suis allée voir un nutritionniste, j'en avais assez de me traîner 10 kg de trop. Je ne voulais pas un régime à la mode, je voulais maigrir durablement sans me priver, quitte à y passer des mois.
Le nutritionniste a commencé par me donner les règles d'une bonne hygiène de vie : manger de tout, raisonnablement, ne pas grignoter, éviter le sucre, l'alcool et les matières grasses. Il m'a engagée à faire l'acquisition d'un petit carnet pour y noter ce que je consommais, à commencer par tout ce que j'avais mangé et bu durant le dernier week-end.
Dès mon retour à la maison, j'ai commencé à tout noter. J'étais effarée : tout ce qu'il ne fallait pas faire, je l'avais fait : j'avais mangé des croissants avec de la confiture, tapé dans la baguette toute la journée, repris du fromage à midi, mangé des épinards, certes, mais auxquels j'avais ajouté du sel et du beurre et bien sûr pris un apéro copieux le samedi soir. Cette discipline : tout noter, m'a bien aidée à me rendre compte de mes mauvaises habitudes et à me contrôler (j'avais trop honte d'écrire : deux bières, un paquet de pistaches, un steak, et puis prétendre que je faisais un régime à côté).
Quand je suis retournée voir le médecin un mois après, il m'a d'abord fait monter sur la balance : j'avais perdu 2,5 kg ! C'était inespéré. Il n'a pas regardé mon carnet, mais m'a conseillé de continuer à tout noter.
Aujourd'hui, j'ai perdu 6 kg et j'ai toujours mon petit carnet avec moi ! »
Hélène, 39 ans

Un peu de théorie

Pourquoi ça marche ?

Cette technique baptisée ainsi par R.-V. Joule et J.-L. Beauvois est utilisée avec succès dans les opérations de prévention ou de sensibilisation. Elle s'appuie sur le fait que même si tout le monde est plein de bonne volonté pour faire le bien (traverser dans les clous, respecter les limites de vitesse, trier ses déchets...), l'habitude, les préoccupations du quotidien et la mauvaise foi ont souvent raison des meilleures volontés.

Le principe est simple, mais présuppose que la personne adhère aux valeurs que l'on défend. Ceci posé, il s'agit sans aucune pression d'aucune part, de l'amener à confronter ses souvenirs récents et cet engagement. On demande par exemple à des titulaires du permis de conduire (ils se sont engagés à respecter le code de la route) de se remémorer leur trajet quotidien en se concentrant sur leur attitude face à un phénomène particulier (limitation de vitesse, etc.). En faisant cet effort, ils rétablissent le lien entre le code de la route et leur réalité de conducteur.

Ils se rendent sans doute compte de leur manque de sérieux. Par la suite, en empruntant ce chemin, ils ne pourront s'empêcher d'y repenser.

Cette méthode confronte la personne avec ses actes. Elle n'est pas jugée, ni blâmée, sinon par elle-même. C'est comme un flagrant délit d'incohérence. On s'engage à faire quelque chose, on soutient une idée, et puis, rétrospectivement, on s'aperçoit qu'on donne le mauvais exemple. Par conséquent, on devient plus vigilant pour préserver cette cohérence.

Pour un bon pied dans la mémoire

Il faut d'abord comme pour le pied dans la porte, solliciter un comportement préparatoire : ce peut être signer une pétition, s'engager publiquement pour une cause ou simplement signifier qu'on est d'accord avec une idée défendue lors d'une discussion informelle. Jusque-là, ce sont des choses qui arrivent quotidiennement : on peut très bien prôner le tri des déchets auprès de son voisin à 17 h. Et à 18 h, cependant, quand on se trouve confronté à cette situation, on a complètement oublié ce qu'on a défendu plus tôt ou on cherche une bonne excuse pour ne pas le faire.

Ensuite, la deuxième étape consiste pour la personne sollicitée à se remémorer une attitude précise qu'elle a eue sur une période donnée. Et c'est là qu'elle se retrouve prise au piège. C'est ce qu'on appelle la dissonance cognitive : quand deux éléments présents en nous ne sont pas compatibles, quand l'un implique la négation de l'autre : ce que je fais ne correspond pas avec ce que je soutiens. Il faut donc rétablir l'équilibre, agir en fonction de ce l'on pense.

Les résultats des expériences menées en prévention sont exemplaires, mais on peut tout de même noter que les tests ont été effectués dans un laps de temps réduit. L'effet est-il suffisant pour faire prendre de nouvelles habitudes pérennes ? Souvenons-nous qu'il est dans la nature de l'être humain d'endormir ses scrupules pour modérer ses efforts, surtout si le comportement recherché est coûteux… jusqu'à la piqûre de rappel.

Un outil toxique

Cette technique peut être utilisée à des fins beaucoup moins louables et c'est malheureusement un ressort courant de l'entreprise pour justifier de ne pas augmenter ses collaborateurs ou pour simplement s'assurer de leur dévouement. Le principe est le même, la scène se passe en général lors d'un entretien d'évaluation entre un employé et son supérieur. Dans la position où se trouve le salarié, il est susceptible de tomber dans tous les pièges, c'est donc assez facile. Il suffit de le faire se prononcer sur une pratique ou une idée. Lui demander par exemple s'il trouve normal d'envoyer des mails ou de répondre à des appels téléphoniques personnels pendant les heures de travail (non, bien sûr) ou s'il considère qu'il est naturel de rester après les heures d'ouverture (pour sûr). Là dessus, il suffit d'engager l'employé à faire son examen de conscience, qui s'avère, on s'en doute puisqu'il ne s'attendait pas à cela, exemplaire dans le mauvais sens.

Dans les relations interpersonnelles privées (dans le couple ou entre amis), la technique du pied dans la mémoire peut aussi être mise à contribution. Mais mieux vaut la réserver à des remarques purement factuelles (pour remémorer à son conjoint sa volonté de participer aux tâches domestiques par exemple). Il faut se souvenir que ce qu'elle engendre chez celui dont elle est la cible, ce n'est ni plus ni moins qu'un sentiment de culpabilité et il n'y a rien de sain à fonder une relation quelle qu'elle soit sur ce type de sentiment.

À RETENIR

Le décalage entre les paroles et les actes

La technique du pied dans la mémoire consiste à mettre une personne face à ses contradictions. Elle met en valeur ce décalage entre nos pensées et nos actions et permet de rétablir l'équilibre entre les deux. Il s'agit de faire un effort de mémoire sur une erreur commise, un comportement fautif, etc., pour pouvoir faire plus attention à l'avenir.

Pour un bon fonctionnement

Cette technique repose sur la volonté des gens à vouloir évoluer. Une fois qu'ils sont motivés, il faut leur montrer sans les juger quand leur comportement n'est pas en adéquation avec leurs pensées ou leurs aspirations. Le pied dans la mémoire peut donc servir à réveiller les consciences. Mais on ne peut pas être sûr que cela fonctionne sur le long terme.

Attention aux utilisations malveillantes

La technique est aussi largement utilisée dans le monde du travail, pour manipuler les employés, par exemple. Elle permet de fixer des objectifs a posteriori de façon à ce que personne ne soit en mesure de les respecter. Comme elle engendre souvent un sentiment de culpabilité, elle peut aussi être une arme redoutable dans les relations de couple.

Créer le besoin

« La rareté fait le prix des choses. »

Pétrone

Témoignage

« Il fallait que je loue mon appartement le plus rapidement possible. J'avais accepté un boulot à l'étranger et je devais commencer la semaine suivante. Autant dire que je n'avais pas beaucoup de temps pour bien organiser mon départ. En ce qui concernait mon logement, je savais très bien comment cela allait se passer : on commence à faire visiter son appartement, on accumule les dossiers et les visites, les gens veulent réfléchir, ils disent oui, ils se rétractent parce qu'ils ont trouvé mieux, moins cher, dans un quartier plus sympa… Ça prend des semaines et je n'avais vraiment pas le temps ni l'envie de m'occuper de tout ça. Mon appartement n'est pas un taudis et il est au prix du marché, je n'ai donc pas vraiment eu honte de faire ce que j'ai fait. Je n'ai pris qu'un rendez-vous pour faire visiter l'appartement. J'ai reçu un jeune couple d'étudiants, ils avaient l'air sérieux et sympathiques. L'appartement leur plaisait, leur dossier était complet. Je ne voyais donc aucune raison d'aller chercher plus loin. Je leur ai dit que s'ils se décidaient sur le champ, il était à eux, sinon je prenais d'autres rendez-vous aussitôt. Je sais combien c'est dur de trouver un appartement à Paris et de se faire passer devant par des gens parce qu'ils ont un meilleur dossier ou juste une tête qui revient mieux au propriétaire. C'est sans doute ce à quoi ils ont pensé aussi. Malgré leur appréhension visible, ils ont accepté et nous avons signé le soir même. »

François, 44 ans

Un peu de théorie

Liberté, rareté et convoitise

Il s'agit ici du sentiment de liberté. En créant une situation où la chose convoitée est rare, unique ou disponible seulement pour un temps limité, on crée une menace fictive : passer à côté de quelque chose qui pourrait s'avérer indispensable par la suite, ne plus pouvoir en bénéficier, en être privé, c'est amputer notre liberté. Par défense, on saute sur l'occasion. Cela fonctionne pour tout ce qui est rare, inaccessible, limité dans le temps, ou ce qui peut nous échapper (pensez au téléphone qui sonne).

Pour donner de la valeur à quelque chose, il suffit souvent d'attiser la convoitise. Si plusieurs personnes convoitent le même objet, chacun constitue pour l'autre une menace potentielle, ce qui renforce l'attrait de l'objet et lui donne encore plus de valeur. C'est comme cela qu'on fait monter les enchères et que l'on peut accélérer une vente : *« J'ai déjà deux offres sérieuses pour cette voiture », « J'ai deux places pour Carmen à l'opéra, si tu veux pas venir avec moi c'est pas grave, Matthias et Gilles étaient branchés aussi »*. C'est aussi sur ce principe que repose souvent l'intensité ou le renouveau du désir : en voyant l'objet de son affection désiré par d'autres, celui-ci se voit décuplé. *« Dîner avec toi ce soir ? Ce soir, je peux pas, je vois Alexandre et demain Emmanuel... La semaine prochaine ? » ; « J'ai l'impression que ce nouveau poste ne vous emballe qu'à moitié, ce n'est pas très grave, Colot et Martinez m'ont déjà proposé leur candidature. »*

Une offre limitée dans le temps

Pour créer ce sentiment, on peut mettre en œuvre plusieurs sortes de techniques. Le marketing nous en offre de bons exemples. Tout d'abord, il y a le cas de l'offre limitée dans le temps. On permet aux gens d'accéder à un produit plus abordable dans un temps défini. Cet objet leur échappera s'ils dépassent ce délai.

« Prix spécial anniversaire », « soldes flash », « les 10 jours en or »... Vous êtes sans doute familiers de ces slogans. Pourtant vous savez bien que ces promotions ne sont motivées par autre chose que par la volonté d'écouler les stocks. Malgré tout, nous sommes nombreux à nous dire en recevant le prospectus : *« Je devrais aller y faire un tour, ce serait dommage de passer à côté d'une bonne affaire. »* De la même façon, on peut créer une urgence autour d'autres décisions, pour attirer l'attention sur soi ou se faire désirer : *« J'ai d'autres propositions d'emploi, dites-moi rapidement si ma candidature vous intéresse » ; « Tu viens en week-end avec moi ? Décide-toi vite, je prends les billets ce soir », « Unique et dernière représentation du cirque Binder »*... C'est aussi sur ce principe que reposent les ventes privées : des articles d'exception à des prix exceptionnels pour un public sélectionné. Sauf que... les heureux chanceux ont tendance à investir plus que de raison sous prétexte qu'une telle offre ne se représentera pas de sitôt : *« Je n'en avais pas vraiment besoin mais bon, un blouson en cuir Sadig et Woltaire à ce prix-là, je ne pouvais pas passer à côté »*.

La série limitée

La deuxième technique qui est souvent utilisée est celle de la série limitée. C'est le même phénomène que l'offre limitée dans le temps. Là, la menace ne pèse plus à proprement parler sur le temps mais sur la disponibilité. Et les slogans sont là pour le rappeler : *« Dépêchez-vous, il n'y en aura pas pour tout le monde », « seuls les plus rapides auront la chance de... »*. Une technique de marketing pour booster les ventes d'un produit courant, c'est de créer des éditions limitées : des canettes de soda décorées par un styliste, des voitures estampillées Roland Garros ou festival de Cannes... c'est une idée à garder à l'esprit si vous voulez vous lancer dans l'artisanat ou la création : préférez les créations uniques ou les petites quantités plutôt que la production industrielle du même produit. Le bijou unique du « petit créateur » est très prisé et peut se vendre beaucoup plus cher que celui, même aussi joli, largement distribué. C'est toujours une fierté de posséder un objet rare ou unique, cela le rend précieux. On éprouve une certaine satisfaction à savoir qu'on est le seul à l'avoir. À l'inverse, on peut détourner quelqu'un de son but en lui conférant un caractère facile, commun : *« Dîner ? Tous les deux ? Pas de problème, j'ai même pas besoin de sortir mon agenda, je suis libre tous les soirs » ; « Vous pouvez me rappeler quand vous voulez, je n'ai pas d'autre entretien en vue » ; « Carmen ? Il y a des représentations pendant trois mois, on a largement le temps d'y aller… »*

À RETENIR

La rareté suscite le désir

Un objet, un produit rare a beaucoup plus de valeur. Il faut donc œuvrer à faire de ce que vous proposez quelque chose de difficile à obtenir. De tout juste disponible pour que la personne que vous visez ait l'impression qu'il ne le sera bientôt plus. il faut aussi lui montrer que cet objet attire les convoitises de beaucoup d'autres personnes.

La limite de temps

Vous conférerez au produit un caractère exceptionnel, en ne le rendant accessible que dans un temps précis. Si on ne s'y prend pas à temps, on laisse filer cet objet qui nous semble si précieux ou on passe à côté d'une affaire avantageuse. Vous pouvez aussi utiliser cette technique pour vous rendre désirable en ayant l'air inaccessible ou très convoitée.

Un caractère unique

Les personnes qui pourront bénéficier de ce produit rare se sentiront à leur tour exceptionnelles, uniques. Faites monter les enchères. Mentionnez toutes les autres personnes (réelles ou fictives) intéressées. En revanche, La banalité provoque l'effet inverse. Pour distraire quelqu'un de sa volonté, vous pouvez lui conférer un caractère commun, accessible.

La technique peur/soulagement

« La peur ne peut se passer de l'espoir et l'espoir de la peur. »

Spinoza

Témoignage

« Je n'avais jamais envisagé ça comme de la manipulation, mais c'est vrai que maintenant que j'y réfléchis, il y a un peu de ça !... C'est un truc que je fais de temps en temps avec mes parents quand j'ai quelque chose à leur demander qui me tient à cœur – quelque chose que, je le sais bien, ils ne vont pas apprécier : comme passer une soirée en boîte, aller camper avec des potes pendant un week-end... Environ une semaine avant, je leur annonce une mauvaise nouvelle qui va leur faire peur : je vais sans doute redoubler, je veux arrêter mes études pour devenir chanteur, me consacrer uniquement à la musique... Je les laisse mariner quelques jours en revenant parfois à la charge ("Si je passe pas en terminale, c'est même pas la peine que j'y retourne, je pourrais continuer à livrer des pizzas, c'est cool comme métier..."*) et puis une fois qu'ils ont bien balisé, je rétablis la vérité : je me suis affolé pour rien, je passerai bien en terminale, je ne veux plus faire carrière dans la chanson mais dans le droit, la communication ou le commerce international. Ils sont alors super soulagés et je peux en profiter pour demander ce que je veux. Évidemment, ça ne marche pas à tous les coups, surtout quand la demande est trop énorme et que j'ai exagéré, mais j'ai quand même pu constater qu'ils étaient beaucoup plus réceptifs dans ces moments-là. Comme s'ils étaient passés à côté du pire et que tout avait moins d'importance à cet instant-là. »*

Jérôme, 17 ans

Un peu de théorie

Gentil flic/ méchant flic

La méthode peur/soulagement est bien connue des amateurs de séries policières. C'est la même technique que celle utilisée généralement pour faire parler le suspect. On met en scène deux policiers : un gentil et un méchant. On commence par faire intervenir le méchant. Il semble capable de tout, surtout du pire, pour obtenir des aveux : le menacer, le frapper, s'en prendre à sa famille… Au moment exact où le suspect croit qu'il va dépasser les bornes, où il commence à avoir vraiment peur et à ne plus se sentir en sécurité, le gentil flic arrive, fait mine de calmer son collègue en prenant le parti du suspect, et prend la relève en utilisant des moyens plus doux, plus humains et en le rassurant. Il essaie même de créer une complicité avec lui. Soulagé, pensant qu'il a échappé au pire, le prévenu avoue tout.

Cette technique ne permet pas d'obtenir que des aveux. On peut s'en servir dans d'autres occasions un peu plus courantes et la demande peut n'avoir aucun rapport avec l'épisode crainte/soulagement. À partir du moment où la personne a vraiment eu peur, et que le problème se résout, elle se sent tellement bien, tellement heureuse, qu'elle relativise beaucoup plus les événements, que tout lui semble plus léger et alors elle peut accéder à la plupart des demandes. Ces demandes, elle ne les aurait pas acceptées en temps normal parce qu'elles peuvent être coûteuses mais à ce moment-là, elle pense qu'elles ne pourraient pas être pires que ce qu'elle vient de vivre.

La peur du galant d'être abusé

Les expérimentations réalisées par les chercheurs polonais Dolinski et Nawrat ont prouvé le bon fonctionnement de cette technique. Dans l'une de ces expériences, on avait déposé sur quelques pare-brises d'une rue (où le stationnement était interdit) soit des amendes soit des prospectus qui ressemblaient à s'y méprendre à des amendes. Un peu plus loin, une étudiante réalisait un sondage. Au terme de cette étude, il s'est avéré qu'entre les trois groupes d'automobilistes (ceux qui n'avaient rien eu, ceux qui avaient eu une amende et ceux qui avaient eu une pub), c'est le groupe de ceux qui avaient trouvé le prospectus qui avait été le plus coopérant, autrement dit ceux qui avaient sérieusement éprouvé la peur d'avoir été sanctionnés puis avaient été soulagés de constater qu'il n'en était rien.

Ces mêmes chercheurs ont réalisé une autre expérience pour récolter des fonds. Elle prenait place dans une rue où les piétons avaient pris pour habitude de traverser en dehors des passages protégés. Lors de ce test, ils ont choisi de laisser certaines personnes traverser sans les inquiéter et de rappeler les autres à l'ordre en donnant un coup de sifflet. Mais ces derniers avaient la joie de constater que la personne au bout du sifflet n'avait rien d'un policier. Plus tard, toutes ces personnes étaient sollicitées pour faire un don. Même conclusion : les personnes qui avaient été inquiétées puis soulagées furent deux fois plus nombreuses à donner de l'argent.

Le lieu et le moment

Comme on peut l'observer dans ces expériences, la personne qui souhaite user de cette méthode n'a donc pas à faire peur elle-même, même si c'est tout à fait possible. Imaginez un employé qui souhaite prendre un jour de congé au débotté. Il peut par son comportement laisser entendre qu'il cherche un nouveau boulot ou qu'il a été débauché et demander un rendez-vous avec son supérieur. Au moment du rendez-vous, il pourra le rassurer, dès lors il sera plus facile d'obtenir ce jour de congé, parce que son directeur aura imaginé bien pire et cette requête lui semblera alors dérisoire. On peut aussi utiliser ce phénomène en choisissant soigneusement les circonstances de sa demande : après un dénouement heureux au travail, après un virage serré, après un tir au but, le retournement d'une crêpe… tout dépend de la personne à laquelle vous vous adressez et la façon dont elle gère le stress. Dans tous les cas, il faut choisir le moment de décompression après une période de stress ou d'inquiétude.

Vous pouvez également évoquer une situation potentiellement dangereuse (*« Tu as oublié l'anniversaire de ta mère ! »*, *« M. Durant a appelé, il n'a pas reçu ton rapport »*) et la désamorcer aussitôt que vous sentez l'angoisse assez forte (*« Je lui ai envoyé des fleurs de ta part »*, *« C'est bon, il l'avait perdu »*)… pour mener votre cobaye par le bout du nez (*« Tu pourrais réinstaller mon ordinateur, j'ai tout planté ? » « Tu peux me remplacer demain après-midi ? »*).

À RETENIR

La peur et le soulagement

Une grande peur suivie d'un soulagement engendre chez celui qui les ressent une euphorie qui le rend disponible à toutes les demandes. Cependant, tous les états d'esprit ne sont pas propices à la manipulation. Cette situation peut être fabriquée de toutes pièces par le manipulateur ou un couple comme dans le duo gentil flic/méchant flic.

Application

Ce genre de situation arrive naturellement. Apprenez à reconnaître et à profiter des circonstances quand elles se présentent, cela peut aussi être un bon moyen d'obtenir ce que vous voulez. Sachez que celui qui fait la demande n'a pas forcément à être celui qui a provoqué la peur et le soulagement, les deux situations peuvent être totalement indépendantes.

N'allez pas trop loin

Mettre en scène une fausse situation anxiogène, laisser planer le doute quant à un danger potentiel avant de soulager votre interlocuteur, vous amènera sans doute à de bons résultats. Tout dépend de ce à quoi est sensible la personne que vous souhaitez influencer. Reste à savoir si vous êtes prêt à renoncer à toute éthique pour parvenir à vos fins…

Un peu, c'est mieux que rien !

« L'eau, goutte à goutte, creuse le roc. »

Théocrite

Témoignage

« Je fais partie d'une association caritative pour apporter du soutien scolaire à des enfants en difficulté. La ville nous prête des locaux et les membres de l'association se relaient pour donner des cours.
Mais on a toujours besoin d'argent, alors on sollicite des dons. Au début, on laissait des prospectus dans les boîtes aux lettres mais ça n'a pas été très efficace.
Du coup, on est revenus à la bonne vielle méthode de la quête. On s'installe dans les centres commerciaux à proximité des caisses des supermarchés, comme ça, on est sûrs que le porte-monnaie n'est pas très loin. C'est quand même dur, les gens ont vraiment tendance à nous ignorer. Mais on a eu une nouvelle idée qui fonctionne plutôt bien. Plutôt que de demander de l'argent en général, on demande 50 centimes. Cela intrigue les gens ("mais pourquoi 50 centimes ?"*) et ils cherchent à en savoir plus. Ensuite, une fois qu'on leur a expliqué, il leur est difficile de nous refuser une si petite somme. Ils se trouvent coincés : ils ne peuvent nous refuser une somme si dérisoire et en même temps, ils se sentent gênés de mettre la main au porte-monnaie pour si peu. Alors, ils donnent plus.*
On a constaté qu'en moyenne chaque personne nous donnait au minimum 2 euros. Multipliez cela par le nombre de gens que l'on arrive à toucher avec notre argument... les comptes de l'association sont au beau fixe. On a pu cette année renouveler nos ordinateurs et organiser une sortie dans un parc d'attractions pour les enfants. »
Louise, 50 ans

Un peu de théorie

Une demande qu'on ne peut refuser

Cette technique consiste à demander une toute petite faveur à quelqu'un dans le but d'obtenir bien plus. Une faveur si petite que presque aucune excuse ne pourrait être recevable. Normalement, personne ne peut se contenter de donner aussi peu. Pour être sûr d'arriver à ses fins, n'oubliez pas de bien appuyer sur le fait que toute contribution, aussi minime soit-elle, est la bienvenue : *« 50 centimes, c'est mieux que rien », « 5 minutes de ton temps, ça va déjà m'aider »*, etc. Comment peut-on dire non ? Et comment ne peut-on pas accepter de donner un peu plus (de son temps, de son argent) ?

On peut aussi, au lieu d'évoquer les petites rivières qui font les grands fleuves, choisir de faire référence aux autres donateurs et les citer comme exemple. Cela rassure en général les gens de savoir que d'autres personnes les ont précédés, et qu'ils ne sont pas les seuls à donner. Imaginons que vous fassiez une collecte pour le départ à la retraite d'un collègue. Bien souvent, les gens se calent les uns sur les autres pour donner mais si la conjoncture est mauvaise et qu'on constate que le cours du don est haut, on en profite pour se défiler. Pour être sûr de collecter assez de dons, pensez à toujours évoquer la somme minimum qu'on vous a donnée. *« Oh tu mets ce que tu veux, moi j'ai mis 10 euros mais les filles de la compta ont mis 2 euros chacune... »* Cela met la mise à 2 euros, il faudra à votre interlocuteur une volonté de fer ou une bonne raison pour ne pas vous laisser d'obole.

Applications

Des expériences menées en psychologie sociale ont prouvé l'efficacité de la technique. En 1976, Cialdini et Schroeder ont envoyé des personnes sonner aux portes en vue de récolter des dons pour la lutte contre le cancer. Les résultats sont exemplaires : dans le cas où l'expérimentateur a eu recours à une argumentation traditionnelle, 28,6 % des personnes ont fait un don. Dans le cas où il a employé l'argument *« même 1 penny nous aidera »*, la proportion est passée à 50 %. Ce qui est également notable, c'est que la somme moyenne des dons a été identique dans les deux expériences : 1,5 dollar, ce qui montre bien que si l'argument fait mouche, il n'est pas suivi à la lettre pour autant. Probablement parce que donner si peu donne une image peu valorisante du donateur.

Par la suite, d'autres recherches ont corroboré ces faits mais elles portaient toutes sur des questions d'argent. On peut néanmoins imaginer bien d'autres applications. La seule condition est bien sûr que ce que vous demandez soit divisible sans que cela ne paraisse trop louche. Pensez aux kilomètres par exemple : votre voiture est en panne et vous solliciteriez bien une place dans celle de votre voisin pour aller travailler. Mais vous le connaissez, il va prétexter quelque chose pour refuser. En revanche, si vous vous contentez de lui demander de vous « avancer » un peu, jusqu'au prochain arrêt de bus, il ne saura vous le refuser. Et, une fois dans sa voiture, il vous proposera sans doute de finir la course.

La position du manipulateur

Appliquer cette technique, c'est accepter de se mettre en position de faiblesse, de quémandeur. Pour récolter des fonds pour une bonne cause, c'est tout à fait approprié puisqu'il s'agit de jouer sur les sentiments de l'autre comme l'empathie, la culpabilité, la pitié. Au travail, vous pouvez jouer avec la notion de temps (« si vous pouvez rester juste 5 minutes de plus aujourd'hui, ça nous permettra d'avancer un tout petit peu »), ou à la maison, avec votre conjoint, pour les tâches répétitives (« je dois étendre tout ce linge, si tu t'occupes des draps, ça m'aidera déjà beaucoup »).

Pour d'autres demandes, il faudra y réfléchir à deux fois et voir quel est le comportement le plus judicieux à adopter. Par exemple, pour obtenir une augmentation, il vaut mieux être en position de force, montrer qu'on la mérite. Il ne faut surtout pas avoir l'air désespéré. Cette attitude ne jouerait pas en votre faveur, au contraire, elle vous desservirait. Réfléchissez bien à ce que vous demandez : s'agit-il de vous venir en aide ou d'obtenir quelque chose qui vous semble légitime ? Si c'est la deuxième solution, il vaut peut-être mieux choisir une autre technique. Pensez également aux rapports amoureux : certes on a déjà vu de belles histoires naître grâce à l'acharnement d'un des deux protagonistes (*« Un dîner ? Non ? Un verre alors ? Un café ! 5 minutes, un café, juré après je t'embête plus. »*) mais la plupart du temps, cette attitude ne provoque que pitié, impatience et agacement.

À RETENIR

Demander le moins possible

Si vous réduisez vos requêtes au minimum, cela vous permettra d'obtenir plus facilement ce que vous voulez, et même plus. Effectivement, ce que vous réclamez semblera tellement ridicule aux yeux de votre interlocuteur qu'il ne pourra s'empêcher de vous donner plus. N'hésitez pas à lui faire savoir que d'autres personnes ont répondu présents à votre demande.

Une technique à appliquer dans plusieurs domaines

Dans tout ce qui concerne les demandes d'argent, la personne sollicitée n'a pas d'argument pour refuser et elle ne peut s'empêcher de faire un don plus conséquent pour ne pas donner une trop mauvaise image d'elle-même. Dans les autres domaines, pour que cette technique aboutisse, il suffit que ce que vous demandez puisse être divisible.

Se mettre dans une position de faiblesse

Dans les situations de quête ou si vous voulez qu'on vous rende un service, jouer avec les sentiments de votre interlocuteur fait partie de la technique. C'est en l'apitoyant que vous arriverez à vos fins. Mais pour d'autres types de demandes, il convient de bien analyser les situations et de se demander si cette position est pertinente et viable.

La psychologie inversée

« Demande un conseil à ton ennemi et fais le contraire. »

Proverbe juif

Témoignage

« Je trouve que mon fils est trop fainéant intellectuellement. J'aimerais qu'il s'intéresse à autre chose que les jeux vidéo. En vérité, j'aimerais qu'il lise, qu'il développe son imagination, tout ça. Je ne sais pas trop comment l'inciter sans le rebuter. Je lui offre des bouquins mais ça ne sert pas à grand-chose, il me remercie, les feuillette un peu pour me faire plaisir et c'est tout. Ça me désole, en plus, il sait lire parfaitement, c'est juste qu'il veut me tenir tête. Il suffit que je dise que quelque chose est intéressant pour qu'il trouve ça nul et inversement.

Il ne veut juste pas se conformer à ce que j'attends de lui, c'est comme ça que j'ai eu cette idée. Je me suis dit que si je désapprouvais le truc, ça l'intéresserait sûrement. Bien sûr, je n'allais pas faire semblant de détester la lecture du jour au lendemain, j'ai essayé de la jouer plus finaude. Je bosse dans une maison d'édition, il n'est donc pas rare que je rapporte des livres à la maison. J'ai commencé à descendre ouvertement des bouquins à table en disant que c'était vulgaire, qu'on n'y comprenait rien, que je voyais pas à qui ça pouvait plaire. Et puis, j'ai commencé à faire un carton de ma sélection que j'ai mis au garage en attendant prétendument de le jeter. Ça a fonctionné assez vite. Il a commencé à manquer assez rapidement un livre au carton. Ce qui m'amusait le plus, c'est que mon fils se planquait pour les lire. J'hésite à lui dire la vérité, j'attends qu'il soit vraiment accro. »

Stéphane, 43 ans

Un peu de théorie

L'illusion de la liberté

Si vous voulez qu'une technique de manipulation fonctionne, il faut que la personne que vous souhaitez manipuler soit persuadée qu'elle agit de son propre chef, toute seule, et que vous n'y êtes pour rien. Qu'elle est complètement libre de ses agissements. Il ne faut pas lui donner l'impression de l'influencer ou de l'amener vers quelque chose. Elle doit vraiment croire qu'elle prend ses propres décisions. Dans les situations d'autorité, ce sentiment de liberté est naturellement menacé : les parents, les professeurs sont vus comme trop autoritaires par les adolescents, parce qu'ils décident à leur place, ils leur imposent certaines tâches à effectuer. Les managers sont perçu comme paternalistes par leurs employés, et même les amis se mêlent parfois de ce qui ne les regarde pas en donnant trop de conseils ou en faisant la morale. La réaction naturelle devant ce risque de se voir amputé d'une partie de sa liberté, devant ce péril, plus ou moins exacerbée selon le caractère, l'âge des individus et le rapport qu'ils entretiennent avec les autres, est la résistance passive ou le contre-pied, c'est ce qu'on appelle le concept de réactance. Tout d'abord, la résistance passive consiste à s'opposer à l'autorité sans l'affronter directement, sans entrer dans le conflit. Concrètement : si mes parents insistent pour que j'arrête de fumer, je vais me mettre à fumer plus. Non pas parce que j'éprouve un soudain besoin de fumer, mais parce que ma liberté de fumer s'est vue menacée.

Utiliser la réactance

On peut mettre à profit ce concept de réactance pour manipuler une personne. De manière caricaturale, il s'agit de demander le contraire de ce que l'on veut de façon à ce que la personne agisse comme on le souhaite par réaction. Il faut bien sûr connaître la personne avant pour savoir qu'elle réagit de cette manière quand elle croit que sa liberté d'action est menacée. Et plus vous persisterez dans votre engagement, plus votre sujet persistera dans le sien. Voilà pour la théorie.

En pratique, il faut évidemment savoir être subtil : il est peu probable que vous obteniez ce que vous désirez si vous interdisez à vos enfants de se laver les dents ou que vous conseilliez à vos collaborateurs de prendre des pauses déjeuner plus longues. Il faut employer des moyens détournés.

Toute la manipulation repose sur la sauvegarde de la liberté : le sujet va agir non pas en fonction de l'action en elle-même mais pour avoir le sentiment qu'elle n'est pas sous contrôle. Si elle se rend compte du subterfuge, elle risque de redoubler d'hostilité à votre égard et ne plus jamais vous accorder sa confiance. Soyez prudent. Une technique à ne réserver qu'à des manipulations innocentes, donc.

Enfin, il faut garder à l'esprit que cette technique repose sur un dysfonctionnement dans la relation interpersonnelle : la personne que vous cherchez à influencer se sent menacée par vos agissements. À moins de vouloir conserver ce déséquilibre, il est peu souhaitable de laisser ce sentiment perdurer.

Applications pratiques

Voici maintenant quelques exemples de situations concrètes pour mettre en pratique cette technique de manipulation.

À votre meilleur ami qui est célibataire depuis des années et qui vous reproche de vouloir vous immiscer dans sa vie privée en voulant lui faire rencontrer des partenaires, cessez de lui organiser des rencontres, vous pouvez lui présenter des femmes à l'occasion, innocemment, en lui précisant bien qu'elles ne sont pas son genre. Ou organiser une fête où vous inviterez beaucoup de monde, dont plusieurs femmes célibataires, sans le prévenir.

Votre enfant est « difficile », il ne mange jamais rien et refuse de goûter tous les nouveaux aliments que vous lui proposez ? Essayez la technique suivante : servez-vous ostensiblement de ce nouveau mets sans lui en donner et montrez que vous vous régalez. Ne lui en proposez surtout pas et précisez que ce n'est pas un aliment pour les enfants, que c'est uniquement réservé aux adultes. Le fait qu'il n'ait pas le droit d'en manger lui donnera à tous les coups très envie d'y goûter !

Vous aimeriez nc pas supplicr à chaquc fois votre collaborateur de vous accompagner pour les réunions trimestrielles avec le reste de l'équipe : organisez-la en l'ignorant ouvertement. Ne l'invitez pas. Montrez-lui que vous pouvez vous débrouiller tout seul.

Inversement, si vous ne voulez plus voir les petites amies de votre fils à la maison, entourez-les d'une affection hors de propos, vous pouvez même les inviter à dîner sans prévenir votre fils.

À RETENIR

Le besoin de liberté

Quand il y a relation d'autorité ou trop grande emprise, le sentiment de liberté du sujet est menacé. Il sent sa liberté d'action en péril. Aussi pour récupérer ce sentiment, il va agir contrairement à vos désirs affichés. Pour le manipuler, il va donc falloir lui laisser entendre qu'il est totalement libre dans les décisions qu'il prend.

La résistance passive

Cette décision de résister provoque un phénomène d'engagement. Il sera proportionnel à l'emprise que ressent le sujet. Plus vous insisterez, plus sa volonté d'aller à l'encontre de vos désirs sera forte. C'est le concept de réactance. Pour le contrer, demandez l'inverse de ce que vous désirez pour qu'il vous donne ce que vous vouliez au départ, par réaction.

Faites attention aux conséquences

Il s'agit d'une lutte pour la liberté. Si le sujet découvre qu'il s'est fait avoir, sa réaction risque d'être forte et votre relation risque d'être mise en danger. N'oubliez pas que si vous avez recours à cette technique, c'est qu'il y a un déséquilibre dans la relation : la personne a l'impression que vous êtes une menace pour sa liberté.

La stratégie gagnant-gagnant

« Comprendre une personne, c'est déjà lui parler. Poser l'existence d'autrui en la laissant être, c'est déjà avoir accepté cette existence, avoir tenu compte d'elle. »

Emmanuel Lévinas

Témoignage

« J'ai été un manager exécrable : je croyais que ma position justifiait le fait de me faire obéir des gens, j'imposais énormément sans me justifier et je me heurtais à la mauvaise volonté de mes collaborateurs. J'étais toujours dans un rapport de force.
Et puis, j'ai suivi un séminaire sur la méthode gagnant-gagnant. Il s'agit de reconnaître les besoins de chacun des collaborateurs et de faire en sorte que tout le monde en sorte gagnant. Il ne s'agit pas de "céder" ou de "gagner" mais bien d'apprendre à travailler ensemble de la manière la plus efficace. Cela permet d'être pleinement conscient du boulot et des difficultés que chacun rencontre. Ça a changé ma vie au bureau. Je n'impose plus : je dis ce vers quoi j'aimerais qu'on aille, quels sont les objectifs et on discute ensemble des moyens qu'il faut mettre en œuvre. Souvent, on arrive à une décision qui s'apparente à celle que j'aurais imposée mais comme elle a été prise collectivement, elle est appliquée avec enthousiasme et sérieux. On pourrait croire que c'est une perte de temps mais ce temps on le rattrape par la suite dans la fluidité du travail. Bien sûr, je pourrais être cynique et me dire qu'il ne s'agit que de manipulation : je fais croire à mes subordonnés qu'ils ont le choix pour qu'ils embrassent ma décision. Mais cette méthode a tout de même instauré plus de respect et de dialogue. Tout le monde se sent impliqué dans les projets, les salariés sont plus réceptifs et proactifs. »
Jean-Marc, 46 ans

Un peu de théorie

Win-win

La méthode gagnant-gagnant, ou approche sans perdant, a été développée par Thomas Gordon, un psychologue américain, pour aider à la résolution de conflits dans le cadre professionnel mais aussi éducatif. Cette technique repose sur le principe et le respect de la satisfaction des besoins de chacun, tel que l'a définie Abraham Maslow. Les conflits (ou les situations qui y conduisent tels que les changements) résolus par une méthode forte sont inefficaces sur le long terme. Peu importe le bien-fondé de la chose, ce qu'on retiendra, c'est la relation de pouvoir et le sentiment de frustration qui en résulte. Les rapports de force, les abus de pouvoir provoquent de la mauvaise volonté, de la résistance passive, une mise à l'écart ou une certaine infantilisation chez l'autre. De fait, on n'obtient pas du tout ce qu'on veut. On travaille « contre » les autres. Au contraire, les prises de décision basées sur le consensus sont pérennes parce que chacun a eu son mot à dire. Tout le monde travaille beaucoup plus efficacement et avec plaisir, en se sentant concerné et considéré.

Il s'agit donc de mettre en place une réelle communication où chacune des parties sera à même d'exposer ses besoins, ses difficultés, ses idées et d'écouter, de comprendre ceux des autres. Cela passe par différentes techniques, comme celle de l'écoute active et la préférence pour les « messages-je ». Aucune décision n'est censée être prise avant que chacune des parties n'y ait trouvé son compte.

Les messages-je

Le changement en entreprise est souvent appréhendé par les employés. Ils le vivent comme un traumatisme parce qu'ils redoutent toujours de se « faire avoir » et, par réflexe, prêtent des intentions malveillantes aux décideurs. Une simple réorganisation de l'espace peut tourner au pugilat pour peu qu'elle soit imposée. En mettant en place des dialogues et en donnant la parole à toutes les personnes concernées, en leur demandant leur avis sur les événements ou les projets en cours, ou juste en les tenant au courant, on implique tout le monde dans la prise de décision qui est de fait plus respectée.

« Vous êtes encore en retard ! Vous deviez me rendre ce dossier hier ! » On le voit ici, le message stigmatise la personne qui devait rendre le rapport. Thomas Gordon préconise ici de plutôt favoriser un message qui implique l'émetteur : *« Aïe, je suis ennuyé, j'attendais ce rapport pour hier. »* Par ce biais, vous ouvrez le dialogue au lieu de le fermer ou de l'envenimer. La personne ne va pas se sentir attaquée, ni culpabiliser, elle va chercher à vous aider à résoudre « votre » problème.

Cette méthode a aussi fait ses preuves dans l'éducation : au lieu d'imposer et de donner des ordres (*« éteins ta musique ! »*), on raisonne en termes de besoins : j'ai besoin de calme quand je rentre du travail alors que tu as besoin d'écouter ta musique très fort, trouvons une solution ensemble (*« à partir de 19 h, tu mets un casque »*). Ainsi, on ne nie pas le besoin de l'autre.

Manipulation ?

L'écoute active est une technique thérapeutique mise au point par le psychologue américain Carl Rogers. Le principe est de faire parler la personne en l'« écoutant activement », c'est-à-dire en paraphrasant son propos et en la relançant régulièrement dans le seul but de cerner ses besoins et ses sentiments. Le but est que la personne exprime ce qu'elle ressent, il faut donc être très vigilant dans les relances et éviter ce que Gordon appelle les messages à risque susceptibles de faire cesser net le dialogue : commander, menacer, faire la morale, conseiller, expliquer, blâmer, juger, approuver, ridiculiser, diagnostiquer, rassurer, enquêter et faire de l'humour.

Même si l'approche sans perdant part d'intentions somme toute louables (écouter et prendre en compte les besoins des autres), elle est souvent utilisée à des fins plus ou moins manipulatoires. En effet, elle est généralement à l'initiative de la personne en position de force (le parent, le manager) qui va poser son besoin comme celui de référence (j'ai besoin que la maison soit en ordre, que ce dossier soit fini demain, etc.) et ce n'est que dans ce cadre déjà restreint que va se tenir la réflexion. C'est une technique de management en douceur qu'adoptent maintenant de plus en plus d'entreprises : elles ne prennent de décisions importantes que quand tout le personnel est d'accord (ce qui arrive en général au bout du compte) et les décisions n'ont donc pas loisir d'être remises en cause ou critiquées.

À RETENIR

Une méthode thérapeutique

Cette technique a été développée à la base pour aider à la résolution de conflits dus à la volonté d'une personne de tout imposer aux autres d'une manière autoritaire. Elle consiste à faire dialoguer les deux parties concernées pour parvenir à de meilleurs résultats. Elle est utilisée dans le milieu professionnel mais aussi dans celui de l'éducation.

Prendre en compte les besoins de chacun

Le changement fait souvent peur. On pense qu'on va être lésé. Pour remédier à cela, Il s'agit d'instaurer un dialogue en suivant certaines règles. Avec l'utilisation des messages-je, les décisions ne sont plus imposées, mais prises en commun, le sentiment de liberté est préservé, les participants sont engagés et les décisions prises sont pérennes.

Une technique de manipulation

L'écoute active permet de faire parler son interlocuteur : le dialogue est ainsi ouvert et chacun peut exprimer ce qu'il a sur le cœur et se sent alors considéré. La technique du gagnant/gagnant peut servir à manipuler dans la mesure où l'un des participants a une position de leader naturel dont les besoins sont instaurés comme référents.

Manipuler à bon escient

Désamorcer un conflit

« Nul n'est méchant volontairement. »

Socrate

Témoignage

« Dans mon métier, les occasions de conflits sont quotidiennes. Je suis responsable de projet éditorial et je coordonne les intervenants de la chaîne du livre.
A., auteur, nous livre un texte, elle est communicante professionnelle, c'est d'ailleurs comme cela que nous l'avions repérée. Pour la promotion, elle nous fournit une liste de noms de journalistes qu'elle connaît.
J'attends donc de notre département des relations presse qu'il promeuve en priorité le livre auprès de ces personnalités du journalisme.
Quelques jours après, notre auteur se plaint de la sécheresse du communiqué de presse : "Nous vous rappelons qu'il est impératif de faire figurer la couverture à côté de votre chronique", "La reprise de contenu de l'ouvrage sans autorisation est formellement interdite".
Je connais la susceptibilité de notre attachée de presse et son incapacité à remettre en cause ses méthodes de travail. Je sais aussi que seule la flatterie fonctionne avec elle et qu'elle déteste perdre la face.
Je lui envoie donc un message où rien n'est vrai :
« Chère D., Un grand merci pour ton communiqué de presse. Notre auteur a déjeuné avec un des journalistes et il a été convaincu par ton argumentaire. Pourrais-tu s'il te plaît me le transmettre ? »
Je reçois ensuite un long communiqué de presse illustré, bavard, enjoué, qui n'a plus rien à voir avec le précédent. Et, comme par hasard, les journalistes de ma fameuse liste aussi. D. s'est peut-être sentie acculée, mais son honneur est sauf. »
Camille, 32 ans

Un peu de théorie

Des personnalités différentes

Dans la vie, Il y a toujours une personne pour nous gâcher l'existence. Conflits réels ou larvés, incivilités, malentendus, en famille, sur la route ou au travail sont notre lot quotidien. Dans les situations de crise, la tentation est grande de répondre de la même façon mais ce n'est pas la bonne solution. À court terme, cela permet sans doute de se défouler mais cela interdit tout progrès.
Troubles pathologiques mis à part, on doit admettre qu'il n'existe pas de vraies « personnalités difficiles ». Il y a juste des individus différents qui ont des fonctionnements ou des relations qui, à un moment donné, ne marchent pas comme ils le voudraient. Beaucoup de paramètres entrent en jeu dans une relation interpersonnelle : qu'elle soit occasionnelle et purement utilitaire (le vendeur/le client), professionnelle (entre collègues ou hiérarchie), familiale ou amoureuse. Le contexte joue un rôle important bien sûr mais il y a aussi l'histoire personnelle de chacun (son éducation, sa culture...) et sa personnalité. On a tous en tête des personnes dont on dit qu'elles sont susceptibles, sans arrêt « sur la défensive », qu'elles se sentent agressées, qu'elles ne comprennent pas l'humour... Chacun a sa manière de réagir – et de ressentir l'événement – quand une difficulté se présente, et la plupart du temps les gens ne sont pas « sur la même longueur d'onde », ils ne comprennent pas ou interprètent mal l'attitude des autres, ce qui cause malentendus et différends.

Une histoire de déclic

Si on veut apprendre à se comporter différemment pour aller de l'avant, agir de manière constructive et ne plus se laisser emporter par la colère, quelques techniques existent qui permettent de maîtriser et de neutraliser les conflits. Pour éviter de rentrer dans le schéma des nombreuses réactions types face à un désaccord (bouder, sortir de ses gonds, fuir la situation, se braquer…), le docteur Zaczyk, auteur de Comment avoir de bonnes relations avec les autres, nous apprend comment vivre au quotidien nos relations de manière sereine tout en acceptant les différends qui existent entre nous et les autres. Il suggère d'essayer de prendre conscience des déclics qui se produisent en nous et qui conditionnent ces attitudes malheureuses. Il isole plusieurs causes à ces réactions : les choses ne sont pas comme on pense qu'elles devraient être, on a le sentiment d'avoir perdu quelque chose, on éprouve un sentiment d'abandon, l'estime de soi a été ébranlée. Identifier ses déclics permet d'avoir une vision plus objective de la situation et de ne pas se laisser entraîner dans une chaîne de réactions peu constructives. Cela permet aussi de les repérer chez son interlocuteur et ainsi empêcher leur apparition. Par exemple, dans le domaine professionnel, on sait qu'avec certaines personnes, il vaut mieux ne pas remettre en cause leur travail directement mais plutôt passer par des moyens détournés si on veut continuer à travailler de façon harmonieuse avec elles, sans les bloquer.

Les méthodes pour gérer le conflit

Si on veut redevenir maître de la situation, il convient tout d'abord d'essayer de sortir du conflit (métaphoriquement) et de se demander où l'on veut aller. Dans les relations professionnelles la réponse est plutôt simple : on veut faire en sorte que le travail soit fait et bien fait, si possible. Garder cet objectif en vue est primordial dans la suite des événements, il permet de ne pas en faire une affaire personnelle. Dès lors, il devient acceptable d'« encaisser » si l'on a rien à dire, ou d'agir si c'est possible.

Quand les conflits ne se déroulent pas en face à face (mails, téléphone...), la situation peut rester encore confortable, mais devant une personne furieuse, il est difficile de rester passif. Dans ces cas-là, comment agir ? La chose primordiale à éviter dans un premier temps est de répondre sur le même mode (on vous insulte/vous insultez). Pour savoir de quoi il retourne exactement, essayez donc l'écoute active : cela permettra à votre interlocuteur d'être plus à l'aise et de se recentrer sur son problème et la façon dont il le ressent.

Si, de toute évidence, vous ne pouvez accéder à la demande de votre interlocuteur ou que vous ne pouvez être d'accord avec son point de vue, essayez la méthode du disque rayé : elle consiste à réitérer votre refus autant de fois que nécessaire jusqu'à ce que votre interlocuteur comprenne qu'il n'a pas de prise sur vous : *« Je vois bien que tu es mécontent, mais je ne changerai pas d'avis. »*

À RETENIR

Notre attitude face aux conflits

Les désaccords ou les disputes surviennent régulièrement dans notre quotidien. Tout le monde ne réagit pas de la même façon à ces événements mais il est souvent difficile d'adopter une attitude constructive face à eux. Cependant, on ne peut pas dire qu'il existe des personnes conflictuelles, mais plutôt des ratés dans la communication, des incompréhensions.

Apprendre à identifier les déclics

Face à un conflit, il vaut mieux ne pas réagir à brûle-pourpoint. Essayez plutôt de prendre conscience de ce qui se passe en vous quand vous vous retrouvez dans ces situations-là. Apprendre à reconnaître ces déclics permet d'éviter le conflit. Il faut connaître les siens mais aussi ceux de son interlocuteur pour rester objectif et empêcher l'escalade.

Essayer différents procédés

Prenez de la hauteur : poursuivez votre but sans prêter attention aux critiques. La technique de l'écoute active vous aidera à développer votre empathie et à préserver l'estime de soi de celui qui vous parle. Ou alors, essayez la technique du disque rayé : si la situation est sans issue, répétez la même chose jusqu'à ce que votre interlocuteur abandonne.

La manipulation passive

« Rien n'est jamais sans conséquence. En conséquence, rien n'est jamais gratuit. »

Confucius

Témoignage

« J'étais en guerre contre mes enfants pour qu'ils rangent leur chambre. L'aîné a 15 ans et la petite a 12 ans. Tous les jours, c'étaient des rappels à l'ordre, des éclats de voix, des menaces, des punitions même. Il fallait toujours passer derrière eux pour mettre de l'ordre, ramasser leurs affaires, vérifier leur cartable, mettre le linge au sale. J'ai vraiment essayé des tas de trucs, de méthodes de communication et puis un jour, j'ai décidé de me faire violence et je n'ai plus rien fait du tout, pour qu'ils comprennent.
L'effet n'a pas tardé à se faire sentir : dès le lendemain, on ne voyait plus le sol de leur chambre, ce n'était plus qu'un tapis de chaussettes sales, bouquins, cahiers, papiers de bonbons. J'ai pris sur moi, j'ai tenu le coup en attendant qu'il se passe quelque chose. Ça n'a pas traîné : au bout de cinq jours, mon fils est venu se plaindre qu'il n'avait plus de vêtements propres et ma fille a reçu une punition du collège parce qu'elle avait oublié ses livres plusieurs fois.
Je n'ai pas fanfaronné, je leur ai simplement expliqué que ce n'était plus mon problème et qu'il fallait qu'ils réfléchissent à une solution tous seuls. Mon fils a rapidement localisé le panier à linge sale et ma fille a commencé à faire plus attention.
Ça paraît simple comme ça mais j'ai vraiment dû faire un effort pour ne pas craquer pendant cette expérimentation. Mais devant le succès, j'ai bien l'intention de réitérer l'expérience avec mon mari ! »
Marlène, 42 ans

Un peu de théorie

Quand agir est contre-productif

En général, on ne prend pas de décision sans y trouver un quelconque intérêt. Or, quand on conseille aux gens de faire quelque chose « pour leur bien », l'intérêt immédiat n'est souvent pas vraiment évident pour eux, c'est d'ailleurs pour cela qu'ils ont autant de mal à nous écouter ou nous obéir : *« Tu devrais ranger ton vélo », « vous devriez faire plus attention avec les factures », « tes papiers de sécu sont encore sur la table »*... Il l'est d'autant moins si quelqu'un fait la chose à votre place : *« Bon, je l'ai rangé dans le garage, mais c'est la dernière fois », « il y avait encore des erreurs, je les ai corrigées », « je les ai mis dans la pochette bleue »*. Dans ces moments-là, l'autre ne peut pas se remettre en question, il ne prend pas réellement la mesure de ce qu'on lui dit. S'il y a toujours quelqu'un pour assurer mes arrières, à quoi bon faire les choses moi-même ? Si jusque-là, mon comportement n'a porté préjudice à personne, alors pourquoi en changer ?

La manipulation par la passivité est à réserver aux personnes sur lesquelles, vous le savez, vos conseils n'auront pas d'impact ou un impact contre-productif. Il faut également être certain que ce que vous voulez pour cette personne va dans une direction logique, que, si vous vous abstenez d'intervenir, elle va forcément modifier son comportement dans le sens que vous souhaitez. Il faut que la personne trouve un intérêt elle aussi dans la décision et qu'elle soit sûre de l'avoir prise seule en toute liberté.

« Je sais ce que je fais »

C'est un fait, personne n'aime se faire dicter sa conduite. C'est infantilisant, vexant, énervant... En général, quand quelqu'un nous impose de faire certaines choses, on va agir en réaction, c'est-à-dire qu'on va y mettre de la mauvaise volonté, mal travailler, afficher notre mécontentement. L'ambiance ne sera pas au beau fixe ! Comment quelqu'un d'autre que moi peut-il savoir ce qui est bon pour moi ? De quel droit peut-on s'arroger le droit de juger la conduite des autres ?

Ce sentiment naturel de défiance à l'égard de l'autorité, on l'éprouve très tôt, dès l'adolescence. Par la suite, même si la relation d'autorité qui nous lie à nos parents a disparu, ce sentiment reste vif à l'égard de tout ce qui peut s'apparenter à une façon de régenter notre vie. Comme avec notre conjoint ou notre supérieur hiérarchique.

Les campagnes de prévention en sont un bon exemple : les seules personnes vraiment touchées sont celles auxquelles le message ne s'adresse pas directement. A-t-on jamais vu quelqu'un s'arrêter de fumer parce qu'il avait été bouleversé par un message de prévention ? Au contraire, ces campagnes sont souvent prises à la légère, moquées, comme pour mieux affirmer le libre arbitre de celui qui n'en tient pas compte. On le voit encore aujourd'hui avec cette mode de collectionner les paquets de cigarettes trash chez les ados : ce n'est pas de collection qu'il s'agit réellement mais de défi à l'égard de celui ou celle qui menace leur liberté d'agir.

Laisser faire les conséquences logiques

Parfois, la meilleure chose à faire pour amener quelqu'un à faire ce que l'on attend de lui est… de ne rien faire (ce qui demande souvent beaucoup d'énergie et de volonté) et de laisser faire les conséquences logiques : peut-être le vélo qu'on voulait ranger sera-t-il volé, la secrétaire étourdie réprimandée, les papiers importants perdus.

Certes, il semble assez cruel de laisser quelqu'un prendre des risques sans lui donner aucun conseil, mais à considérer l'effet réel de ces conseils (indifférence au mieux, redoublement de la conduite incriminée au pire), n'est-ce pas surtout une façon de se donner bonne conscience ? N'oubliez pas que pour faire prendre une décision à quelqu'un, il vaut mieux qu'il se sente pleinement libre de la prendre et le laisser agir face aux conséquences de ses actes est sans doute la solution la plus simple face à quelqu'un de bon sens. Laissez-le prendre ses responsabilités.

Si vous avez décidé d'œuvrer dans ce sens, il est important de garder le cap même quand vous pensez avoir gagné la bataille. Si vous voulez voir se pérenniser le nouveau comportement, évitez les *« je te l'avais bien dit », « tu vois, quand tu veux ? »* et autres *« c'est pas faute de te l'avoir répété »*, sous peine de voir tous vos efforts de passivité réduits à néant. Bien sûr, vous avez le droit d'être content et de le féliciter de son changement de comportement mais ne fanfaronnez pas, gardez votre satisfaction pour vous, vous donneriez l'impression d'avoir tout manigancé !

À RETENIR

Changer les autres

Faire changer quelqu'un pour son bien est une opération plutôt délicate parce que s'il n'y voit pas d'intérêt immédiat, il ne coopérera pas. Et à force de vouloir le protéger, on est amené à faire les choses à sa place, ce qui ne l'incite pas au changement. Vouloir bien faire et donner des conseils bienveillants sont souvent contre-productifs.

Conseiller/diriger

La personne doit donc d'abord voir où est l'intérêt de modifier son comportement et aussi être persuadée d'être libre d'agir comme elle veut. Conseiller peut être ressenti comme une façon de diriger et vous n'obtiendrez rien comme ça à long terme, à part de la mauvaise volonté et un résultat bâclé. Personne n'aime que les autres décident à leur place.

Laissez jouer les conséquences logiques

Ne faites plus rien. Laissez-les face à leurs responsabilités. Cela peut se révéler une solution bien plus efficace que tous les conseils ou les manipulations « actives ». Les personnes seront alors pleinement libres de réagir. Elles se rendront compte par elles-mêmes de la nécessité de faire un effort de comportement et elles le feront en toute liberté.

Savoir analyser la situation

« L'intelligence, c'est la faculté d'adaptation. »

André Gide

Témoignage

« Le directeur commercial de l'entreprise dans laquelle je travaille réussit toujours à obtenir ce qu'il veut. Par exemple, il refuse tout achat sans remise.
Une de ses méthodes consiste à critiquer les sites Internet des commerçants en leur disant qu'ils ne lui permettent pas d'obtenir la commande qu'il désire. On lui passe alors un responsable commercial du site, à qui il va faire comprendre que s'il doit y passer plus de temps, il abandonnera la commande. Le responsable commercial s'excuse et c'est un prétexte que mon directeur utilise pour demander une remise sur sa commande.
Une autre de ses méthodes consiste à créer un rapport avec les vendeurs. Demander plus que ce que l'on souhaite fait remonter l'intérêt de ces derniers. Par exemple, il est plus facile de négocier une remise pour les gros volumes que pour les petits.
Il est aussi imbattable pour déceler le vrai du faux. Une fois, nous devions négocier un contrat avec un client. Il nous avait alors dit que nous n'étions pas sa priorité et que le budget était donc ridicule. J'avais alors dans l'idée de lui faire une grosse remise pour le décider, mais ce n'était pas l'avis de mon directeur commercial. Lors de l'entretien, il avait observé les mimiques du client et son environnement de travail et s'était aperçu que les papiers, les tableaux blancs et les notes parlaient de notre contrat. Son analyse fut alors : "Ce contrat est sa priorité numéro 1". Il avait raison, le client a accepté notre offre non remisée. »

Jean-Claude, 45 ans

Un peu de théorie

Analyser pour s'adapter

Il existe des génies de la communication, ceux-là savent instinctivement comment s'y prendre pour obtenir ce qu'ils désirent. Ils savent lire en leur interlocuteur, comprendre leur comportement et leurs paroles, déceler s'il y a un double-sens et s'ils dissimulent quelque chose. Ils peuvent adapter leur discours et leur méthode de travail en fonction des buts qu'ils poursuivent et dans n'importe quelles circonstances. Pour ceux qui ne sont pas dotés de ce don, il existe une manière de procéder pour être efficace : une analyse systématique des situations dans lesquelles vous vous trouvez permet de bien calibrer ses actions.

Avant de choisir les outils et les techniques qu'on va utiliser, il convient de formaliser son but et ce qui le motive et quel en est l'intérêt. Par exemple : je veux que mon fils arrête de fumer parce qu'il se détruit la santé, je veux une augmentation parce que je pense la mériter, je veux que mes amis m'aident à déménager parce que je ne pourrais pas le faire toute seule et que je n'ai pas envie de payer des déménageurs.

Demandez-vous ensuite quel est exactement le prix de votre demande : un gros travail qui ne va pas de soi, une simple décision, un petit effort de solidarité. Si la personne accède à ma requête, va-t-elle y trouver un intérêt ? Si oui, lequel, comment lui faire prendre conscience, et si elle n'en trouve pas, quelles seront les conséquences ? Tout cela doit être pesé avant d'être envisagé sérieusement.

Mon interlocuteur et moi

Tout d'abord, il faut toujours se demander pourquoi une simple requête demandée de façon directe n'aboutirait pas : parce que mon fils a pour habitude de ne jamais m'écouter, parce que ce n'est absolument pas dans l'intérêt de mon patron de me donner plus d'argent, parce que mes amis ont autre chose à faire un samedi après-midi d'été que

m'aider à déménager… Une fois ces obstacles posés, il s'agira soit de trouver un moyen de les surmonter, soit de les faire oublier de votre interlocuteur.
Dans un deuxième temps, il convient de bien analyser la relation que vous entretenez avec cette personne. Que suis-je pour elle ? Qu'est-ce que je représente ? Suis-je un inconnu ? En ce cas, mon premier objectif sera certainement de lui donner confiance en moi ou de l'impressionner pour arriver à mes fins. Est-ce un proche ? Avons-nous une relation d'autorité (parent/enfant ou subordonné dans le travail) : un travail sur le sentiment de liberté paraît être tout indiqué dans ce cas : il faut faire comprendre à l'autre que vous n'imposez rien, que c'est lui qui décide. Notre relation est-elle basée sur la confiance ? Et en ce cas, que suis-je prêt à sacrifier pour arriver à mon objectif ?
Est-ce un homme ? Une femme ? Comment pense-t-il ? À quoi est-il sensible ? à la flatterie ? (songez à l'étiquetage) au stress (technique peur/soulagement) ? Si je ne le connais pas, que puis-je déduire de ses mouvements, de ses vêtements, de sa façon de parler ?

Les circonstances pour agir

Il faut que vous soyez conscient qu'il y a un temps et un lieu qui favoriseront votre requête. Par exemple, collecter des fonds devant un supermarché, c'est une bonne idée parce que les gens ont a priori de l'argent sur eux puisqu'ils vont faire leurs courses. Cependant, ils n'ont pas forcément de l'argent liquide, préférez donc une boulangerie ou un petit commerce, et choisissez plutôt le début du mois pour agir, quand ils viennent de toucher leur paye.
Sachez profiter du dénouement heureux d'une situation de crise pour bénéficier de l'effet peur/soulagement et ainsi obtenir des résultats favorables à votre demande. Plus simplement, observez votre interlocuteur pour repérer les moments de la journée où il est plus réceptif, où il est de bonne humeur ou le plus à l'écoute.

Si vous avez déterminé tous les paramètres précédents, il sera facile de trouver les outils et la technique adéquats qui satisferont vos exigences. Ne relâchez pas votre attention : soyez réactif et sachez prendre en compte les réactions de votre interlocuteur. Restez confiant, réussir à optimiser sa communication n'est pas une chose aisée. Malgré vos connaissances et votre maîtrise, évoluer avec aisance dans les arcanes de la communication et de l'influence ne s'improvise pas du jour au lendemain. Gardez en tête que les personnes que vous cherchez à influencer ne sont pas des machines et que ce qui marchera pour un n'est pas assuré de fonctionner pour l'autre.

À RETENIR

Analyser la situation

Dans un premier temps, posez-vous les bonnes questions et répondez-y précisément : que voulez-vous ? Pourquoi ? De qui ? À quel prix ? Quel est le degré d'effort à fournir pour votre interlocuteur s'il veut répondre à votre requête ? Pour le convaincre, il s'agit également de connaître et de mettre en avant l'intérêt qu'il trouvera à vous aider.

Déterminez votre plan d'action

Ensuite, questionnez-vous sur votre relation avec votre interlocuteur. Êtes-vous proche ou non ? Pourquoi ne pouvez-vous pas lui faire une demande directe ? Choisissez vos outils et vos techniques en fonction de vos réponses. Quelle corde vaut-il mieux titiller chez votre interlocuteur pour qu'il accède à votre requête ? De combien de temps disposez-vous ?

Agissez

Vous devez apprendre à trouver le moment et le lieu favorables pour passer à l'action. Pour cela, observez bien vos interlocuteurs et adaptez vos techniques et outils en fonction de chacun d'eux. Soyez souple et patient. La communication a des secrets mais ce n'est pas un système sans inconnue, apprenez à vous adapter et faites confiance au hasard.

Manipuler des inconnus

« Génie, talent, métier, débrouillardise. Il faut admettre que tout homme – quel qu'il soit – est un mélange de ces quatre facultés. Tout est dans leur proportion. »

Michel Tournier

Témoignage

« Quand j'étais plus jeune, je faisais partie des Éclaireurs de France. Il y avait une activité qui consistait à nous lâcher dans la nature 24 heures. C'était très formateur. On reconnaissait plusieurs groupes : les hommes des bois qui s'enfonçaient dans la nature ; et les personnes plus sociables qui prenaient le chemin du village voisin pour se faire aider.
On a développé plusieurs techniques. La plus simple consistait à repérer une ferme et à proposer notre aide. Après quelques heures de travail, les gens voulaient toujours nous remercier en nous offrant quelque chose. On pouvait aussi s'arrêter au bord d'un verger et demander juste une pomme : évidemment, personne ne nous a jamais pris au mot, on repartait toujours avec deux bons kilos de fruits et légumes. Pour avoir à manger, il nous arrivait aussi de sonner aux portes et de demander à ce qu'on nous remplisse nos gourdes, une fois que la personne avait accepté, on la remerciait bien chaleureusement en soulignant combien c'était rare, les personnes généreuses, et là, normalement on pouvait se permettre de demander un petit quelque chose à grignoter. Pour dormir dans des granges, on adoptait une autre technique : on demandait aux gens s'ils avaient de quoi nous loger chez eux, en général ils trouvaient une excuse bidon pour refuser, mais ils nous assuraient qu'ils auraient bien voulu nous aider. À partir de là, c'était simple de revenir à la charge en disant qu'une grange nous suffisait et on obtenait la permission. »
Sarah, 24 ans

Un peu de théorie

L'inconnu...

Toute la difficulté de vouloir influencer une personne inconnue est précisément... qu'on ne la connaît pas ! On ne sait rien de ce qu'elle pense, de sa vie, de ses croyances, de ses idées, de ce à quoi elle est sensible. Il est donc difficile de faire en sorte de lui plaire, de lui convenir et d'acquérir sa confiance. Quand on la rencontre et au cours de la conversation qu'on a avec elle, il faut alors être particulièrement à l'écoute et bien l'observer pour pouvoir s'adapter à elle, en fonction de son comportement, de ses réactions et de son discours. Elle non plus ne nous connaît pas et éprouve la plupart du temps un sentiment de méfiance à notre égard.

Le gros avantage, c'est que, si vous échouez avec une première personne, vous pouvez toujours recommencer avec quelqu'un d'autre – l'inconnu est interchangeable –, votre ardoise s'effacera instantanément dès qu'elle aura refusé de coopérer. Vous ne parviendrez sans doute pas à vos fins du premier coup. Il est compréhensible que vous ne réussissiez pas tout de suite parce qu'il est difficile de s'adapter dans l'instant à quelqu'un qu'on ne connaît pas, de dire ce qu'elle a envie d'entendre, et d'avoir une influence sur elle. Sachez être patient et apprendre de vos échecs. Peut-être la technique que vous utilisez n'est pas la plus pertinente pour le but recherché ? Peut-être n'êtes-vous pas assez rapide ou sûr de vous ? Avec le temps et l'expérience, vous affinerez vos méthodes et votre réactivité.

Des techniques ciblées

Quand on souhaite influer sur les décisions d'une personne inconnue, il faut agir vite. Qu'on récolte de l'argent pour une œuvre caritative, qu'on cherche à vendre quelque chose ou qu'on sollicite un coup de main, il faut faire mouche dans l'instant, personne n'attendra que vous soyez convainquant pour cesser l'interaction. C'est pourquoi il ne faut pas hésiter à employer des techniques élaborées. Les techniques du pied dans la porte, de la porte au nez, du leurre et de l'amorçage sont particulièrement efficaces dans ces situations. Ces pièges sont faciles à mettre en place et mettent rapidement votre interlocuteur dans une position où le refus n'est guère envisageable. Et vous pouvez utiliser ces techniques sans scrupule puisque ces personnes sont des inconnus pour vous.

Si la situation s'y prête, la technique « un peu, c'est mieux que rien » peut tout à fait être envisageable. Vous n'avez guère à vous soucier de l'image de faiblesse que vous donnerez puisque votre relation n'a pas vocation à être pérenne.

Dans les contextes de vente, vous aurez bien sûr gardé à l'esprit la technique du « et ce n'est pas tout », et les façons de rendre rare et unique votre marchandise.

Enfin, si vous poursuivez le noble dessein d'œuvrer pour la prévention, la technique du pied dans la mémoire semble tout indiquée.

Évidemment, toutes les techniques qui supposent une préexistence de la relation ou un avenir sont à proscrire : oubliez donc la psychologie inversée et la manipulation passive.

Des catalyseurs d'influence

Pour mettre toutes les chances de votre côté, n'hésitez pas à utiliser plusieurs techniques et à vous aider d'outils ciblés.

– Pour vous attirer la sympathie, synchronisez-vous sur la personne à influencer. Adoptez certains de ses gestes, calez votre débit sur le sien. Elle se sentira plus en confiance et plus proche de vous.

– Si vous sentez des réticences chez votre interlocuteur, n'omettez pas de lui rappeler que, bien sûr, il est entièrement libre de ses actes, que c'est lui qui décide et qu'il n'appartient qu'à lui de refuser ou d'accepter votre proposition.

– Pour emporter le morceau, n'hésitez pas à utiliser la méthode de l'étiquetage avec l'inconnu en question en le complimentant sur ses goûts, sa générosité, sa gentillesse, des traits de sa personnalité que vous croyez percevoir chez lui.
– Faites jouer le principe de réciprocité : si vous ne pouvez prédire toutes les réactions et le comportement de la personne que vous sollicitez, vous pouvez être sûr qu'elle sera au moins sensible à cela.
– Sachez, pour convaincre, adopter la bonne position et faites jouer le réflexe de soumission.
– Essayez de toucher votre interlocuteur : si la situation le permet, vous pouvez établir un contact physique amical et bienveillant. Il est impératif que ce geste soit fait avec beaucoup de naturel sinon il peut être ressenti comme une intrusion.
– Faites appel à la communauté pour soutenir votre démarche : n'oubliez pas de mentionner ces « autres » qui ont eu raison de vous faire confiance.

À RETENIR

Manipuler les inconnus ne s'improvise pas

Avoir une influence sur une personne qu'on ne connaît pas est très difficile parce qu'on ne sait rien d'elle et qu'elle peut être méfiante vis-à-vis de nous. Il faut donc s'adapter, être vraiment réactif et très observateur. La réussite vient avec l'expérience. Ne vous formalisez pas si vous échouez. Recommencez avec quelqu'un d'autre.

Sachez adapter la technique à votre but

Il y a forcément une technique qui correspond au résultat que vous souhaitez obtenir. Dans le cas présent, il s'agit d'être rapide et efficace, c'est pourquoi les techniques élaborées sont les plus pertinentes. En fonction du contexte, choisissez celle qui est la plus adaptée en sachant que vous ne tisserez aucun lien avec la personne à influencer.

Utilisez les outils de communication appropriés

Pour manipuler une personne inconnue, l'amener à vous faire confiance et parvenir à vos fins, vous pouvez utiliser certains de ces outils qui viendront renforcer les effets de la technique que vous emploierez : l'étiquetage, le réflexe de soumission, le toucher, le sentiment de liberté, la synchronisation, le principe de réciprocité…

Manipuler ses proches

« Confiance et défiance sont également la ruine des hommes. »

Hésiode

Témoignage

« L'égalité dans la répartition des tâches ménagères, mon mari est pour. En théorie. Et puis il est persuadé qu'elle est respectée dans notre foyer. En pratique, c'est un peu plus compliqué que ça. Elle est effectivement respectée mais parce que je me donne un mal fou à lui faire faire des travaux domestiques en lui donnant l'impression qu'il les fait de lui-même. Je sais, ça a l'air vicieux comme ça mais c'est juste une autre façon de communiquer, une façon plus efficace. En vérité, je pourrais très bien lui demander directement d'assurer sa part, il ne trouverait rien à objecter, mais je ne suis pas son chef. Je me dis qu'à force de lui faire faire les choses, il va prendre le pli.

Ce que je fais la plupart du temps, c'est que je lui demande un tout petit truc "pour m'aider" et ça suffit pour le mettre dans une dynamique "tâches ménagères". Plus vicieux, je laisse traîner des articles et des tests sur la répartition des tâches, ça le remet dans le droit chemin assez instantanément. Je ne dirais pas que c'est de la "manipulation", je le fais pour moi, pour lui et aussi pour les enfants. Je pourrais sans doute y aller plus carrément et réussir à lui faire faire bien plus que ses 50 % mais mon but n'est pas d'en faire mon jouet, c'est juste de rétablir un équilibre. C'est mon mari, ce n'est pas un pantin et je pense que malgré tout, il n'est pas dupe. Il me sait gré de ne pas lui faire de reproches et se prête bien volontiers au jeu. Il n'y a aucun lésé dans l'affaire. »

Lydie, 37 ans

Un peu de théorie

Pourquoi manipuler ses proches ?

L'idée peut paraître saugrenue autant que scandaleuse, pourtant il existe des raisons légitimes de vouloir influencer ses proches. Et le but n'est bien sûr pas de leur faire du mal.

La première raison est justement liée aux sentiments qu'on entretient à leur égard : on cherche à les manipuler pour leur bien.

Cela peut être plus égoïste aussi, en ce cas, on a recours à la manipulation pour ne pas avoir l'air d'abuser de leur gentillesse ou pour éviter un conflit. C'est tout à fait hypocrite mais c'est autant de cartouches d'économisées pour la suite.

Il existe aussi des raisons qui sont tout à fait exemplaires. On peut avoir recours à la manipulation non pas parce qu'une demande simple et directe n'aboutirait pas, mais parce que cela nous placerait dans une position qu'on ne jugerait pas en accord avec notre relation à autrui. Par exemple, dans un couple, si la femme ne veut pas être le chef de son mari, elle le place dans une position où il a l'impression d'être entièrement libre de ses actions.

On peut aussi choisir de manipuler pour préserver sa propre image auprès des autres : beaucoup préféreront faire en sorte de se voir offrir l'aide d'un ami plutôt que de se présenter à lui en position de faiblesse.

Manipuler est aussi un moyen d'attirer l'attention sur soi, de rappeler qu'on existe et que notre compagnie a de la valeur. Se rendre apparemment moins accessible ou plus rare permet de se sentir convoité : c'est ranimer la flamme ou réveiller les amis trop confiants.

Des outils et techniques...

A priori, vous aimez et respectez vos proches, il ne vous viendrait donc probablement pas à l'idée de les trahir ou de leur causer du tort.

L'objectif est plutôt de les influencer pour leur bien. On peut vouloir les protéger d'un danger, leur éviter de souffrir, les orienter vers ce que l'on pense être bon pour eux, les voir accomplir leur potentiel… la liste est infinie. Vous devez donc bien évidemment oublier les techniques de manipulation malhonnêtes (comme le leurre, l'amorçage, le mensonge) qui sont destinées à des personnes qu'on connaît moins, et celles qui sont trop évidentes ou faciles à démasquer (comme par exemple celle de la porte au nez, qui consiste à faire précéder une demande par une autre beaucoup plus coûteuse pour qu'elle soit mieux acceptée). Elles pourraient être découvertes et cela ruinerait la confiance instaurée dans votre relation.

Privilégiez plutôt les manipulations douces, comme celle du pied dans la porte : il s'agit de faire une demande facile à accepter suivie d'une demande plus exigeante, ou une demande implicite.

La relation gagnant/gagnant (où chacun se préoccupe sincèrement de l'intérêt de l'autre mais aussi dans le but de favoriser son propre intérêt) se révèle particulièrement efficace dans les relations d'éducation tendues, notamment avec les adolescents en crise. Elle restaure un respect réciproque et met en place des décisions durables avec lesquelles chacun est d'accord et trouve son compte.

… à manier avec précaution

Cependant, n'oubliez pas qu'aucune technique de manipulation n'est anodine, gardez-le à l'esprit au moment de les utiliser. L'étiquetage par exemple, qui consiste à « coller une étiquette », donner un trait de caractère à quelqu'un, négatif comme positif, induit un changement dans le comportement certes mais aussi une modification de la vision qu'a l'individu de lui-même. Dire à son enfant qu'il déborde de créativité pour qu'il essaie d'en faire preuve, c'est une bonne idée mais si ça ne fonctionnait pas malgré tout, qu'envisageriez-vous sur le long terme ?

Choisir de faire confiance aux personnes de votre famille ou à vos amis sans chercher à vous mêler de leurs affaires est aussi un bon moyen de faire évoluer les choses dans vos relations avec eux. En effet, à force de vouloir intervenir dans la vie des autres, de vouloir les changer ou décider à leur place de ce qui est bon ou pas, on a tendance à être trop intrusif et on peut finir par être perçu comme une menace pour la liberté, dès lors toute intervention est contre-productive.

Cependant, s'il vous semble vraiment nécessaire d'avoir recours à la manipulation, vous pouvez utiliser certaines techniques plus subtiles pour ne pas vous retrouver dans la position de quelqu'un qui a l'air de prendre toutes les décisions tout seul ou qui bride son entourage : il s'agit d'amener l'autre à faire ce que l'on souhaite en lui faisant croire que ses décisions ou ses actions viennent bien de lui et pas de vous.

À RETENIR

Vouloir influencer ses proches est légitime

Manipuler ses proches ne signifie pas leur faire du mal. On veut plutôt influer sur leur comportement pour leur bien, ou ce qu'on pense être bien pour eux. On peut aussi influencer son entourage pour des raisons beaucoup plus égoïstes, pour notre bien à nous, pour éviter une dispute, pour se faire remarquer ou ne pas montrer ses faiblesses.

Choisir la bonne technique

Si vous voulez continuer à entretenir de bons rapports avec vos proches et ne pas perdre leur confiance définitivement, mieux vaut ne pas les prendre au piège avec des techniques déloyales. Sachez les manipuler avec bienveillance, en utilisant les techniques les plus douces et les plus discrètes comme le pied dans la porte ou la relation gagnant/gagnant.

L'influence raisonnée sur le long terme

Si vous avez réellement besoin d'utiliser la manipulation avec vos proches, ne pensez pas qu'au problème présent mais essayez de vous projeter pour mesurer les conséquences à long terme. Soyez très prudent sur les techniques choisies. Parfois, entretenir une relation de confiance est le meilleur outil que vous avez pour qu'on vous suive.

Manipuler au travail

« La compétence sans autorité est aussi impuissante que l'autorité sans compétence. »

Gustave Le Bon

Témoignage

« Quand je suis sorti de la fac, j'ai tout de suite trouvé du travail. C'était exactement mon domaine de compétences. Mais, je n'avais aucune expérience du vrai travail. J'étais entièrement focalisé sur mes tâches, ce qui m'a rapidement coupé du reste de l'équipe. Je n'écoutais pas les autres, je ne participais à aucune conversation privée, je ne connaissais donc personne.

Je n'ai jamais été augmenté, je n'ai jamais travaillé sur les projets qui m'intéressaient et je me suis fait licencier. J'ai eu beaucoup de mal à retrouver du travail et finalement je me suis retrouvé à faire des papiers dans une administration. J'étais dans un tout autre état d'esprit et j'ai commencé à observer et essayer de comprendre mon boulot, celui des autres, les rapports qu'ils avaient entre eux.

Au bout de quelque temps je connaissais tout le monde : leur fonction, mais aussi la nature de leur travail, leurs motivations, leurs difficultés, les affinités, les inimitiés, les petites habitudes, etc. Et quand il s'est agi de vraiment travailler, j'ai su comment parler à une telle pour qu'elle traite mon dossier en priorité, comment me comporter avec mon chef direct pour avoir sa bienveillance. J'ai vite réussi à avoir de l'avancement, parce que je travaillais bien mais aussi parce que je voyais ce que je devais faire et comment je devais le montrer. À présent je suis chef de service : je sais motiver mon équipe, les faire rester plus tard quand il le faut, désamorcer les conflits à temps... »

Tristan, 33 ans

Un peu de théorie

Des techniques adaptées

Dans n'importe quel travail, la difficulté réside principalement dans les relations de pouvoir. Dans la plupart des professions, le travail est organisé de façon hiérarchique. Il y a des décideurs et des exécutants, des patrons et des employés, des chefs et des subordonnés. On le sait tous déjà, se faire dicter sa conduite par quelqu'un d'autre n'est jamais agréable, même dans un contexte où l'on est pleinement conscient de ne pas avoir le choix. On peut se sentir infantilisé, vexé, voire même humilié. Le travail est une contrainte ; pour une communication et une manipulation efficaces, il faudra donc veiller à préserver le sentiment de liberté de votre interlocuteur.

Il n'existe pas de technique spécial travail, mais l'on se saurait que trop vous conseiller d'éviter les grosses manipulations du type porte au nez, amorçage ou leurre avec vos collègues. En effet, si la personne en prend conscience, et cela arrivera forcément si elle n'en retire aucun intérêt, cela finira forcément par vous retomber dessus et vous pourrez dire adieu à toute relation de confiance. N'allez pas mentir sur vos compétences si vous ne pouvez pas assurer derrière, ne promettez pas d'augmentations pour motiver votre équipe si vous n'êtes pas sûr de pouvoir les obtenir…

Privilégiez l'influence sur le long terme, travaillez votre communication, sachez écouter les autres et les respecter (ou du moins en donner l'impression), si vous voulez être efficace durablement.

Les personnalités difficiles et les conflits

Si vous voulez améliorer vos rapports avec vos collègues, sachez tout d'abord que les « personnalités difficiles » n'existent pas en soi. Il y a des personnes, tout comme vous, avec leur histoire personnelle et professionnelle, leurs compétences et difficultés propres, un contexte

et des situations de travail qui peuvent poser des difficultés. Mettre tout sur le compte de la personnalité de son interlocuteur, c'est se mettre des bâtons dans les roues, s'interdire de faire évoluer la situation.
Pour une solution durable et perfectible, choisissez d'abandonner les relations d'autorité et essayez d'adopter la méthode gagnant-gagnant. Examinez les points de vue des deux parties, partant du principe que chacun a sa légitimité. Il s'agira de trouver ensuite une solution qui convienne parfaitement aux deux.
L'étiquetage pourra vous être d'une grande aide dans la neutralisation d'une personnalité dite difficile : distillez les compliments en fonction des qualités que vous voudrez réveiller chez elle.
On ne choisit pas les personnes avec lesquelles on travaille. Il faut donc faire un effort d'empathie pour arriver à les comprendre et à communiquer de façon satisfaisante. L'observation vous aidera à déterminer à quoi est sensible votre interlocuteur : vous pourrez ainsi reconnaître les situations qui le stressent, ce qui peut être un atout si l'on veut appliquer la technique peur/soulagement. La synchronisation pourra aussi vous être d'une aide certaine en créant une connivence bienvenue.

Le marketing de soi-même

Pour solliciter une promotion ou pour simplement donner à votre travail toute la valeur qu'il mérite, il peut être utile de faire en sorte de se distinguer du lot. Sachez tout d'abord vous-même ce qui vous rend si différent des autres et en quoi vous méritez plus qu'un autre d'obtenir ce nouveau poste ou une promotion. Pour cela, vous devez chercher quels sont vos atouts. Ensuite, vous devez apprendre à les communiquer. Rendez-vous rare, exceptionnel et convoité ! Par exemple, si votre collègue vous demande d'accomplir une tâche supplémentaire, répondez-lui que *« là, j'ai vraiment beaucoup de boulot, mais je vais essayer de caser ton dossier »*, ou alors, à votre patron : *« J'aimerais beaucoup rester dans cette boîte mais on m'a fait des propositions qui ne sont pas de celles qu'on refuse.* » Veillez tout de même à rester crédible et subtil. Ce genre de comportement, s'il est trop appuyé, peut vous faire passer pour quelqu'un d'arrogant ou de vantard. Ceux qui vous écoutent peuvent se sentir dévalorisé à côté de vous et ne plus rechercher votre compagnie.

Si vous êtes déjà en position d'autorité, que vous occupez une haute fonction, votre but doit être de la rendre le plus légitime possible, pas d'apprendre à en abuser. Il est bien sûr important de mettre en valeur son travail, d'obtenir de la reconnaissance pour les efforts que l'on fournit. Mais cependant, sachez garder les pieds sur terre, on a tôt fait de se sentir grisé par le pouvoir.

À RETENIR

Des relations délicates

Les relations au travail sont la plupart du temps compliquées parce qu'elles sont soumises à la hiérarchie. Plus que dans n'importe quelle autre situation, il faudra donc préserver ou créer un sentiment de liberté. Usez de votre influence mais ne prenez pas vos collègues au piège si vous voulez continuer à travailler avec eux de manière satisfaisante.

Améliorer les rapports avec ses collègues

Si vous avez affaire à une personnalité difficile, favorisez la technique du gagnant-gagnant. La flatterie est le meilleur moyen de transformer un collaborateur aigri en employé du mois. Vous pouvez aussi travailler votre empathie : apprenez à observer et essayez de comprendre les autres. La technique de la synchronisation peut aussi vous y aider.

Apprenez à vous vendre

Utilisez les techniques marketing sur vous-même pour mettre en valeur votre travail. Prenez conscience de ce qui vous différencie des autres, de vos qualités et apprenez à les communiquer. Mais attention au harcèlement ! N'abusez pas de votre autorité, demandez-vous toujours si ce que vous faites peut nuire à ceux avec qui vous travaillez.

SECONDE PARTIE

Manipulateurs et pervers narcissiques

Comprendre et déjouer leurs pièges

La manipulation : une notion ambiguë

« Un monde où tout le monde manipulerait tout le monde ? Notre monde. »

Un peu de théorie

La manipulation, une particularité bien humaine

Le terme de manipulation a aujourd'hui une dimension très négative : à l'entendre, nous pensons immédiatement aux mots « piège », « mystification », « mensonge », « tromperie », « duperie », « fourberie »… Il est vrai, en effet, qu'avec le temps, ce mot a pris une connotation presque machiavélique. Nous avons tous entendu parler des suicides collectifs organisés par les gourous de sectes célèbres, ou des « lavages de cerveau » perpétrés sur des soldats américains, et dont le concept est encore repris dans certains films d'action ou d'espionnage.

Mais pourquoi aller si loin, à la recherche de manipulateurs malfaisants et diaboliques ? Car la manipulation est bien présente au quotidien, puisqu'elle fait partie de nous. En effet, la manipulation est inhérente à notre nature humaine et ce, pour plusieurs raisons : l'homme est un être conscient (de lui-même et des autres) disposant d'un langage (verbal et non verbal) lui servant à communiquer avec les autres et qui vit en société (plus ou moins) hiérarchisée.

De fait, l'homme doit vivre au milieu d'autres hommes, former des réseaux, respecter certaines règles, échanger, partager, mais aussi se faire respecter, ou obtenir ce dont il a besoin pour être satisfait. La vie d'un être humain est donc l'enchaînement d'une multitude d'interactions avec son environnement et son entourage, dont il doit tirer parti. C'est ici que la manipulation rentre en jeu. Car prendre par la force, entrer en conflit avec autrui ou exprimer ouvertement ce que l'on veut, ce n'est pas toujours productif, utile ou économique en énergie et en temps. Il est alors plus facile de manipuler…

Tous manipulateurs ?

La majorité du temps, ces techniques ne sont pas vraiment employées consciemment : nous ne calculons pas toujours l'effet de nos paroles ou de nos actes sur autrui. Nous avons, en effet, une capacité naturelle à manipuler, qui s'affine en observant et en analysant le comportement de notre entourage. Nul besoin d'avoir parcouru des centaines d'ouvrages de psychologie sociale pour apprendre à influencer et à diriger ses semblables. Nous disposons tous d'une compréhension instinctive du fonctionnement de la logique humaine, ce qui n'est pas forcément au désavantage d'autrui. Écoutons, par exemple, Myriam, qui nous parle de son mari : *« Quand Jacques rentre du travail, je vois s'il est encore stressé de sa journée ou pas. Et s'il l'est encore, je sais que ce n'est pas le moment de lui parler des mauvaises notes des enfants ou de mes problèmes avec les filles au travail. Je lui apporte un verre de vin et je le laisse parler de sa journée et se décharger un peu de son stress. J'essaie de le détendre, ou si je vois qu'il est encore énervé, je le laisse lire son journal tranquille pendant une heure ou deux. Je sais qu'il ne pourra m'écouter qu'après ce petit rituel… j'attends le bon moment en quelque sorte… »*

Myriam n'est pas psychologue, mais elle sait qu'elle ne pourra obtenir de son mari l'attention qu'elle recherche qu'après une certaine « mise en condition ». Et nous avons tous cette intuition naturelle nous permettant de détourner le mode de fonctionnement d'autrui à notre avantage.

On peut également citer l'exemple de Sophie, mère de Bastien, un petit garçon de 7 ans : *« En ce moment, j'évite d'amener Bastien au supermarché, car il me fait le même coup quand on arrive à la caisse, c'est-à-dire quand on arrive devant les bonbons. Si je ne lui en achète pas, il commence à pleurer et à crier. Évidemment, je pique un fard à chaque fois puisque je sens que tout le monde me regarde... et cela me paralyse. Alors, la plupart du temps, je cède pour que cela cesse. Et je suis sûre qu'il le sait et qu'il en joue. »*

Bastien sait qu'en faisant ses caprices de façon bruyante en public, il pourra obtenir la « reddition » de sa mère plus facilement... Les enfants ne sont évidemment pas exempts de ce concept de manipulation. Ce sont même d'excellents manipulateurs quand ils s'y mettent, comme le savent les parents, parfois à leurs dépens !

Les multiples usages de la manipulation

La manipulation est donc l'art d'influencer autrui par des moyens détournés pour obtenir l'objet, la situation ou le comportement désirés. La manipulation la plus efficace, et peut-être la plus dangereuse, est évidemment celle qui ne se voit pas et qui, nous le verrons plus tard, laisse à la personne manipulée l'illusion du libre arbitre.

La manipulation prend plusieurs visages. Nous l'utilisons tous un jour ou l'autre, pour convaincre un client indécis, séduire un partenaire sexuel potentiel, vendre un aspirateur ou une machine à laver, obtenir un délai supplémentaire sur un dossier urgent, influencer sa femme pour ne pas encore aller voir un film à l'eau de rose, ou encore diriger des subordonnés un peu résistants au changement... Certains professionnels sont même des spécialistes de la manipulation : publicitaires, vendeurs, politiques : comment pensez-vous qu'ils arrivent à vous faire faire des choses que vous n'auriez jamais faites spontanément (acheter une nouvelle marque de yaourts, voter pour telle ou telle personne) ?

À SAVOIR

La manipulation est, comme nous l'avons souligné, une notion très ambiguë dans la mesure où il est difficile de la repérer, de la quantifier, de la démontrer, et parce qu'elle fait partie de notre vie quotidienne. De plus, sa signification reste très proche d'autres notions, connotées plus positivement, comme la notion d'influence par exemple. Alors quelle est la différence entre l'influence et la manipulation ?

L'influence est l'action qu'un être exerce sur un autre être. On admet généralement que l'influence est, a priori, plus transparente que la manipulation, dans la mesure où le but est clair et sans ambiguïté. On parle également d'influence quand la personne influencée bénéficie aussi de la manœuvre d'influence, contrairement à la manipulation, où la personne manipulée est flouée, utilisée sans aucun avantage pour elle. Cependant, dans la pratique, la différence n'est pas aussi flagrante. En effet, l'influence et la manipulation utilisent les mêmes outils : persuasion, sentiments, menaces, argumentation… elles reposent également sur les mêmes ressorts psychologiques : besoin d'appartenance, de cohérence, etc. La seule différence serait donc dans le but de la manœuvre.

De plus, nous pouvons légitimement penser qu'une personne influente a évidemment plus de facilités pour manipuler les autres. La seule bonne question à se poser est donc : *« Le fait que cette personne me manipule ou m'influence est-il bon pour moi ? Qu'est-ce que j'y gagne à court et surtout à long terme ? Qui supporte les coûts de la manœuvre ? Qui en bénéficie ? »*

À RETENIR

La manipulation est une spécificité bien humaine

Nous sommes tous plus ou moins manipulateurs, bien que la plupart d'entre nous s'en défendent. Car la manipulation est un des moyens les plus efficaces pour obtenir ce que l'on souhaite, tout en préservant les relations avec les autres, surtout si nous ne sommes pas en position de domination évidente.

La manipulation n'est pas forcément consciente ou destructrice

Le terme « manipulation » a acquis avec le temps une dimension très négative. Mais manipuler ne signifie pas toujours détruire l'autre ou obtenir quelque chose à son détriment, même si cela arrive assez souvent malheureusement, quand l'objectif de la manipulation rend secondaires les dommages collatéraux possibles…

La manipulation est multiple

Elle peut paraître très complexe, même si elle repose sur des principes simples. Et elle touche les domaines de la vie dans lesquels le relationnel reste important, c'est-à-dire presque tous…

Cohérence et engagement

« L'engagement, c'est un mur conçu expressément pour que l'on fonce dedans. »

Nathalie Petrowski

Un peu de théorie

Le besoin de cohérence : un besoin universel et nécessaire

Nous avons tous, qui que nous soyons, un besoin de cohérence quasi obsessionnel. Être cohérent, c'est honorer ses convictions, avoir une certaine continuité dans son comportement et faire qu'opinions et actions concordent. Cohérence est souvent synonyme de stabilité et de fiabilité. La cohérence est utile puisqu'elle nous donne une certaine ligne de conduite.

Imaginons quelqu'un d'incohérent : ses paroles ne sont jamais suivies d'actes, ses amitiés et ses préférences changent selon la météo ou les circonstances, il est incapable de s'engager ou d'avoir une opinion personnelle. Que pensons-nous d'une telle personne ? Qu'elle est peu fiable, inconséquente, voire hypocrite. La cohérence est donc nécessaire pour notre vie en société.

La cohérence a également un autre avantage : elle nous permet de ne pas réfléchir sans cesse sur le bien-fondé de chacune de nos actions. Si, à chaque fois que nous décidions quelque chose, nous devions prendre en compte tous les paramètres existants, nous ne ferions plus rien : tout notre temps et toute notre énergie seraient happés par ce processus : nous serions les rois de la procrastination ! Cela aurait évidemment un coût psychologique énorme. Au lieu de cela, chaque décision que l'on prend est dictée par les décisions et opinions qui lui sont antérieures, ce qui diminue considérablement le champ des possibilités. La cohérence est confortable dans le sens où elle réduit la réflexion nécessaire à la prise d'une décision, dans la mesure où elle fera partie d'un tout global. Elle rend chacun de nous compréhensible et… prévisible.

L'engagement : la conséquence naturelle de la cohérence

Être cohérent amène forcément à continuer dans une voie, une fois que l'on s'y est engagé. Évidemment, cet engagement peut être plus ou moins fort : entre la parole lancée entre deux verres de vodka et le contrat signé en bonne et due forme, la différence est flagrante. Il est notoire qu'un engagement pris devant témoins est, par exemple, beaucoup plus fort et difficile à rompre qu'un engagement pris de façon anonyme ou n'ayant que soi-même pour témoin. De même, un acte engage plus profondément qu'une parole. Imaginons que vous désiriez partir en vacances : dire tout simplement que vous partez aux Baléares est forcément moins déterminant qu'aller sur Internet et réserver votre séjour ! Ce qui est également intéressant à noter, c'est qu'après avoir choisi les Baléares, vous trouverez ensuite tout un tas de bonnes raisons qui vous conforteront, a posteriori, dans votre décision : l'hôtel que vous avez trouvé paraît top, les Baléares sont bien moins chères que les Maldives, etc. Vous capterez naturellement toutes les informations allant dans le sens de votre décision sur la question : votre décision et donc vos actes vont de fait, en partie, influencer votre opinion sur le sujet.

L'importance du « libre arbitre »

La concordance entre les décisions que l'on prend et leurs effets n'est véritablement possible que dans la mesure où les décisions sont prises dans un contexte (ou avec une impression…) de libre arbitre. Illustrons cela : imaginons que ce voyage aux Baléares ait été exclusivement décidé par votre conjoint et que vous n'ayez pas vraiment eu votre mot à dire. Vous y allez même plutôt à reculons. Quelles seront les conséquences de cette décision « forcée » ? Vous risquez, cette fois-ci, de capter toutes les informations qui renforcent votre opinion négative : un de vos amis a trouvé ce séjour inintéressant ou est tombé malade, le temps n'est pas sûr à cette période de l'année, les prix ont augmenté de façon éhontée… Bref, vous ferez de la résistance. Et nul doute qu'une fois là-bas, vous serez plutôt maussade, ce qui vous permettra, une fois à la maison, de bien dire à tout le monde que *« ces vacances étaient pourries, comme je m'y attendais ».*

Quant au rapport avec la manipulation, il est primordial, pour la personne qui vous manipule, de vous laisser l'illusion que vous avez pris telle ou telle décision librement et en toute connaissance de cause… car il sera ensuite beaucoup plus difficile de renoncer à vos engagements…

L'importance du coût de la décision

Toute décision (et donc tout engagement) a un certain coût, qu'il soit temporel, financier, psychologique ou relationnel. Plus ce coût est important, plus l'engagement est important et plus la décision prise prend d'importance : c'est forcément la bonne, puisqu'on y a consacré beaucoup d'efforts. Écoutons par exemple Cédric :

« Au moment de faire mes études, j'ai eu le choix entre deux écoles : une école publique et donc gratuite et une école avec des frais de scolarité assez élevés. J'ai pris celle qui me coûtait le plus cher, parce que je savais que là, je me sentirais obligé de travailler pour avoir mon diplôme… »

À SAVOIR

Notre recherche obsessionnelle de cohérence nous amène parfois à persister dans des comportements qui, vus de l'extérieur, semblent incompréhensibles, voire destructeurs. Pourquoi une personne s'échine-t-elle à réparer son épave de voiture, alors qu'elle pourrait s'acheter une voiture en bon état ? Pourquoi une personne continue-t-elle à miser sur un mauvais cheval, alors que ce cheval ne gagne jamais aucune course ? Ou encore, pourquoi certaines personnes continuent-elles à vivre ensemble, alors que plus aucun sentiment amoureux ne les unit ? Il y a plusieurs raisons à tout cela, toutes plus « objectives » les unes que les autres : on a un crédit sur le dos, les enfants vivraient mal le divorce, on a peur de la solitude, il y a toujours un moyen pour faire revivre la flamme d'antan, etc.
Mais il y a aussi une raison moins avouable : on ne veut parfois pas reconnaître que l'on s'est trompé, que l'on a fait une erreur… Cela explique quelquefois certains dysfonctionnements dans les entreprises ou dans les couples : le coût de la décision initiale augmente petit à petit et plus ce coût augmente, plus il devient difficile de changer d'avis, car cela signifierait que tout ce qui a été fait auparavant a été fait « pour rien », ce qui serait vécu comme insupportable. Car cela impliquerait que l'on s'est trompé non seulement sur la décision initiale, mais aussi et surtout sur toutes les décisions suivantes et que le raisonnement que l'on avait durement échafaudé pour se persuader qu'il fallait bien agir ainsi était boiteux…

À RETENIR

Notre personnalité, nos opinions et nos actes font, en général, preuve d'une bonne cohérence

Cette cohérence est nécessaire pour pouvoir vivre en bonne intelligence avec les autres. C'est d'ailleurs une qualité valorisée par nos sociétés, car elle implique aussi persévérance, assiduité et esprit logique.

Aller au bout de ce que l'on a commencé

En effet, notre besoin de cohérence nous pousse à faire ce que l'on a dit, ou à continuer ce que l'on a entamé. D'ailleurs, nous trouvons, en général, de très bonnes raisons pour agir ainsi, la première étant : « *Maintenant que j'ai commencé, ce serait idiot que je m'arrête en si bon chemin…* », ce qui est vrai même quand la décision de départ n'est pas forcément la bonne…

Engagement fort ou faible

Nous ne nous engageons pas de la même façon sur tous nos choix. En effet, plus le premier pas coûte cher (en énergie, en temps, en argent…), plus nous persévérerons par la suite, pour ne pas « gâcher » les efforts déjà investis. Surtout si nous avons choisi « librement » de le faire…

Domination, soumission et manipulation

« Les hommes sont de petits garçons obéissants. Ils vivent comme on leur a appris à vivre. »

Christian Bobin

Un peu de théorie

Domination et soumission, un « must » des relations humaines

De tout temps, les sociétés organisées ont créé des structures hiérarchiques. Évidemment, il y a des sociétés plus hiérarchisées que d'autres. Mais il semble bien que tout groupement humain organisé a besoin de se créer une figure d'autorité.

D'ailleurs, il est intéressant de noter que la grande majorité des cultures valorisent la soumission. Nous avons été habitués, depuis notre enfance, à écouter et à obéir, et les figures d'autorité qui traversent et marquent nos existences sont nombreuses : on obéit à ses parents, puis à sa maîtresse, à ses professeurs, à la police, aux impôts, au patron…

Nous avons donc intégré le postulat qu'il faut respecter l'autorité, parce qu'elle est nécessaire. Nous en donnons la preuve tous les jours : elle guide la plupart de nos actions quotidiennes. En voiture, par exemple, nous avançons quand le feu est vert, nous ralentissons quand nous savons qu'il y a un radar à cet endroit de la route. Toute figure (ou tout symbole) d'autorité nous renvoie en quelque sorte à une position d'enfant obéissant (ou désobéissant, d'ailleurs, dans certains cas)… et annihile en quelque sorte notre sens critique : nous faisons tous des choses qui nous déplaisent mais qu'il est « obligatoire » de faire : payer ses impôts par exemple ! Mais même en dehors des règles consensuelles (fiscales ou autres…), nous avons tendance à écouter aveuglément ceux qui, d'une façon ou d'une autre, semblent avoir un savoir (ou un pouvoir) supérieur au nôtre. Cette « supériorité » peut être due au statut, au charisme, au titre, à l'expérience… Nous agissons ainsi parce que cette position est confortable dans la plupart des cas : nous ne prenons pas de décisions, d'autres les prennent pour nous, ce qui, du même coup, nous enlève la responsabilité de ce que nous faisons. Et nous agissons ainsi en toute bonne foi. Cette façon de fonctionner est évidemment pratique quand on veut manipuler autrui. Car il n'est rien de plus facile que de s'octroyer certains symboles d'autorité pour obtenir des autres ce que l'on souhaite…

Le mariage complexe de la domination et de la manipulation

Domination et manipulation sont donc liées, en raison de la grande facilité à manipuler autrui quand on détient une certaine autorité, que celle-ci soit fallacieuse ou véridique, officieuse ou officielle. Cependant, on pourrait se poser la question suivante : pourquoi les personnes ayant un pouvoir sur les autres utiliseraient-elles la manipulation pour obtenir ce qu'elles veulent, quand il leur serait si facile de l'exiger, purement et simplement ? Nous mettrons en exergue deux raisons principales qui peuvent expliquer ce paradoxe.

Pouvoir officiel et officieux

La domination sans manipulation suppose que les liens entre supérieur et subordonné soient clairs et que la domination soit sans équivoque… Dans la réalité, c'est finalement rarement le cas. Par exemple, dans une entreprise, une personne ayant un statut hiérarchique plus élevé qu'une autre peut, en réalité, être en position de faiblesse, si le subordonné a un certain « pouvoir » plus officieux.

Écoutons Michel, manager dans le bâtiment :

« Je suis conducteur de travaux. Les gars doivent donc m'obéir quand je leur donne des directives, puisque je suis leur supérieur hiérarchique.

Mais ce n'est pas si simple ! J'ai notamment un gars, un maçon, qui est là depuis longtemps dans la boîte et qui est délégué du personnel. Il a beaucoup d'ascendant sur les autres et je dois faire très attention à ce que je lui dis, car il peut provoquer une véritable mutinerie si je suis trop directif. Alors, je suis obligé de prendre des gants. Je préfère faire cela plutôt que rentrer dans le rapport de force direct. En plus, je ne veux pas dire, mais il fait bien 20 kg de plus que moi ! »

La domination et ses conséquences

La deuxième raison qui confirme bien que domination et manipulation sont liées est la suivante : la domination (et donc la soumission) pure et simple est très difficile à obtenir, surtout dans les conditions actuelles. Notre société contemporaine (et occidentale) exalte les valeurs d'autonomie, de libre arbitre, d'indépendance… Nous voulons contrôler notre destin, nos actes et nous nous « rebellons » contre tout ce qui peut apparaître comme tyrannique ou arbitraire. Le despotisme ne serait donc pas dans ces conditions la solution la plus productive et efficace pour obtenir ce que l'on veut. L'autorité est un outil et une aide précieuse, mais elle ne suffit pas toujours. La domination pure, celle qui ne fait aucun cas des personnes soumises, entraîne quasi invariablement la rébellion.

Cette rébellion peut être active et entraîner des conflits ouverts, mais elle peut aussi être plus larvée et favoriser des comportements dits passifs-agressifs : la personne soi-disant soumise traîne des pieds, fait la tête, « oublie » des directives, ne fait que le strict minimum, etc. Bref, la domination, dans ces cas-là, ne produit rien de bien pérenne et ne fait finalement que mettre en exergue une relation perdant-perdant, que cette relation soit professionnelle, amoureuse ou amicale.

À SAVOIR

Comme nous le soulignions plus haut, il arrive que notre sens critique soit comme annihilé lorsque nous nous trouvons en position de soumission. Et plus encore que notre sens critique, nos valeurs morales ou éthiques peuvent aussi faire les frais d'un excès de soumission…

Les expériences maintenant célèbres du professeur Milgram ont confirmé cette hypothèse de façon radicale… et effrayante. Imaginons que l'on vous demande, au nom de la science, d'interroger une personne volontaire pour des tests de mémorisation. Mais à chaque mauvaise réponse, le scientifique à vos côtés vous demande d'envoyer une décharge électrique à la personne interrogée. Au début, les décharges sont juste désagréables, mais au fur et à mesure que les mauvaises réponses s'enchaînent, les décharges deviennent de plus en fortes, jusqu'à devenir potentiellement mortelles… Vous entendez le pauvre crier, hurler, supplier… puis tomber dans les pommes… mort peut-être… Le feriez-vous ? Évidemment, comme une grande majorité de la population (hors psychopathes notoires !), vous répondriez que non, bien sûr que non ! Et pourtant, quand cette expérience fut faite, plus de 60% des personnes testées continuèrent le test jusqu'à envoyer une décharge dite mortelle (heureusement, un comédien jouait le rôle de la personne torturée)… simplement parce qu'une figure d'autorité leur avait demandé de le faire et qu'elles se sentaient donc déchargées de la responsabilité d'avoir, peut-être, tué un homme… Quelle expérience intéressante pour les manipulateurs !

À RETENIR

Les rapports de force sont inhérents à notre condition d'être humain

L'être humain n'est ni désintéressé ni pacifique. Pour preuve, les multiples conflits qui ont ensanglanté et ensanglantent encore notre planète. Les rapports dominants-dominés sont naturels chez l'homme.

La soumission naturelle à l'autorité

De par notre éducation, nous avons naturellement tendance à respecter et à obéir à ceux qui nous semblent avoir une autorité supérieure à la nôtre... Que cette autorité soit officielle, officieuse, réelle ou usurpée d'ailleurs...

Manipuler au lieu de dominer

Mais il existe des situations où il est impossible d'avoir une position véritablement dominante, car cela implique souvent une dégradation des relations sociales, voire une rébellion à plus ou moins long terme des personnes « soumises ». Manipuler les autres est souvent bien plus économique en énergie et en temps qu'essayer de dominer de façon arbitraire.

Incertitude, peur et manipulation

« Une solution qui vous démolit vaut mieux que n'importe quelle incertitude. »

Boris Vian

Un peu de théorie

L'incertitude : un facteur à ne pas négliger

Il existe des situations dans lesquelles la manipulation est plus efficace que dans d'autres. Des situations où nos facultés de réflexion et de clairvoyance sont moins aiguisées, où nous sommes prêts à accepter tout et n'importe quoi, où nous sommes, en un mot, plus fragiles. Cette condition, c'est l'incertitude. En effet, l'incertitude est souvent le premier pas vers la peur et la peur est une puissante alliée pour qui veut manipuler autrui. Évidemment, nous ne parlons pas de la peur qui se manifeste quand on a un revolver pointé sur sa tempe (là, ce n'est plus de la manipulation mais de l'intimidation, voire de la franche menace…), mais celle qui est plus insidieuse, plus obsédante : la peur d'être licencié, ou celle encore de se retrouver seul par exemple. Car nous ne raisonnons plus de la même façon quand nous sommes confrontés à ce genre de situations et il est alors facile, pour quelqu'un de mal intentionné, d'en profiter à son compte.

La rançon de la peur

L'inconnu, ce que l'on n'arrive pas à imaginer, toucher, contrôler, engendre un sentiment d'angoisse, d'anxiété, bref de peur. Et la peur a ceci de particulier qu'elle fait appel à des leviers inconscients très puissants, qui vont dicter nos comportements de façon très caractéristique.

En effet, la peur paralyse la plupart des processus logiques et créatifs de notre cerveau et nous renvoie à l'utilisation de comportements automatiques et « primaires » : la fuite, l'attaque, la soumission… De plus, une personne apeurée n'aura qu'une idée en tête, qui primera sur toutes les autres, se rassurer, quel qu'en soit le prix… La manipulation devient alors très simple et elle peut jouer sur deux tableaux. Premièrement, le manipulateur peut créer un sentiment d'angoisse chez sa victime, parce qu'il sait qu'elle va réagir d'une certaine façon (qu'il aura prévue) et ainsi, répondre à ses attentes. Écoutons par exemple Danielle, qui vient de divorcer de son mari :

« Pendant les vingt ans où je suis restée mariée, il n'y a pas eu un moment où je n'avais pas peur de le perdre. Michel a beaucoup de charme, c'est un très bel homme et il plaît beaucoup aux femmes. Et lui-même est un vrai coureur de jupons, même si je n'ai jamais voulu me l'avouer. Je n'ai jamais eu la preuve qu'il me trompait, mais je l'ai toujours vu entouré de jolies femmes… Jusqu'ici, je n'avais jamais compris pourquoi il s'était marié avec moi, alors qu'il pouvait avoir toutes les femmes qu'il voulait. Maintenant, je le sais : comme j'avais peur qu'il me quitte (et il ne se privait pas d'en faire miroiter l'éventualité) et que je ne voulais pas me retrouver seule avec les enfants, je fermais les yeux tout en jouant la parfaite femme au foyer. Lui avait tout gagné : une femme docile et une mère dévouée pour ses enfants et la tranquillité en dehors de la maison… »

Deuxièmement, le manipulateur peut créer une situation angoissante pour sa victime, pour ensuite se révéler comme le « sauveur », afin d'avoir une meilleure emprise sur sa cible reconnaissante. Il suffit alors d'apporter à la personne en plein désarroi un peu de réassurance et de réconfort pour qu'elle soit malléable à loisir… le manipulateur peut alors proposer quelque chose (une « solution miracle ») que sa victime n'aurait peut-être pas acceptée en temps normal… La plupart des entreprises qui vendent des alarmes ou des assurances jouent sur ce principe : elles font peur à leurs clients potentiels, en jouant sur certaines cordes sensibles (*« Et si votre femme ou votre enfant se faisait attaquer dans votre propre maison ? »*), pour ensuite leur proposer un système d'alarme complet pour la modique somme de…

Faire comme on nous le demande…

Quand nous sommes momentanément incertains de nos choix ou de nos positions, nous avons très souvent tendance à nous référer aux autres et ce, pour une bonne raison : notre besoin de faire comme les autres. Nous calquons alors notre attitude en fonction de celle du plus grand nombre car nous pensons, souvent à juste titre, que c'est la bonne attitude. Et de fait, cela nous sert la plupart du temps. Rappelez-vous Benjamin, qui, en position vulnérable (il est nouveau dans son entreprise), s'en sort plutôt bien en imitant le groupe, qui ainsi l'adopte facilement. Mais outre le groupe, il est possible aussi de nous rassurer en imitant ou en suivant les conseils d'une personne qui nous paraît particulièrement intelligente ou compétente pour nous aider. Mais cette personne peut très bien, alors, profiter de notre faiblesse et donner de mauvais conseils de façon consciente, pour arriver à ses fins (l'éviction d'un rival potentiel par exemple, que ce soit en amour ou au travail…). Écoutons plutôt Jocelyn :

« Quand je suis arrivé dans ma nouvelle boîte, j'étais hyper angoissé parce que pas sûr de moi. Malheureusement, j'ai rencontré Philippe, qui voulait mon poste et qui me détestait de le lui avoir "piqué". Mais cela, je ne l'ai su qu'après… Il a d'abord pourri ma vie en profitant de ma faiblesse (alors que je pensais qu'il était un ami) et en me donnant de mauvais conseils… Mon boss a vite fait de me prendre en grippe et de me virer avant la fin de ma période d'essai. Ma seule consolation est qu'ils n'ont pas embauché Philippe à ma place… »

À SAVOIR

Évidemment, les mécanismes que nous avons décrits dans la première partie sont largement connus par les professionnels de la manipulation et de l'influence : la peur, le doute, l'inquiétude de chacun de nous sont largement utilisés pour nous manipuler.

D'ailleurs, la prestigieuse revue Science a publié en 2008 les résultats d'une étude très sérieuse, montrant que nos inclinaisons politiques seraient, en partie, conditionnées par notre propension à avoir peur… Il est alors facile d'imaginer certains hommes politiques profiter de ce sentiment naturel chez l'homme pour se faire élire (en s'appuyant sur la peur du chômage, de l'étranger, de la violence, de se faire envahir…). Créer un climat d'insécurité et de peur, avec des médias coopératifs, est facile… pour ensuite se positionner comme le héros qui vaincra ceux qui effraient les foules. Nombre d'élections se sont déroulées ainsi et nous ne sommes pas à l'abri d'autres votes du même genre.

N'oublions pas que les plus grandes dystopies (le contraire d'utopie) se basent sur l'exploitation de la peur du peuple… Car la peur peut également être utile à ceux qui veulent restreindre certaines libertés, avec de mauvaises ou même de bonnes intentions d'ailleurs : il suffit de regarder le nombre croissant de contrôles en tout genre et de mesures restrictives prises par la plupart des gouvernements pour combattre le terrorisme.

À RETENIR

Les situations d'incertitude sont les plus propices à la manipulation

En effet, l'incertitude génère souvent des sentiments de peur, qui est une émotion tellement forte qu'elle inhibe la faculté de réfléchir correctement. Situation facilement utilisable pour qui veut manipuler autrui.

Provoquer et utiliser nos comportements automatiques

La peur a ainsi l'inconvénient de nous faire agir de façon stéréotypée, en privilégiant le confort (ou la survie) : on se soumet ainsi plus facilement, ou on prend certaines décisions que l'on n'aurait pas prises en temps ordinaire et qui peuvent être provoquées par une autre personne, de façon consciente.

L'illusion du libre arbitre

« Le libre arbitre des hommes consiste à choisir la femme qui décidera à leur place. »

Bernard Werber

Un peu de théorie

La liberté, un concept bien relatif

Pour se sentir digne, respectable et bien « humain », bref, pour se sentir « bien dans sa peau », l'homme a besoin de sentir qu'il contrôle sa vie. Contrôler sa vie, c'est prendre ses décisions soi-même, sans être contraint par des forces extérieures… ce qui est bien évidemment le contraire de la manipulation. Mais est-on vraiment libre ? L'homme peut-il vraiment avoir un contrôle complet de sa destinée ? Des philosophes s'écharpent depuis des siècles pour définir ce terme et nous n'avons pas la fatuité de répondre à cette question.

Mais nous pouvons quand même dire certaines choses. Quels sont les facteurs limitant notre libre arbitre ? Ils sont nombreux, n'en déplaise aux épris de liberté. Notre corps est premièrement notre principale prison : car nos cinq sens limitent déjà nos capacités. Un individu aveugle aura certainement une liberté bien différente qu'un individu voyant. Deuxièmement, notre capital génétique nous apporte, certes, des capacités immenses, mais différentes selon les personnes, avec parfois même des failles non négligeables… Troisièmement, notre vécu, nos relations et notre histoire, avec ce que cela comporte de traumatismes, de souvenirs, de souhaits et de frustrations, limitent encore notre espace de liberté et forgent notre personnalité, avec ses défauts et ses qualités. Enfin, chaque situation dans laquelle on se trouve limite notre liberté d'agir et nous pousse à adopter certains comportements.

Ce sentiment de liberté serait donc une sorte de compensation que l'être humain a trouvée pour contrebalancer toutes les contraintes physiques, relationnelles, familiales, sociales et situationnelles dont il dépend et qui limitent ses actes et ses pensées. La liberté est cette mince marge de manœuvre qui est laissée à l'homme et c'est justement parce qu'il n'en a pas beaucoup qu'elle lui est chère.

Liberté, engagement, manipulation

Le propre d'une bonne manipulation est donc de laisser le maximum de sentiment de liberté à la personne manipulée. En effet, lui laisser un sentiment de libre choix, c'est la manipuler deux fois : non seulement vous lui faites faire ce qu'elle n'aurait jamais fait en temps normal spontanément mais en plus, elle pense qu'elle l'a fait elle-même « de son propre gré ». La partie est alors gagnée, votre impunité aussi, puisqu'elle pense en être la seule (ou du moins la première) responsable.

En effet, la liberté est la base de ce que l'on appelle le besoin de cohérence et d'engagement. Amené à entamer une action, un individu se sent obligé de la continuer, même si cela ne lui est absolument pas imposé, pour respecter ce besoin de cohérence interne, même si parfois, des contraintes externes l'y obligent aussi. Par exemple, dans le cas de certaines communautés comme les fameux « gangs » aux États-Unis, ceux qui veulent en faire partie doivent tuer une autre personne, ce meurtre faisant office de rite d'initiation. Ce « rituel » a un effet extrêmement puissant sur la personne qui doit s'y soumettre : l'individu ayant tué se voit alors comme un tueur et il lui est ainsi plus facile de recommencer à tuer, comme il lui est plus difficile de revenir en arrière (sans parler des conséquences judiciaires évidemment).

Cet effet d'engagement est d'autant plus important, si l'individu en question a le sentiment qu'il s'est engagé de lui-même et non contraint et forcé. De nombreuses techniques de manipulation, développées dans ce livre, sont issues de ce principe, qui nous aveugle et auquel il est difficile d'échapper. Il est amusant de noter que la liberté est une des notions conditionnant notre engagement, ces deux notions étant, dans leur définition, si éloignées l'une de l'autre…

Soumission librement consentie

La soumission librement consentie consiste donc à faire quelque chose qui a un coût tellement important que nous ne l'aurions jamais fait spontanément, et cela même parfois sous la contrainte (ce qui est très proche de la manipulation, avouons-le). Pensez à la dernière fois où vous avez fait les magasins : il est sûr que certaines techniques de vente sont bien plus efficaces (conseils avisés, liberté de flâner entre les rayons, sourires et encouragements légers) que les bonnes vieilles techniques de coercition (un canon scié sur la tempe, par exemple… quoique !). Pour être plus sérieux, on n'agit jamais autant que quand on se sent libre de le faire. Et cette technique a un avantage : là où la force de l'obligation s'annule quand il n'y a plus de menaces ou de peur, la soumission librement consentie s'entretient d'elle-même, puisque la personne manipulée n'est pas consciente de sa soumission…

Certaines phrases, certains mots sont ainsi des techniques de manipulation, rien que dans le fait de les dire. Car votre cerveau, à les entendre, est trompé : le simple fait d'entendre qu'il « pourrait » éventuellement refuser le rassure et le fait plier à certaines volontés supérieures… Ainsi, lorsque quelqu'un vous dit : *« Tu sais, tu es libre de le faire, je ne voudrais pas t'y obliger »* ou encore : *« C'est à toi de décider, c'est ton choix »*… pensez-y à deux fois avant de répondre.

À SAVOIR

Comme nous le disions précédemment, le sentiment de liberté et la sensation de pouvoir faire des choix personnels sont de puissants moteurs de motivation pour chacun de nous. Nous faisons plus volontiers ce que nous avons librement choisi de faire, plutôt que ce que l'on nous a imposé et nous persévérons parfois, même quand des obstacles se dressent sur notre chemin. Ainsi, ce concept de réactance est un peu le revers de ce premier principe, il en est sa version négative. Il explique qu'une personne soumise à des tentatives de domination ou d'influence, qui s'en aperçoit et qui sent sa liberté menacée, risque de développer un comportement de résistance pour la recouvrer… Et plus vous tenterez de la forcer à faire ce que vous voulez, plus elle résistera et plus elle ira dans le sens inverse de ce que vous voulez lui faire faire. Nul besoin d'expliquer que d'ingénieuses personnes se débrouillent quelquefois pour demander une chose, mais veulent, en fait, tout le contraire… Tout l'art est alors de demander ce qu'elles ne veulent pas avec une telle insistance que l'autre fait tout le contraire… et tombe dans le panneau. Il faut savoir que la réactance repose sur trois facteurs, qui conditionnent l'intensité de la résistance. Premièrement, l'importance du comportement menacé : c'est la raison pour laquelle il ne vaut mieux pas, parfois, interdire complètement aux jeunes filles de sortir, sous peine de les voir faire le mur ! Deuxièmement, le nombre de comportements menacés. Et troisièmement, l'intensité de la menace : plus elle sera grande, plus la résistance risque d'être excessive, d'où la nécessité de bien l'adapter à la situation…

À RETENIR

Notre liberté est bien relative et c'est la raison pour laquelle elle est importante

En effet, notre liberté est limitée par nous-mêmes (notre façon de penser, notre corps et nos capacités) et par les autres (notre entourage, culture, etc.). Alors nous devenons très jaloux des quelques décisions qu'il nous reste à prendre « en toute conscience ». Notre (sentiment de) liberté reste notre motivation la plus puissante pour agir.

Laisser l'illusion de la liberté...

Il est donc crucial, pour qu'une manipulation fonctionne, qu'elle laisse la personne manipulée dans l'illusion du libre arbitre. C'est d'ailleurs la base de la plupart des techniques de manipulation.

Pour que l'homme se manipule lui-même

Ainsi, la personne manipulée agira de son plein gré (à défaut d'être consciente d'être manipulée) et aura ainsi l'impression d'être responsable de ses actes. Évidemment, c'est en général l'effet recherché par le manipulateur.

Isolement et compartimentage

« Il faut diviser pour mieux régner. »

Proverbe français

Un peu de théorie

L'isolement, premier pas de la manipulation

En effet, être isolé n'est pas une situation très naturelle pour l'homme, qui a l'habitude de vivre en société, donc entouré de ses proches (sa famille, ses amis), voire de personnes moins proches (le reste de la société). De fait, l'être humain isolé n'a d'ailleurs que peu de chances de survivre : l'enfant abandonné meurt, l'homme seul dans la nature a de grandes chances de mourir aussi... Pour manipuler autrui, il faut en général profiter d'un moment de faiblesse, ou le mettre en position de faiblesse, afin d'augmenter son emprise sur lui. La solitude fait partie de ces situations où l'on devient plus fragile et où l'on est plus facilement manipulable, car la pente naturelle de l'être humain est alors de se diriger vers l'autre, même si cet autre n'est pas forcément bienveillant.

Avoir une plus grande influence en supprimant celle des autres

En effet, les personnes les plus facilement influençables sont souvent les personnes seules, sans soutien familial ni amical. Ainsi, les tentatives d'escroquerie sont souvent dirigées vers les personnes âgées, qui vivent isolées, et qui sont de ce fait beaucoup plus influençables que les personnes vivant en groupe et qui peuvent, avant de prendre une décision, demander l'avis des autres. De plus, étant souvent peu au fait des nouveautés et ayant parfois des difficultés de compréhension, elles deviennent les cibles privilégiées des escrocs en costume.

Mais si une personne n'est pas seule, il est possible de l'isoler. Les techniques sont simples : désinformation, mensonges, rumeurs. Écoutons, par exemple, Jeanne nous conter ses malheurs :

« *Tout a commencé quand je suis sortie avec Cyril, un collègue. Il était très jaloux et possessif et c'est limite s'il ne voulait pas que je parle à d'autres hommes quand il n'était pas là. Au début, cela me flattait et ne me dérangeait pas tellement, je n'ai jamais été très loquace sur ma vie privée au travail, même si mes rapports étaient cordiaux avec tout le monde. Mais peu à peu, je voyais bien que le vide se faisait autour de moi. Mes collègues ne m'appelaient plus pour aller boire un verre après le travail, les rapports se faisaient plus distants. Je ne comprenais pas pourquoi les gens changeaient de comportement à mon égard. Certaines de mes collègues, avec qui je m'entendais bien avant, ne répondaient même plus quand je les appelais et je ne pouvais même pas m'expliquer avec elles sur la raison de leur silence. Quelques semaines plus tard, alors que la situation devenait vraiment difficile, j'ai surpris Cyril en train d'ouvrir mon courrier. Sommé de s'expliquer, il a bafouillé quelques excuses avant que je ne le vire de chez moi et de ma vie. Je suis tombée des nues. Le lendemain, vu ma tête au travail (je n'arrêtais pas de pleurer), une collègue est quand même venue me voir et je lui ai dit ce qui s'était passé. Et là, ça a été le déclic. On s'est rendu compte que Cyril avait monté tout le monde contre moi (je ne saurai jamais vraiment pourquoi), pour que je me retrouve seule et que je n'aie plus que lui… Il racontait des mensonges à tout le monde (et il m'en racontait aussi), et comme je ne m'étais jamais vraiment expliquée avec personne, ces mensonges avaient perduré… jusqu'à ce que j'ouvre les yeux sur sa vraie nature.* »

Couper les gens de leur réseau est la meilleure façon de les influencer et de les avoir à sa merci, car privés de leurs repères, ils se fient plus facilement aux personnes qui viennent vers eux, avec des intentions soi-disant bienveillantes.

Annihiler tout esprit critique

L'isolement de sa victime a aussi un autre avantage pour le manipulateur. Cloîtrée, recluse, séparée des autres, la personne manipulée perd forcément de son esprit critique, puisqu'elle ne peut comparer sa situation avec celle des autres. Comment alors se rebeller si elle pense que sa situation est normale : personne n'est là pour lui dire qu'elle ne l'est pas.

Ce n'est pas pour rien que les grandes dictatures, passées ou présentes, ont toujours muselé la presse, censuré les journalistes et les médias, pratiqué la désinformation à grande échelle, voire fermé les frontières à toute information étrangère. Car si les habitants du pays tyrannisé, isolé du reste du monde avaient vent de ce qui se passait dans les pays démocratiques, ils n'auraient sûrement pas la même ferveur à défendre leur régime et se soulèveraient sûrement plus facilement. La manipulation amène l'isolement, l'isolement amène l'ignorance, l'ignorance amène la soumission.

Sans aller jusqu'à la dictature, les manipulateurs ont grand intérêt à ce que leurs victimes ne puissent analyser la situation correctement, ne puissent recouper leurs informations avec celles d'autres personnes, en un mot, ne puissent prendre le recul suffisant pour voir la situation dans son ensemble. Un mari volage aura ainsi peu intérêt à ce que sa femme rencontre ses collègues ou ses amis : il préférera compartimenter ses relations afin que le moins d'informations filtrent de part et d'autre… Certains ont ainsi mené une double vie pendant des années, avant d'être découverts, parfois après leur mort, au moment de la lecture du testament !

À SAVOIR

Nous avons bien compris, après avoir lu ce chapitre, que la manipulation est plus facile à opérer auprès des personnes isolées. Ce sont donc les cibles préférées des gourous de sectes, qui voient en ces individus des victimes toutes désignées. Mais la solitude n'est pas forcément seulement physique ou sociale, elle peut être psychologique aussi : un adolescent fugueur, en rébellion ouverte avec ses parents et n'ayant pas d'amis très proches, peut très bien tomber dans le piège d'une secte. D'ailleurs, les personnes les plus vulnérables à la manipulation sont les personnes les plus âgées et les plus jeunes. Ceux qui sont au chômage depuis longtemps (et qui n'ont donc pas forcément un réseau de connaissances très actif), ceux qui vivent une dépression ou un deuil (et qui ont donc tendance à s'isoler) peuvent également être sensibles à l'appel de sectes.

Si la personne visée n'est pas complètement seule, le premier but de la secte sera de l'isoler de sa famille et de ses proches, avec pour compensation un statut « spécial » au sein de la secte. La victime, flattée, verra dans ce statut un signe de reconnaissance, qui, pense-t-elle, lui est refusé en dehors de la secte. C'est ainsi, souvent en douceur, que les gourous arrivent à rassembler autour d'eux des fidèles.

À RETENIR

L'exclusion, l'isolement et la séparation sont des armes puissantes

Les personnes seules sont plus vulnérables aux tentatives de manipulation, car elles ne peuvent s'appuyer sur le soutien des autres. Il est également possible d'isoler une personne pour la rendre plus malléable.

La privation des repères

La communication avec autrui, le recoupement des informations et l'analyse de leur source sont des choses indispensables pour pouvoir se faire un avis objectif sur quoi que ce soit. La personne isolée et manipulée n'a souvent plus qu'une seule source d'informations, sans savoir que c'est la plus mauvaise et la moins objective.

L'arme préférée des dictateurs et des gourous

En effet, ces personnages peu recommandables ont besoin d'isoler les personnes qu'elles manipulent du reste du monde, pour pouvoir compter sur leur parfaite docilité. Docilité conditionnée par leur ignorance des moyens utilisés pour les soumettre…

Savoir se rendre sympathique

« Pour leurrer le monde, ressemble au monde ; ressemble à l'innocente fleur, mais sois le serpent qu'elle cache. »

William Shakespeare

Un peu de théorie

Un principe qui tombe sous le sens

Évidemment, il peut sembler idiot, car évident, de préciser qu'une personne qui essaiera de vous manipuler essaiera de se rendre sympathique. Mais même si c'est évident et que vous connaissez cette technique, cela ne vous empêche pas, pour autant, de vous faire avoir… Écoutons, par exemple, Sahel, 32 ans :

« En bas de chez moi, il y a une petite boutique de vêtements que j'aime bien (je suis assez branché fringues). En plus, le jeune homme qui la tient, Samuel, est vraiment super sympa. À chaque fois que je vais le voir, on discute foot, sorties, il me demande pour quelle occasion je compte mettre le vêtement que je veux acheter, etc. Bref, on parle un peu. Et je finis par passer pas mal de temps dans son magasin finalement ! C'est presque devenu un pote. Même si je ne sais pas s'il est vraiment amical ou si c'est juste un excellent commercial ! En tout cas, je ne peux m'en empêcher, à chaque fois que je vais chez lui, je me sens presque obligé d'acheter un truc… »

La grande difficulté de la part de la personne manipulatrice (vendeur, commercial, ou tout simplement connaissance) est donc de paraître sympathique. Car la sympathie entraîne tout un ensemble de réactions qui lui sont favorables : en effet, la sympathie engendre des sentiments de sécurité, de confiance et de chaleur, qui sont propices à un certain « abandon » : la personne manipulée est ainsi beaucoup moins sur le qui-vive et part, même si certains signes peuvent dire le contraire, avec un a priori positif. Mais la sympathie entraîne également un sentiment d'obligation : on se sent obligé de se rendre sympathique à son tour : c'est le principe de réciprocité que l'on retrouve ici.

C'est ainsi que marchent les réunions du type « Tupperware© », dont le fonctionnement, qui a démontré une grande efficacité, est décliné maintenant pour divers types de produits. C'est ce que Marion nous explique :

« J'ai été invitée, il y a quelques jours, à une "après-midi sex-toys" chez une amie. Je trouvais le concept marrant et puis, il y avait du champagne et des gâteaux. On était une dizaine de filles, assez décomplexées, toutes copines… on a parlé de sexe pendant toute l'après-midi et on a bien rigolé. Personnellement, je n'avais pas tellement envie d'acheter, parce que je suis un peu juste en ce moment, mais je ne me voyais pas partir sans rien, alors qu'on m'avait offert le champagne et les petits-fours ! Et puis bon, ma copine se fait un peu d'argent avec ça et je voulais l'aider. Finalement, j'ai acheté un petit truc (je ne vous dirai pas quoi…) à 20 euros. C'est sûr que je ne l'aurais jamais acheté dans un sex-shop… »

Une fois encore, le principe opère, même si Marion est complètement consciente de la raison pour laquelle elle achète « un petit truc »…

Familiarité et sympathie

Une autre manière de se rendre sympathique et de paraître « familier » : donner une impression de déjà-vu par exemple. Quand vous rencontrez une personne, dans une soirée, que vous croyez avoir déjà vue, la discussion s'enclenche souvent plus facilement que si elle vous paraissait une parfaite inconnue…

De même, quand on étudie les techniques de vente et plus particulièrement de négociation, il y a une règle que l'on apprend rapidement : pour commencer sa « négo » du bon pied, il faut récapituler en premier lieu les points d'accord, même s'ils ne représentent que 5 % du

contrat à discuter ! En effet, une personne qui essaie de vous amener à faire quelque chose pour son profit a tout intérêt à faire ressortir immédiatement le côté positif de la chose… il est ainsi plus délicat de rompre les négociations tout de suite…
Un manipulateur peut également faire ressortir des points communs entre vous et lui, pour augmenter cette impression de sympathie. Il n'est pas difficile d'en trouver et les « coïncidences » sont parfois trompeuses…

Beauté et sympathie

Eh oui, il faut avouer que nous sommes tous conditionnés pour penser que ce qui est beau est forcément bon… Ainsi, une assiette joliment présentée nous paraîtra meilleure qu'une assiette présentée « à la va-vite », même si les ingrédients, la cuisson, l'assaisonnement sont exactement les mêmes.
Pourquoi nous faisons-nous avoir comme cela ? Il y a une cause qui tient de notre évolution. Nos ancêtres avaient certainement plus d'attirance envers ceux qui semblaient avoir bonne mine, plutôt que les autres : ils paraissaient avoir un meilleur capital génétique et de meilleures chances de se reproduire… on peut se demander si notre fonctionnement a réellement changé depuis l'aube de l'humanité…
De même, il y a aussi une cause culturelle. Pour prendre un exemple parmi tant d'autres : regardez n'importe quel dessin animé. Il est évident que les « gentils » (Blanche-Neige…) sont infiniment plus beaux et plus mignons que les « méchants » (sa belle-mère quand elle a l'aspect d'une vieille sorcière)…

À SAVOIR

De nombreuses thèses et autant de courants existent maintenant dans la sphère de ce que l'on appelle le développement personnel. Le développement personnel est un domaine largement démocratisé maintenant, qui regroupe toutes les connaissances et techniques pour aider chacun de nous à mieux vivre, mieux communiquer, mieux s'accepter... Il regroupe donc des disciplines diverses, comme le yoga, la communication non violente, l'analyse transactionnelle, la programmation neuro-linguistique, etc., diffusées par des associations ou des entités privées.
Ces techniques sont destinées à un large public (tout comme l'ouvrage que vous tenez dans la main) et peuvent donc être enseignées à n'importe qui, sans aucune vérification éthique, ni de la personne qui reçoit l'enseignement, ni de la personne qui le dispense d'ailleurs. De plus, la plupart sont enseignées dans le cadre de la formation continue professionnelle, en tant qu'outils de travail et de communication (par exemple pour les commerciaux).

À RETENIR

Nous sommes plus enclins à écouter et à suivre quelqu'un de sympathique

Au-delà de son caractère évident, il faut noter que ce principe est très largement utilisé par les manipulateurs de tout poil, au moins pendant la phase d'amorçage, où ils « ferrent » leur proie… Non qu'il faille toujours se méfier des personnes aimables, mais cette amabilité peut être suspecte quand elle s'accompagne d'une demande ultérieure…

La sympathie s'appuie souvent sur quelques détails précis

La personne qui veut se rendre sympathique au premier abord, sourira évidemment, mais cherchera aussi, via une observation fine de votre comportement et de votre apparence, à mettre en avant des points communs (réels ou fictifs), des rencontres antérieures, des amis communs, afin de créer un a priori positif de votre part car, en général, on préfère ce que l'on connaît…

Beau/Bon-té ?

Notre cerveau, un peu feignant, fait souvent un raccourci entre beauté physique et beauté morale. En assimilant les deux, il laisse donc une marge de manœuvre et une tolérance plus grandes aux gens au physique avantageux, qui voudraient nous manipuler.

Complimenter pour mieux manipuler

« Le flatteur vit aux dépens de celui qui l'écoute. »

Jean de la Fontaine

Un peu de théorie

Le besoin d'être reconnu et distingué

L'homme est un paradoxe vivant et a tellement de failles et d'aspérités qu'il est facile de le manipuler quand on les connaît. En effet, nous savons que l'homme a besoin de faire partie d'un groupe, d'en adopter les coutumes, les opinions et les signes distinctifs : c'est ce que l'on appelle le besoin d'appartenance (ou de conformité).

Parallèlement, il recherche au sein de ce groupe, ce que l'on appelle une reconnaissance de distinction, c'est-à-dire qu'il a besoin de se sentir différent et, de préférence, meilleur que les autres évidemment. Cela laisse ainsi deux armes utiles au manipulateur. Car il est très facile de jouer sur ce besoin de reconnaissance pour obtenir ce que l'on veut…

Une question d'ego

Les personnes les plus sensibles à ce genre de technique sont celles avec une estime de soi instable. Une estime de soi instable peut être haute ou basse, mais la personne qui en souffre a besoin, dans les deux cas, d'être constamment rassurée par un regard positif extérieur : elle vit littéralement à travers l'autre. Par exemple, la personne avec une haute estime de soi instable aura plutôt un comportement vaniteux, voire narcissique. Mais son besoin de réassurance étant un véritable puits sans fond, elle aura besoin de voir l'admiration dans les yeux des autres, la rendant ainsi facile à manipuler, comme en témoigne

Gisèle, 48 ans :
« Mon collègue, Michel, peut se montrer insupportable. Il se vante toujours d'être le plus apprécié par le patron, celui qui travaille le plus vite, rapporte le plus d'argent à la boîte… Un vrai gamin. Personne ne le supporte en fait (on le surnomme "Moi-je" dans le service commercial), et il s'est déjà disputé avec pas mal de personnes. Moi, je le connais depuis très longtemps, on a fait l'école de commerce ensemble et je suis la seule avec qui il peut travailler. C'est très simple, en fait. Je reste assez distraite dans ses phases de mégalomanie, mais je lui fais un petit compliment de temps en temps, surtout quand il ne s'y attend pas… Résultat : avec moi, il est adorable et je peux lui demander ce que je veux… »

Le « coefficient prestige »

De même, il est évident que l'impact d'un compliment n'est pas le même selon la personne qui le formule. Plus une personne apparaît prestigieuse à nos yeux (que ce soit notre supérieur hiérarchique, une personne très belle, ou « célèbre »), plus elle aura de facilités à nous manipuler, en maniant le compliment avec dextérité… Car cela rend le complimenteur éminemment sympathique à peu de frais (la sympathie est comme multipliée par le coefficient « prestige »), et la personne complimentée, qui n'en revient pas de sa chance, est quasiment hypnotisée… Un peu de ce pouvoir, de cette beauté ou de cette célébrité a comme rejailli alors sur elle…
Ce n'est pas pour rien que les manuels de management modernes consacrent tant de pages à la notion de « reconnaissance » dans leur chapitre : « Comment motiver vos équipes ? »… même s'il arrive que les principes soient mal appliqués :
« Mon manager a fait une formation il y a deux mois. Je ne sais pas trop ce qu'ils lui ont dit là-bas mais depuis, il n'arrête pas de nous complimenter ! Le problème, c'est que ça paraît trop superficiel et

que ça tombe même souvent à côté. Du coup, ça a l'effet inverse. Maintenant, on se moque (gentiment) de lui quand il balance un : "Super les gars !" *en plein milieu de la matinée... »*
Comme le dit très bien Geoffroy, un compliment mal fait peut avoir l'effet inverse que celui recherché et se retourner contre le mauvais flagorneur...

À vot' bon cœur m'sieurs dames !

Une autre façon d'obtenir de vous ce que l'on souhaite est ce que l'on appelle l'étiquetage. L'étiquetage est une façon « douce » de vous mettre en condition, afin de ne pouvoir répondre par la négative à la demande qui est faite ultérieurement. Elle fait appel « aux bons sentiments » et est une façon parmi tant d'autres de nous culpabiliser.
Dans cette technique, très répandue, le principe est de formuler, avant la demande, une phrase clé qui annonce la demande, tout en la rendant diaboliquement efficace. Par exemple, c'est votre patron qui vous dit : *« Je sais que vous faites du super boulot et c'est pour ça que je vous donne ce dossier en plus. Prouvez-moi que j'ai raison. »* Le but du compliment est donc de vous « étiqueter » assez positivement, de façon à ce que vous ne puissiez pas, par la suite, déroger à cette image que l'on a de vous... Cette technique est encore une conséquence du besoin de cohérence, c'est-à-dire qu'elle conduit à agir de la façon dont on est perçu par les autres, pour être cohérent avec son image... Il faut, évidemment, que dans ce cas-là, le compliment soit en rapport direct avec la demande formulée...
Le paradoxe dans cette technique est que l'on est souvent conscient de la tentative de manipulation, mais que l'on ne peut s'empêcher, la plupart du temps, d'obéir à notre besoin d'être « distingué »...

À SAVOIR

L'étiquetage, comme nous l'avons vu dans ce chapitre, est donc la technique qui consiste à « enfermer » l'autre dans une certaine image, une image positive, pour qu'il ne puisse pas s'en détacher et pour qu'il agisse en fonction de cette image. Ainsi, quelqu'un qui veut vous vendre une assurance pourrait très bien vous dire : *« Je sais que vous êtes prévoyant et je sais que vous ferez le mieux pour vos enfants.* » Comment résister à un tel argument ? L'effet Pygmalion repose sur la même technique. Alors pourquoi parler ici de manipulation « positive » ? Parce que le manipulateur n'a ici aucun intérêt ou profit personnel à manipuler… et qu'il le fait inconsciemment.

Cet effet pygmalion a été étudié par un psychologue, Robert Rosenthal. Ses expériences ont réussi à prouver que l'image que l'on a de l'autre, si elle est positive, peut notablement améliorer son comportement. Son expérience portait sur une classe d'élèves moyens, dont le professeur apprenait à la suite d'une erreur que certains de ses élèves (en échec scolaire) avaient en fait un quotient intellectuel supérieur à la moyenne. Ces assertions étaient bien sûr fausses et l'erreur était en fait programmée. Mais il s'avère que les résultats de ces élèves ont progressivement augmenté les mois suivants la « révélation ». Pour quelle raison ? Le professeur était convaincu que ces élèves avaient du potentiel et il leur a alors renvoyé une image beaucoup plus positive d'eux-mêmes. Conformément à leur besoin de cohérence, ces derniers ont tout fait pour correspondre à cette image plus positive. Évidemment, ce phénomène fonctionne aussi, malheureusement, avec une image négative…

À RETENIR

Le compliment est une arme facile à manier pour le manipulateur

Elle repose, en effet, sur un des besoins essentiels de l'homme, celui d'être le meilleur, le plus beau, le plus gentil, etc., c'est-à-dire celui d'être distingué parmi les autres.

Une technique très efficace

De fait, nous sommes bien démunis face à un compliment bien placé, surtout si ce compliment est fait par une personne importante à nos yeux. Hypnotisés, tétanisés, nous n'avons souvent pas d'autres choix que d'accéder à la demande qui ne manque pas de suivre…

La technique de l'étiquetage

Elle consiste à profiter de notre besoin de cohérence : si l'on dit que je suis généreux, je dois me montrer généreux, si l'on dit que je suis gentille, je dois aussi me montrer gentille… Nous sommes alors prisonniers de cette image dont on nous affuble (sans dire que ce soit faux) et qui arrange bien celui qui nous demande de lui prêter 50 euros…

Engendrer la confusion

« Je n'aime pas qu'on parle à ma sœur.
- Mais elle ne m'intéresse pas votre sœur. Je voulais simplement...
- Elle te plaît pas ma sœur ?
- Mais si, bien sûr, elle me plaît...
- Ah, elle te plaît, ma sœur !!! Retenez-moi ou je le tue, lui, et ces imbéciles ! »

Goscinny et Uderzo

Un peu de théorie

Raffermir son emprise

Dans le cas de certaines manipulations destructrices, il est nécessaire au manipulateur de maintenir une emprise, une influence importante sur sa victime, pour pouvoir la faire agir à sa guise, en affaiblissant notamment ses capacités de jugement et donc de rébellion. Il existe une multitude de façons de détruire petit à petit tout discernement chez une personne. Créer la confusion dans son esprit en est une. Ne lui laisser aucune alternative possible (mis à part l'autodestruction) en est une autre. Ce sont souvent des phénomènes opérés sur du long terme, qui finissent par saper toute estime de soi chez la personne ciblée, surtout en cas de manque de confiance ou de fragilité au début de la relation d'emprise.

Jouer avec l'incohérence

Toute relation saine a besoin d'une certaine cohérence, c'est-à-dire d'une certaine fiabilité affective, pour pouvoir se construire durablement. C'est le cas quand on connaît bien l'autre et, notamment, ses réactions, qui font partie intégrante de sa personnalité et qui semblent, grosso modo, prévisibles.

Les comportements « incohérents » (c'est-à-dire non motivés par une cause réelle, non suivis dans le temps, en un mot opaques et incompréhensibles pour la victime), sont propices à la manipulation, dans la mesure où ils vont instaurer un climat de peur, d'incertitude et donc de désarroi.

Avoir des réactions incompréhensibles

Crier, insulter, alors que la faute ne demande qu'une petite réprimande, rire alors que la situation est pénible voire tragique, pleurer à des moments indus et de façon inexplicable : les manipulateurs jouent sur les émotions pour perturber leur souffre-douleur. Ne sachant à quel comportement il doit s'attendre, ce dernier finit par adopter un comportement inhibé, voire mutique, pour éviter des ripostes déstabilisantes car toujours différentes.

Alterner le froid et le chaud

Tour à tour adorables, compliments fleuris et petits cadeaux en main, puis odieux, balançant les affaires par la fenêtre, certains manipulateurs savent très bien comment désorienter leur proie. Celle-ci finit par douter de son propre jugement et finit par excuser même son bourreau. Pour témoignage, voici Alexandra, une jeune femme de 28 ans :
« Quand je suis sortie avec Romain, je sortais d'une longue relation et je voulais quelque chose de léger. Les six premiers mois, tout était idyllique : on se voyait deux ou trois fois par semaine, apparemment il travaillait beaucoup. Puis une fois qu'il m'a "ferrée", Romain est devenu étrange. Il alternait les moments parfaits, où il était adorable, et les crises de jalousie, voire de cruauté mesquine. Ou il n'appelait pas pendant trois semaines. Puis il revenait, tout miel et sucre, et tout allait bien pendant trois autres semaines. J'ai tenu un an comme ça, jusqu'au moment où je pensais devenir folle. Car il était tellement gentil quand il le décidait ! Cela me faisait oublier tout le reste ! Au

final, j'ai décidé de le quitter. J'ai appris récemment qu'il était marié depuis 5 ans (il était donc déjà marié quand je l'ai connu) et que je n'avais pas été sa seule maîtresse… »

Être irréprochable... en public

Certains manipulateurs excellent également à donner une image publique d'eux-mêmes absolument lisse et parfaite, afin de mieux brimer leur proie en privé : insultes masquées, non écoute permanente, mépris rampant… Cette dernière finit par se poser des questions, s'interroger sur son propre comportement (« Pourquoi est-ce que j'accepte cela ? »), voire se remettre elle-même en question (« Il a peut-être raison finalement… je suis bien une cruche »), face au comportement odieux, mais assuré de son manipulateur. Son estime de soi, surtout si elle était déjà érodée, finit par fondre comme neige au soleil et n'assure plus son rôle de rempart bienfaisant et nécessaire.

De plus, la victime a finalement très souvent l'impression de devenir la complice de son bourreau, dans une certaine mesure, car elle se dit : « C'est ma faute si je ne réagis pas, c'est moi qui suis faible. » C'est souvent l'espoir qui fait « tenir le coup » : l'espoir que la situation va changer, que quelqu'un va l'aider, s'en apercevoir… Mais le silence reste entier, inspiré par la honte de clamer son impuissance, la culpabilité de ne pouvoir le faire, voire le dégoût de soi… et personne ne parle de la situation à quiconque, surtout quand les apparences restent sauves.

Enfin, ce phénomène de destruction est parfois renforcé par la totale ignorance de l'entourage sur la véritable nature du persécuteur. Si celui-ci fait bien les choses, les proches peuvent même louer cette personne attentionnée qui s'occupe si bien des autres… Cela, évidemment, culpabilise encore plus la victime, qui ne veut pas « décevoir » son entourage et avouer sa situation.

À SAVOIR

Une double contrainte (appelée aussi une injonction paradoxale) désigne deux obligations qui se contrarient en s'interdisant mutuellement, augmentées d'une troisième qui empêche l'individu de sortir de cette situation. En termes de logique, elle exprime l'impossibilité que peut engendrer une situation, où le paradoxe est imposé et maintenu. L'exemple issu d'Astérix chez les Corses, au début du chapitre, en est une parfaite illustration. Le légionnaire, pris entre deux options d'égale nocivité (il ne peut ni aimer ni ne pas aimer la sœur du fameux Corse), a le choix entre se faire taper dessus ou… se faire taper dessus. Pire qu'un dilemme cornélien…

Ce phénomène est utilisé par le manipulateur de façon un peu perverse, pour augmenter la sensation d'enfermement (non pas physique mais psychologique) et de confusion chez la personne manipulée. La subtilité est que l'injonction paradoxale peut être explicite ou implicite, ouverte ou cachée. Ce peut être, par exemple, interdire à son conjoint de travailler, tout en lui disant qu'il devrait être plus indépendant. Ou lui dire qu'il peut parler franchement, tout en fixant des limites dans la franchise : « *Parle spontanément, n'aie pas peur, tu sais que tu peux parler librement* » pour ensuite s'exclamer : « *Tu y vas un peu fort, non ?* » ou « *Tu sais que je t'ai demandé de ne pas aborder ce sujet…* » Dans les deux cas, la personne manipulée a le choix entre deux options. D'un côté, ne pas parler, garder sa douleur ou ne pas vraiment dire ce qu'elle pense. D'un autre côté, parler tout en ayant peur des représailles si elle est franche.

À RETENIR

L'emprise sur l'autre : la condition d'une manipulation sur du long terme

En effet, acquérir du pouvoir sur quelqu'un ne peut qu'augmenter les possibilités de manipulation. Certaines personnes nocives affaiblissent ainsi leurs victimes et détruisent durablement l'estime qu'elles ont d'elles-mêmes. Cette estime de soi, ainsi sapée, favorise encore plus la manipulation.

Besoin de cohérence et de relations de confiance

Pour établir des relations saines, il est important de pouvoir compter sur une certaine fiabilité affective, primordiale pour instaurer une relation de confiance. Certains comportements incohérents, inexplicables de la part d'un manipulateur peuvent ainsi fragiliser la relation, mais aussi et surtout la personne qui en souffre.

Semer la confusion et le doute

Alterner des périodes calmes et tranquilles avec de véritables ouragans, changer de visage selon que la situation est en privé ou en public, prêcher le faux pour savoir le vrai, proposer des non choix sans issue sont autant de techniques très efficaces pour obscurcir certains jugements déjà fragilisés…

Utiliser notre rapport au groupe

« L'être humain n'a aucun standard de qualité, hormis son besoin d'appartenance »

Bernard Arcand

Un peu de théorie

Relations sociales, motivations et comportements

Nous avons tous des aspirations, des besoins fondamentaux, des désirs différents selon notre vécu, notre histoire, notre parcours de vie. Ce sont des sources de motivation qui nous amènent à privilégier certains choix, à fréquenter certaines personnes, à nous comporter d'une certaine manière. Nous n'avons pas forcément conscience de ces forces qui nous poussent vers telle ou telle action, mais certaines personnes manipulatrices peuvent très vite et très bien les déceler, afin de s'en servir à leurs fins personnelles.

Notre rapport au groupe, à l'autre en général, est l'une de ces dynamiques qui peut devenir une faille et dans laquelle le manipulateur va s'engouffrer pour mieux nous diriger. Car la construction de notre personnalité se fait notamment, et en grande partie, en fonction des rapports divers que l'on entretient avec le monde extérieur. Ces relations, selon leur degré d'harmonie ou de facilité, laissent ensuite des traces profondes dans notre mental et façonnent notre comportement.

Vouloir être « comme tout le monde »

Au sein du groupe, nous cherchons un réconfort et une certaine sécurité (voir le concept de « preuve sociale », développé dans un autre chapitre). Ce besoin peut être plus ou moins important selon les individus et les situations…

Cette tendance à nous adapter à notre environnement social est exacerbée chez les personnes peu assurées de leur statut dans le groupe ou qui souhaitent s'intégrer dans un certain cercle. Elles se montreront donc plus influençables. Imaginons que vous soyez expatrié dans un pays étranger, sans connaissance réelle des us et coutumes, et sans contact. Si quelqu'un vous guide sur ce que vous pouvez faire (ou ne pas faire), vous l'écouterez et le suivrez d'autant plus facilement que vous n'aurez aucun autre repère, aucune référence. En outre, vous deviendrez plus ou moins dépendant de lui. Il est donc facile d'imaginer le pouvoir que peut alors détenir cette personne sur vous.

Au quotidien, on retrouve évidemment ces tentatives d'influence, qui ont notamment pour but d'annihiler ou du moins de diminuer notre esprit critique. S'opèrent alors des généralisations sauvages, de façon à justifier tel ou tel comportement : *« Mais voyons, tout le monde le fait ! »* Ou encore *« Ce genre de chose est très courant tu sais ! »*... C'est ainsi une manière de « dédouaner », de dédramatiser certaines choses en les banalisant... On retrouve ce type de manipulation dans les cas d'incestes par exemple : *« Tu sais, tout le monde le fait, même si personne n'ose le dire, c'est pour cela que ça doit rester secret... »*

Dans des cas moins graves, le témoignage de Ludivine en rappellera beaucoup d'autres :

« Comme j'ai toujours été assez isolée, ma seule amie était aussi timide que moi, j'ai longtemps eu une expérience très limitée des relations amoureuses ou intimes. Ce n'est pas que je n'en avais pas envie, mais je n'étais pas du style à jouer les allumeuses pour "sortir" avec un mec.

À 20 ans, j'ai rencontré Guilhem dans une soirée organisée par ma sœur aînée, qui est évidemment tout le contraire de moi... J'ai tout de suite senti que c'était un garçon très volage, un don Juan, mais il était tellement séduisant, tellement charmeur ! Ma sœur lui avait parlé de moi et avait certainement dû lui dire que j'étais une vraie

"oie blanche". Il m'a tout de suite branchée et a attaqué direct. Très déstabilisée, je me suis laissé faire, assez flattée, et croyant voir dans son jeu. Je savais très bien ce qu'il voulait et je n'étais pas forcément très enthousiaste. En fait, je suis assez idéaliste et je voulais faire l'amour pour la première fois avec "l'homme de ma vie" !
Il m'a eue à l'usure, en affirmant que "ce n'était pas normal qu'une fille de 20 ans soit encore vierge, que tout le monde autour de moi l'avait déjà fait, qu'il fallait bien que je le fasse un jour, que je serais inexpérimentée devant l'homme de ma vie et que cela me desservirait"... *À force de me répéter cela, il a fini par me convaincre et je me suis dit qu'il avait peut-être raison. Je le regretterai toujours, car il m'a quittée juste après ! Et ça n'a pas arrangé mes relations amoureuses... »*

Comparer pour mieux dévaloriser

Il est également possible, pour influencer quelqu'un, d'utiliser les autres pour lui faire sentir que, décidément, il n'est vraiment pas à la hauteur. On établira ainsi une comparaison qui lui sera toujours défavorable, pour blesser son ego et faire en sorte qu'il soit plus malléable (ou qu'il réagisse d'une certaine manière). Ce sont, par exemple, des petites phrases assassines, comme : *« Avec Jacques, je n'ai jamais besoin de lui expliquer 150 fois les choses. Avec toi, en revanche... »* Ou bien : *« Tu sais, tous les autres le font très bien, donc, si tu n'y arrives pas, c'est que tu es vraiment nul(le)... »*

À SAVOIR

On ne peut évoquer les techniques de manipulation sans évoquer de près ou de loin la publicité. En effet, celle-ci a pour but d'amener le consommateur à acheter tel produit ou tel service, c'est-à-dire l'amener à faire quelque chose qu'il n'aurait peut-être pas fait naturellement. Notre besoin d'appartenance est particulièrement exploité dans ce domaine et s'appuie sur des processus d'identification et de projection. La plupart des publicités sont notamment fondées sur le principe suivant : le consommateur désire faire partie d'un certain groupe social. La stratégie sera donc de conférer à un produit, à un service ou à une marque, les signes valorisants et caractéristiques de ce groupe de référence, d'ailleurs souvent « idéalisé ».

Que ce soit pour vendre du parfum, des montres ou des tickets de loto, la technique est la même : mettre en scène des individus (heureux, jeunes, célèbres, bien portants, riches…), sur lesquels il est possible de projeter ses désirs et aspirations : *« Si j'utilise ce produit, j'aurai les mêmes caractéristiques que cette personne : je serai beau, riche, jeune, etc. »*

Une autre technique consiste également à mettre en scène des personnages non pas idéalisés, mais qui justement nous « ressemblent ». Le consommateur aura ainsi l'impression de se reconnaître au travers de ces situations, ces individus, ces comportements. Cela donne une impression de « proximité » avec la marque : *« J'ai les mêmes codes, problèmes, désirs que la personne qui utilise ce produit. Je peux donc l'acheter moi aussi. »*

À RETENIR

Comment appréhender ses relations extérieures

En effet, nous avons tous une manière personnelle de concevoir nos relations avec autrui ainsi que notre position dans le groupe auquel nous appartenons. Plus nous désirons intégrer certains « clans », plus nous sommes prêts à faire de concessions pour y arriver.

Quand le regard des autres sert à nous manipuler

D'une manière générale, nous sommes enclins à donner beaucoup d'importance à l'opinion, à l'approbation ou la désapprobation de ceux qui nous entourent ou de ceux à qui nous désirons nous identifier. Il est donc facile d'utiliser cette tendance pour nous influencer.

La publicité… ou l'art de rendre nos désirs accessibles !

Nous désirons faire partie de ceux qui sont jeunes ? De ceux qui sont beaux ? De ceux qui ont une vie de famille épanouie ? La publicité n'a de cesse de mettre ces rêves à portée de main… en conférant au produit en question les caractéristiques du groupe social auquel nous voulons appartenir. Posséder tel produit, c'est vivre, enfin, un peu de ce rêve…

Manipuler l'information

« Bien informés, les hommes sont des citoyens. Mal informés, ils deviennent des sujets »

Alfred Sauvy

Un peu de théorie

De l'automanipulation...

Les informations représentent ici tous les stimuli auxquels notre cerveau est confronté chaque jour, et qui nous permettent de prendre des décisions, de faire des choix, de nous engager dans certains processus... Bref, de vivre en tant qu'être humain. Aucune information n'est anodine, puisque chacune d'elle influence forcément nos opinions et nos comportements. Pour gérer, assimiler, intégrer et réagir à toutes ces informations, nous mettons en place certains processus cognitifs (processus de la pensée), conditionnés et limités par certains « filtres », processus cognitifs et filtres étant intimement liés.

Nos filtres personnels

Nous avons tous une vision différente, mouvante et personnelle du monde qui nous entoure. En fait, chacun évolue dans sa propre réalité... subjective ! Mais pourquoi ?
Nos différences et les filtres qui en découlent proviennent premièrement de notre enveloppe corporelle : nos cinq sens, selon leurs défaillances ou leur acuité, nous forcent à sélectionner les informations. D'autres filtres se mettent également en place selon notre vécu, nos expériences, et vont modifier notre rapport à la réalité. Que l'on soit orphelin ou membre d'une famille unie, ouvrier ou aristocrate, indien ou anglais, nous sommes prisonniers de notre culture, de notre statut social ou de notre famille. Enfin, nos humeurs passagères, notre état émotionnel

ainsi que la conjoncture, c'est-à-dire notre situation à un moment donné, sont encore d'autres filtres qui nous empêchent d'être totalement « objectifs ». Ainsi, une même phrase sera interprétée différemment selon qu'elle est prononcée par notre patron ou notre conjoint…

Les processus cognitifs qui influencent notre jugement

Selon les théories de la PNL, la programmation neurolinguistique (un ensemble de techniques et de modèles de développement personnel, notamment utilisés pour expliquer notre comportement quotidien), trois processus cognitifs vont modifier l'interprétation des informations qui parviennent à notre cerveau, informations qui, rappelons-le, nous arrivent déjà « incomplètes ». Ces processus ne sont ni « bons » ni « mauvais » : ils se combinent pour modeler nos pensées et nos opinions, nos « cognitions » donc.

Nous allons les décortiquer un à un, dans un souci de clarté. Imaginons que vous ayez eu un accident de voiture entre Brest et Rouen. Le premier processus qui entre en jeu pour interpréter cet événement s'appelle la distorsion. Vous penserez par exemple que vous avez eu cet accident parce que vous êtes vraiment étourdi(e) : c'est la raison pour laquelle vous avez oublié de mettre votre clignotant. La distorsion amène à déformer ce que nous percevons, afin que notre représentation de « la réalité » soit plus conforme à nos croyances. Vous savez que vous êtes tête en l'air et il est donc normal que vous ayez eu cet accident.

Le deuxième processus cognitif utilisé est la généralisation. Vous en déduirez maintenant, puisque vous avez eu un accident, que la route entre Brest et Rouen est dangereuse et vous demanderez à vos proches d'être plus prudents quand ils emprunteront ce chemin. Généraliser conduit à considérer que ce qui s'est produit une ou plusieurs fois se reproduira, devient une « généralité ». Nous construisons ainsi nos croyances, car cela nous aide également à prévoir le futur.

Le troisième processus cognitif possible est la sélection. Bizarrement, vous « capterez » toutes les informations ayant trait à cette route, et notamment les accidents. Vous vous direz alors que cette route est réellement dangereuse : la preuve, il y a eu d'autres victimes ou blessés. Vous ne capterez et ne retiendrez que les informations qui renforcent votre croyance… en omettant soigneusement les autres !

La vraie manipulation !

Rien n'empêche quiconque d'opérer les trois processus précédents à votre insu et de vous livrer ensuite une information modifiée, voire erronée, pour vous pousser à adopter un certain comportement. Nous le faisons d'ailleurs tous et, dans la grande majorité des cas, de façon inconsciente. C'est évidemment différent quand cela devient intentionnel : donner de mauvaises informations sciemment vous confère un avantage certain… Voici un exemple. Anna est vendeuse dans une boutique de vêtements. Elle se méfie de Rosyne, une de ses collègues, sans raison particulière mais assez pour lui battre froid. Comme on dit, elle ne la « sent » pas. Claire, une intérimaire qui aimerait être engagée en CDI, et quelque peu manipulatrice, a remarqué cette situation. Son but est de faire partir Rosyne pour tenter de prendre sa place.

Elle peut ainsi dire à Anna, qui l'aime bien et qui a la confiance et l'oreille de la DRH : *« Je sens bien que vous n'aimez pas trop Rosyne et je l'ai également vue me regarder avec un regard bizarre. »* C'est une première distorsion. Ensuite, elle pourrait très bien enchaîner ainsi : *« Moi, de toute façon, je ne fais pas confiance à ces filles de la banlieue. Ce sont toutes les mêmes ! »* Cela sera évidemment une généralisation (sauvage et abusive…). Enfin, Claire pourrait uniquement rapporter à Anna les informations susceptibles de renforcer sa méfiance, déjà accrue : les erreurs de caisse, les mauvais rangements, les mots un peu vifs… Claire sélectionnerait donc les événements qui étayent la croyance d'Anna… En procédant ainsi, nul doute qu'elle arrivera à semer la zizanie…

À SAVOIR

La distorsion, la généralisation et la sélection ne sont pas les seuls moyens pour manipuler l'information. On en oublie justement un de taille… l'omission ! Ne pas communiquer certaines informations, ou les délivrer de manière incomplète, peut être très utile pour manipuler autrui !

Certains professionnels utilisent notamment la technique de l'amorçage afin de pousser leurs clients à consommer plus. Vous devez acheter une voiture. Dans un garage, vous trouvez une voiture d'occasion qui vous plaît bien à 4300 euros. Le vendeur, bien formé, vous propose « à tout hasard » une autre voiture à 4600 euros, mais qui bénéficie de 1 an de garantie gratuite. Vous décidez donc de prendre cette dernière voiture. Au moment de signer le contrat, un autre vendeur vous informe que, malheureusement, cette offre était réservée aux vingt premiers clients, qu'elle n'a plus cours maintenant… mais que la voiture reste au même prix ! Le premier vendeur était au courant de cette « nouvelle » fâcheuse mais s'est bien gardé de vous le dire ! Malgré ça, tout porte à croire que vous achèterez quand même cette seconde voiture… alors que c'est pourtant seulement la garantie qui avait motivé votre choix !

L'amorçage est une technique qui fait donc bien appel à l'omission d'informations importantes : si vous aviez su que vous n'aviez pas droit à cette garantie gratuite, vous auriez pris la voiture la moins chère. Précisons cependant que l'amorçage n'est efficace que s'il s'appuie aussi sur l'effet d'engagement : vous avez finalement décidé de prendre la seconde voiture et il devient très difficile pour vous de changer d'avis…

À RETENIR

Nous possédons tous des filtres différents

En effet, les stimuli extérieurs ne nous arrivent pas de la même façon, car notre perception dépend des filtres personnels mis en place au cours de notre vie. Ces filtres nous permettent de faire une première sélection, sans quoi nous serions par ailleurs submergés d'informations inutiles.

Nous ne traitons pas l'information de la même manière

Nous sommes tous enclins à modifier les informations de manière qu'elles correspondent à nos croyances. Deux personnes peuvent donc tirer du même événement deux conclusions complètement différentes… Et heureusement !

Certaines personnes peuvent sciemment modifier les informations qu'elles vous délivrent

Cela se fait déjà d'une façon inconsciente par tout le monde. Mais cela devient plus grave quand ce processus s'opère de façon consciente et dans le but de vous manipuler.

Dépendance et culpabilité

« Le secret d'une autorité, quelle qu'elle soit, tient à la rigueur inflexible avec laquelle elle persuade les gens qu'ils sont coupables »

Raoul Vaneigem

Un peu de théorie

La conséquence du principe de réciprocité

Rappelons ce qu'est le principe de réciprocité. Il peut se résumer au travers du classique « donnant-donnant ». Cette règle est primordiale, car c'est la base de rapports sociaux apaisés et productifs : c'est une loi morale fondamentale, un des piliers des sociétés humaines, quelles qu'elles soient. C'est, par exemple, une des raisons pour laquelle vous aurez du mal refuser un cadeau, car il est « malséant » de refuser un présent à quelqu'un, et c'est aussi la raison pour laquelle vous « devrez » en faire un à votre tour, même si rien ne vous y oblige.

Créer la dépendance pour amener à la culpabilité

Ce principe étant fortement ancré en chacun de nous, il peut être utilisé à des fins personnelles, voire destructrices. C'est ici que la manipulation prend tout son sens : on reproche à l'autre de ne pas donner autant que l'on donne, on fait en sorte qu'il se sente redevable d'une dette, financière, morale, affective…

Certaines personnes sont extrêmement habiles pour faire culpabiliser les autres. Le principe est toujours le même. Sous couvert d'une certaine « générosité », le manipulateur offre ses services, son aide, une attention soutenue ou beaucoup d'amour. Il va se rendre particulièrement serviable, aimable, par la flatterie, la courtoisie, la générosité… Il place ainsi ses pions pour mieux asservir sa victime. Cette dernière finit souvent par se sentir redevable, bien qu'aucune attente n'ait été clairement exprimée.

Cette générosité sert notamment à créer une certaine dépendance avec la personne aidée : il est difficile de refuser de l'aide quand on en a besoin... Mais il est difficile aussi de refuser la sienne quand l'autre la demande, sans s'entendre dire : *« Après tout ce que j'ai fait pour toi, tu exagères vraiment ! »* La faute, la responsabilité repose ainsi sur la victime, alors piégée.

Le sentiment de culpabilité sur le long terme

Le sentiment de culpabilité, et non la culpabilité elle-même, est essentiellement subjectif. Certaines personnes le ressentent très souvent, d'autres très rarement. Il est certain que ceux ayant une faible estime d'eux-mêmes, entretenus dans cette disposition par leurs parents ou leurs proches, auront plus de facilité à le ressentir. Ce mal-être constant, dont les émotions dominantes sont la honte, la tristesse, voire le dégoût de soi-même, peut se révéler fort handicapant s'il fait partie de la structure mentale d'un individu. Car il peut être aussi utilisé par des personnes sans scrupule... En effet, le sentiment de culpabilité empêche l'individu de s'affirmer correctement : il développe souvent des comportements de « sacrifice » exagéré, pour s'acquitter sans cesse de sa « dette ».

Les comportements suivants sont souvent attachés à un fort sentiment de culpabilité. L'individu se sent « indigne » et a du mal à s'octroyer du temps libre, voire tout simplement du plaisir. Il pense ne pas le mériter. Même chose au niveau affectif : il peut très bien choisir un conjoint qui ne lui convient pas, pour se « punir »... Conjoint qui peut, évidemment, être manipulateur et profiter de cet état de fait.

Il parle souvent des devoirs qu'il a envers les autres, oublie ses droits propres et s'accable de reproches s'il pense ne pas pouvoir les assumer.

Par exemple, il a beaucoup de mal à dire non, même si la demande semble abusive. Sous couvert d'altruisme, il nie aussi et surtout son besoin de liberté individuelle, de repos et de tranquillité. Enfin, ce sentiment de culpabilité peut également le faire échouer à des examens ou professionnellement... Échecs qui, évidemment, renforceront encore son mal-être et saperont petit à petit une confiance en soi déjà malmenée... Écoutons Denis, qui essaie de se détacher de son sentiment de culpabilité :

« Ma mère est morte en me mettant au monde. Ce n'est pas un début très prometteur dans la vie ! Mon père a tout fait pour ne pas « m'en vouloir », mais je me suis toujours senti déplacé, comme s'il eut mieux valu que ma mère vive et que je ne survive pas. D'ailleurs, quand j'étais petit, à chaque rentrée des classes, quand les maîtresses demandaient la profession de mes parents, je disais souvent que ma mère était morte à cause de moi... Il m'arrivait même de m'accuser de fautes que je n'avais pas commises, pour couvrir mes copains ! Je me sacrifiais... On aurait dû m'appeler Jésus !

Encore maintenant, j'ai un grand besoin d'affection et de réassurance, et je crois bien que je ferais n'importe quoi pour combler ce besoin. D'ailleurs, ça marche assez bien en général avec les filles, du moins dans un premier temps : je suis hyper attentionné, très compréhensif, beaucoup dans le dialogue... Mais, à force, je crois qu'autant d'amour les étouffe. Elles me disent toutes qu'elles ne peuvent me donner ce que je veux...

Je m'entendais bien avec ma dernière copine. Elle était très directive et j'aimais bien ce côté-là, parce que, dans un sens, ça me rassurait. Mais elle a fini par me tromper avec un de ses collègues. J'aurais pu le lui pardonner, mais elle a préféré partir... Suis-je autant un fardeau ? »

À SAVOIR

Certaines techniques d'influence reposent pour beaucoup sur la création d'un sentiment de culpabilité. Elles sont en général employées à des fins plutôt nobles, comme pour les dons à des organismes de charité… L'une d'elles s'appelle notamment la technique du « pied dans la bouche ». Cette technique repose sur certaines conventions sociales largement acceptées, reproduites par tout un chacun de façon inconsciente et innocente. Ces situations, qui se renouvellent automatiquement en situation sociale, sont appelées des « scripts ». Par exemple, quand vous rencontrez quelqu'un, certains « préliminaires », différents selon les cultures, sont quasi indispensables pour entamer le dialogue et la relation : se serrer la main, s'enquérir de la santé de l'autre, parler de la pluie et beau temps… C'est ce que les Anglais appellent le « small talk » : une discussion sans grand intérêt, qui sert à meubler le temps et à éventuellement introduire le vrai sujet de discussion. Mais ce « small talk » n'est pas aussi anodin qu'il y paraît…

En 1990, le chercheur américain Daniel Howard a mis en évidence l'importance de la phrase d'accroche « *Comment allez-vous aujourd'hui ?* » Nos « scripts » nous commandent la plupart du temps de dire « *Ça va, merci !* » Et c'est ici que se situe l'astuce. L'interlocuteur répond alors : « *Je suis très heureux d'apprendre que vous êtes en bonne santé, car je vous appelle pour venir en aide aux personnes dans le besoin…* » Howard a démontré grâce à plusieurs expériences que cette technique donnait des résultats, en l'occurrence des dons, de 10 à 25 % supérieurs à ceux obtenus en situation classique… Comme quoi, se sentir coupable peut se révéler utile !

À RETENIR

Le revers de la réciprocité

Il y a peu de situations plus inconfortables que de se sentir redevable envers quelqu'un… Car rendre ce que l'on a reçu fait partie des principes moraux universels, profondément intégrés dans nos cultures.

Donner pour mieux manipuler

Rien n'est plus facile que de créer des « dettes », même abusives, pour rendre quelqu'un redevable. Certains manipulateurs ne s'en privent pas au quotidien et culpabilisent ainsi leurs victimes. En utilisant une générosité ciblée, ils deviennent ainsi des créanciers « intouchables » : le débiteur devient alors responsable du non-acquittement de sa dette.

La culpabilité : le terreau idéal de la manipulation

Les personnes qui se sentent facilement coupables sont en règle générale les plus faciles à manipuler, car elles pensent souvent devoir se sacrifier pour les autres, au mépris de leur propre bien-être… Quand elles n'essaient pas directement de se punir de leurs « fautes » !

Manipulation et jeux psychologiques

« Dans le jeu, on n'est pas libre,
pour le joueur le jeu est un piège »

Milan Kundera

Un peu de théorie

Le Triangle dramatique de Karpman

Un jeu psychologique est une notion notamment issue de l'analyse transactionnelle, un ensemble de théories expliquant les types de personnalités et de communications entre les individus. Un jeu psychologique implique au moins deux personnes, voire trois. Il repose sur une relation répétitive et souvent involontaire entre les « joueurs », qui engendre souvent des tensions et des émotions négatives. Le jeu psychologique le plus connu est le Triangle dramatique de Karpman, qui inclut trois joueurs et donc trois rôles : le sauveur, le bourreau (ou le persécuteur) et la victime. Selon les situations, les interlocuteurs et les personnalités, tout le monde a tendance à préférer l'une des positions. Chaque position a un certain intérêt, appelé en psychologie « bénéfice secondaire » : plus de pouvoir, plus d'aide de la part des autres, etc. Chaque position, victime, bourreau ou sauveur, induit également une façon de manipuler l'autre, pour retirer du jeu le plus de bénéfices secondaires possible. Il est important de noter que, malgré les « affinités » de chacun envers l'une des positions, nous pouvons très bien jouer les trois rôles tour à tour, de façon inconsciente.

La manipulation dans les mains du bourreau

Le bourreau est souvent une personne qui cherche à se valoriser. Son attitude habituelle consiste très souvent, afin de « s'élever », à abaisser

l'autre. Sa soif de pouvoir, parfois, de reconnaissance, souvent, voire de légitimation – car en réalité il ne se sent pas sûr de lui –, l'amène parfois à manipuler les autres sans vergogne, sans penser aux conséquences et dommages collatéraux occasionnés…
Le bourreau est en fait l'idée générale que l'on se fait d'un manipulateur « méchant ». Il peut utiliser l'humiliation, la moquerie, la rumeur, pour obtenir ce qu'il désire. À sa décharge, c'est presque le joueur le plus « franc », car on voit souvent clair dans son jeu et son objectif est presque évident : avoir le dessus sur les autres. Sa manipulation peut donc se montrer assez grossière, mais aussi se révéler très destructrice. Rappelons-nous cependant que c'est rarement dans le but de détruire l'autre, mais plutôt dans celui de se valoriser aux yeux des autres.

La victime manipulatrice

Certaines personnes se positionnent volontiers en tant que victimes. Nous connaissons tous des individus, proches ou moins proches, qui disent n'avoir « jamais de chance », que ce soit affectivement, professionnellement ou socialement. Nous n'entendons pas que la malchance n'existe pas, mais certains en font la cause de tous leurs malheurs, sans jamais se remettre en cause, et en accusant parfois même les autres.
Jouer le rôle de victime, si on en accepte les contraintes, peut se révéler relativement confortable. En effet, la victime a deux grandes techniques de manipulation à sa disposition. Elle peut se charger de tous les maux et de toute la misère du monde, cela revient à « s'autoculpabiliser », ou alors rejeter sur les autres ou sur le destin la responsabilité de tous ses malheurs. Le résultat est souvent le même : on la plaint, on la console, on la rassure, ce qui, par un effet de cercle vicieux, la conforte bien dans l'idée qu'elle est une victime. Cela peut aussi lui permettre d'être aidée par des sauveurs qui la prennent en pitié, pour

ainsi se décharger d'une grande partie de ses responsabilités. Mais cela peut aussi amener les bourreaux potentiels à la martyriser encore plus, par exemple en lui faisant la morale et en la « secouant ». Dans tous les cas, le résultat est le même : qu'on la console, qu'on la plaigne, qu'on la sauve ou qu'on la persécute, la victime possède bel et bien un statut de martyr. Et se garde bien de s'en affranchir…

Le sauveur est-il aussi un manipulateur ?

Le sauveur est celui qui vient aider la victime, soit en la consolant, soit en attaquant le bourreau. Les rôles se renversent alors : le bourreau devient victime du sauveur, qui devient lui-même bourreau… La touche finale est bien sûr quand la victime devient sauveur de son ancien bourreau devenu victime…

Le sauveur, c'est un peu saint Michel terrassant le dragon… l'efficacité en moins ! Il ne fait que conforter la victime dans sa victimisation (« Oui, tu as raison, il ne devrait pas faire ça, c'est vraiment un… »), mais reste un allié souvent peu solide. S'il agit, il agit mal et s'il conseille, il conseille mal également !

Ce statut de sauveur lui permet ainsi d'avoir un peu de reconnaissance de la part de la victime et de créer également un lien de dépendance avec elle, en proposant son « aide » inutile ou refusée par la victime qui ne veut pas sortir de son rôle. Il lui confirme également, par son empressement à l'écouter, qu'elle ne peut attendre de l'attention des autres que par les plaintes, les doléances et les gémissements.

Vous voyez ainsi que le triangle est un jeu complexe, qui a souvent des conséquences plus ou moins désastreuses. Plus il dure, plus ce triangle se renforce et plus il devient difficile d'en sortir sans y laisser des plumes…

À SAVOIR

Le Triangle de Karpman n'est pas le seul jeu psychologique possible. Il en existe une multitude et tous sont caractérisés par les éléments suivants. Les joueurs n'ont pas conscience qu'ils reproduisent sans cesse les mêmes schémas. De plus, les relations interpersonnelles au sein du jeu sont tendues et impliquent des moments de malaise. Paradoxalement, chaque joueur prévoit assez facilement le comportement des autres, mais ne peut s'empêcher de le provoquer, ce qui les renforce tous dans leurs positions et restreint d'autant les issues possibles. On retrouve ainsi souvent des phrases comme : *« Je savais bien que j'aurais dû faire ceci ou dire cela… »* Enfin, tous les jeux impliquent au moins une victime et un bourreau.

Voici quelques jeux possibles :

Le jeu des « défauts » : le persécuteur recherche toujours le moindre petit défaut chez sa victime (une faute de frappe, une cravate mal assortie…). Souvent, ces détails n'ont aucune importance et le sujet de préoccupation réel et important est laissé de côté. La victime, mal à l'aise, se laisse faire, ce qui donne immédiatement l'avantage au persécuteur, qui pense : *« J'ai bien fait de l'attaquer, elle n'est pas capable de se défendre ! Je lui suis supérieur de façon incontestable. »* Ou elle se rebelle, pour devenir bourreau elle-même et rendre coup pour coup.

Le jeu de la consigne piégée : le persécuteur donne de mauvaises consignes, soit exagérément floues, soit trop exigeantes, de façon à ce que sa victime ne puisse les respecter. Sa colère peut alors éclater de façon « justifiée » : sa victime a bien fait une erreur !

À RETENIR

Les jeux psychologiques : tout le monde y joue

Les jeux psychologiques sont des dysfonctionnements répétés et souvent inconscients dans les relations interpersonnelles. Ils occasionnent très souvent des conflits, qui se nourrissent alors d'eux-mêmes tant que personne ne sort du « jeu ».

La victime, le bourreau et le sauveur

Le plus connu de ces jeux psychologiques s'appelle le Triangle dramatique de Karpman, qui met en scène trois joueurs : la victime, souvent déresponsabilisée et recherchant de l'aide tout en la sabotant, le bourreau, qui manipule « ouvertement » pour acquérir plus de pouvoir ou de reconnaissance, et le sauveur, qui aide à maintenir la victime dans son statut. Tous manipulent les autres pour obtenir des bénéfices secondaires, c'est-à-dire des avantages liés à leur position dans le triangle.

Déjouer les pièges des manipulateurs

Dictature et manipulation

« Les dictatures fomentent l'oppression, la servilité et la cruauté ; mais le plus abominable est qu'elles fomentent l'idiotie »

Jorge Luis Borges

Un peu de théorie

Qu'est-ce qu'une dictature ?

Avant de déterminer en quoi un régime dictatorial manipule ceux qui en sont les victimes, il semble important de définir tout d'abord le terme de dictature.

Une dictature, de nos jours, est un régime politique arbitraire et coercitif, dans lequel tous les pouvoirs (législatif, exécutif et judiciaire) sont réunis dans les mains d'un seul homme ou d'un seul groupe d'hommes. Ce pouvoir n'étant pas contrôlé par des instances supérieures, les libertés individuelles n'y sont pas garanties. Souvent, une dictature s'impose et se maintient par la force, soutenue par un ou plusieurs groupes sociaux (militaires, religieux…). En pratique, la dictature s'apparente au totalitarisme, avec un parti et une idéologie uniques, imposés à tous. Mais par quels moyens un dictateur arrive-t-il à un tel résultat ? Quelles sont les techniques de manipulation les plus couramment employées par ce type de régime ?

La soumission par la peur

L'instauration d'un climat anxiogène est la première arme d'une dictature. En effet, une personne angoissée, et à plus forte raison un groupe de personnes angoissées, aura un comportement plus primaire, donc plus prévisible qu'une personne non contrainte. Faisant tout pour échapper à son anxiété, elle agira souvent comme on le lui demande.

Il y a plusieurs façons d'instaurer un climat de peur

Les médias ont souvent un rôle très important dans ce genre de campagne. Ils communiquent alors seulement sur des sujets angoissants : insécurité, chômage, guerres, terrorisme, violences diverses… Chaque peuple possède ses névroses et ses peurs viscérales, et il est alors facile, pour quiconque les connaît, de les activer pour mieux les utiliser.

Les interdictions, nombreuses, abusives et grevant largement les libertés individuelles sont également anxiogènes. Couvre-feux divers, interdictions de chanter, de danser, de s'exprimer ou de se rassembler : il existe mille et une façons de créer des interdits. Parallèlement à ces interdictions, un contrôle minutieux et intrusif s'opère également, que ce soit dans la vie publique ou privée des citoyens, afin de vérifier si leur asservissement est réel ou feint.

Enfin, pour marquer les esprits et décourager les plus virulents, il est également utile de « montrer l'exemple » : exécutions publiques, répressions sanglantes, tortures et autres lourdes peines infligées à ceux qui résistent au régime… Ce sont souvent les garanties d'un peuple soumis ! Comme le disait Mao : « Punis-en un, tu en éduques cent ! »

La manipulation de l'information

Comme une dictature s'appuie très souvent sur une idéologie unique, il est important que toutes les informations consacrent cette idéologie. Par exemple, pendant la Seconde Guerre mondiale, le peuple allemand recevait chaque jour des nouvelles du front réjouissantes, même quand l'armée allemande essuyait de lourdes pertes : le nazisme ne pouvait échouer dans sa « mission »…

De même, il n'est pas rare que le passé soit réécrit en fonction du présent : le peuple est amené ainsi à oublier des pans entiers de son histoire, au profit de récits héroïques magnifiant le dictateur ou commémorant un certain âge d'or du pays que l'on s'applique à retrouver.

Le révisionnisme est alors de rigueur : les livres d'histoire sont réécrits, les cours contrôlés… Les dictateurs font d'ailleurs souvent beaucoup d'efforts pour enrôler des militants très jeunes, quand l'individu est encore malléable, comme en témoignent les groupes de la « Jeunesse hitlérienne » de l'époque.

Enfin, la manipulation de l'information implique le maintien du peuple dans l'ignorance : comment développer un esprit critique et être objectif si l'on ne peut accéder à plusieurs sources d'information ? C'est la raison pour laquelle Borges, que nous citons, s'insurge contre la dictature, car l'ignorance (« l'idiotie ») est le terreau idéal des préjugés et de la manipulation.

L'isolement

La peur et la désinformation participent notamment à l'isolement progressif du peuple. Les entrées et les sorties, de personnes, de biens, d'informations, sont limitées et contrôlées. Les frontières comme les esprits se ferment. L'isolement évite les soulèvements : le peuple ne peut comparer sa situation à celle des autres peuples, ce qui rend ainsi la propagande et la manipulation plus efficaces.

La création d'un coupable

Toute idéologie utilisée dans une dictature tend à créer un ennemi contre lequel il convient de se battre. Cet ennemi, qui tient plus du bouc émissaire que du vrai fautif, peut être trouvé dans les rangs des citoyens (minorités ethniques, politiques ou religieuses, intellectuels et écrivains…), poussant ainsi chacun à la délation, à la trahison, voire à la guerre civile. Mais cet ennemi peut aussi être représenté par un concept ou une idéologie antagoniste, comme, par exemple, capitalisme contre communisme. La manipulation consiste donc à canaliser l'agressivité du peuple pour la diriger vers des « ennemis » soigneusement choisis par les individus au pouvoir.

À SAVOIR

Une dictature aurait du mal à se maintenir sans un élément capital : le dictateur. Et pour cause ! Le dictateur personnifie son régime et, pour cela, soigne son image. Il impose souvent le culte de sa propre personne : portraits officiels, statues grandioses, discours lénifiants ou incitant à la violence, films de propagande (on pense notamment à Mussolini en train de moissonner)… Le dictateur fait main basse sur tous les moyens possibles pour consacrer sa grandeur et devient omniprésent dans la vie du peuple qu'il dirige, tel un « Big Brother » réel.
Sa gestuelle et son discours sont également étudiés et modifiés de façon à augmenter son charisme. Ainsi, il peut créer un climat de connivence, paraître sympathique, paternel, rassurant. Il se pose en défenseur de certaines valeurs et parle souvent de façon démagogique, en adaptant son discours au public.
Enfin, au niveau de sa personnalité, le dictateur est souvent paranoïaque. Sa méfiance est évidemment nécessaire, puisqu'elle lui permet de ne pas se faire manipuler. Mais elle s'exprime surtout dans un contrôle maladif de son environnement : il espionne tout le monde, même ses plus proches collaborateurs. Staline, par exemple, s'impliquait personnellement dans toutes les affaires d'État et pouvait appeler lui-même n'importe quel écrivain, ouvrier ou dirigeant pour le remercier ou le menacer. Cette ingérence extrême contribuait à augmenter la crainte que l'on éprouvait envers lui, ainsi que l'impression de pouvoir que l'on pouvait ressentir en sa présence.

À RETENIR

Les dictateurs s'appuient forcément sur certaines techniques de manipulation

Comment imposer au plus grand nombre le choix du plus petit nombre ? Comment se maintenir au pouvoir en évitant les rébellions ? Comment asservir le peuple au nom d'une idéologie et au profit d'une poignée d'hommes ? Seule la manipulation insidieuse des masses permet ce phénomène.

Soumission et peur

Évidemment, la première chose à laquelle on pense, pour obtenir la soumission des individus, est la manipulation par la peur. Divers moyens sont employés pour augmenter et maintenir un climat délétère : liberté d'expression réduite à néant, contrôles abusifs, interdictions en tout genre…

Info ou intox ?

Sous un régime dictatorial, il devient très difficile de différencier la fausse information de la vraie, car cela permet au pouvoir en place de mieux manipuler les foules… rendues crédules par une « vraie » désinformation ! L'ignorance, l'isolement et la division sont les autres armes de la dictature…

Sectes : séduction et manipulation

« La manipulation mentale déshumanisante est inhérente à tout système totalitaire. Le nazisme comme le stalinisme furent de formidables manipulations. Les sectes adoptent ces mêmes méthodes avec une diversité de moyens et d'applications »

Bernard Fillaire

Un peu de théorie

Séduire les futurs adeptes

Nous n'allons pas critiquer ici telle ou telle secte, car il n'est pas de notre ressort de juger qualitativement ces groupes d'hommes et de femmes, dont la grande majorité est d'ailleurs de bonne foi. Cependant, force est de constater que de nombreuses sectes connaissent des histoires tragiques. Certaines d'entre elles représentent donc un véritable danger et connaître leurs techniques de manipulation ne peut qu'être un atout afin de ne pas tomber dans leurs filets. À vrai dire, les « gourous », particulièrement doués pour la manipulation mentale, l'utilisent sans scrupule pour convertir de nombreux adeptes.
On distingue deux grandes étapes successives dans le recrutement des adeptes : la phase d'approche et de séduction, développée dans ce chapitre, suivie, dans un second temps, de la phase de persuasion et d'aliénation, développée dans le chapitre suivant.

L'approche

Il est tout d'abord important de savoir « sélectionner » les futurs adeptes. Ceux-ci sont en général plutôt choisis dans les populations en difficulté, qu'il sera plus facile de manipuler en raison de leur plus grande faiblesse ou de leur côté influençable : les personnes âgées ou les ados fugueurs, les chômeurs ou les personnes pauvres, les personnes endeuillées, voire dépressives. Les individus souffrant d'un certain isolement sont aussi des victimes plus faciles à enrôler.

Ces futurs adeptes sont en général abordés via des moyens détournés, qui leur donnent l'illusion d'agir pour leur propre bien-être, ou pour le bien-être des autres. Ainsi, les sectes proposent des séminaires ou des conférences ayant pour thème la connaissance de soi, le développement personnel, la lutte contre le stress... Elles peuvent également encadrer des activités à but caritatif – ce qui est bénéfique pour leur image de marque – dans le domaine de l'éducation, de la santé, de l'écologie... Les réunions ne sont souvent qu'un prétexte pour rencontrer des personnes susceptibles d'adhérer à leur doctrine.

Trouver les leviers pour séduire le futur disciple

Une fois que le « poisson est ferré », il est alors facile de trouver des leviers pour le séduire durablement. Les gourous multiplient les promesses et déclarent qu'ils ont bien évidemment les solutions aux nombreux problèmes rencontrés par le futur membre : problèmes d'argent, difficultés relationnelles, solitude, marginalisation, etc. Dans le même temps, la nouvelle recrue est « bombardée d'amour », le « love bombing » : on lui fait miroiter la vision d'une vie heureuse, entourée de personnes aimantes, dans un foyer chaleureux... On lui fait de grandes déclarations d'amour ou d'amitié. Parallèlement, on la flatte en lui « découvrant » par exemple un potentiel énorme... Que seule la secte pourra évidemment faire émerger ! Ces personnes en mal de reconnaissance et d'affection dans le monde réel pensent alors enfin trouver une vraie famille, qui les entourera et les protégera du monde extérieur menaçant.

Donner le sentiment d'appartenir à une « élite »

La recrue est donc totalement immergée, voire plus ou moins enfermée, dans un monde clos, rassurant, dans lequel elle a le sentiment de faire partie d'une certaine « élite ». En d'autres termes, elle peut rentrer dans la secte car on la considère « digne » d'en faire partie.

La lecture de livres « saints », avec leurs lots de prophéties et de révélations, où la bonne parole est expliquée seulement aux élus, renforce ce sentiment d'appartenance. Le disciple a ainsi l'impression de faire partie de ceux qui vont être sauvés, de ceux qui ont été choisis, par le gourou, voire par une entité supérieure. Les vérités extraordinaires, les secrets ainsi que les découvertes dont il est le détenteur lui procurent également un sentiment de toute-puissance et de supériorité face au commun des mortels…

Même les règles en vigueur, parfois contraignantes (couvre-feu, vœu de silence pendant un certain laps de temps, mise au secret…) ne font que renforcer la motivation du futur disciple, qui a parfois manqué de structure et qui est donc en demande d'un cadre sécurisant.

Agir pour la bonne cause

La grande majorité des personnes faisant partie de sectes disent y avoir adhéré de leur plein gré, sous couvert de leur « libre arbitre », et en ayant l'impression d'agir pour le bien.

En effet, cette notion de bien et de mal est parfaitement utilisée par les gourous, qui demandent à leurs adeptes de défendre leur cause, qui est évidemment la « bonne cause ». Cela permet ensuite d'abolir certaines barrières morales ou éthiques, puisque tout ce qu'ils font est fait pour le bien de leur communauté, voire pour celui de l'humanité… Comment ne pas agir quand on connaît ce noble objectif ? La fin justifie alors tous les moyens : mensonges, menaces, chantages, vols, escroqueries, manipulations…

À SAVOIR

Certaines sectes sont des « pros » du marketing et n'hésitent pas à se mettre sur le devant de la scène pour augmenter leur renommée, leur image et le nombre de leurs adeptes.

Comme les marques de chaussures ou de lunettes de soleil, certaines sectes mettent en avant les personnalités charismatiques qui en sont membres. On pense évidemment à Tom Cruise, Katie Holmes, Juliette Lewis ou Isaac Hayes. Certains d'entre eux sont même des membres très actifs et font beaucoup de prosélytisme en faveur de leur secte : Tom Cruise pour l'Église de Scientologie, Madonna pour la Kabbale, un groupe « mystique » d'origine judaïque…

Dans les pays développés, une immense majorité des foyers est équipée d'une ou de plusieurs télévisions (94 % des ménages français possèdent une télé). Le temps passé devant ce média avoisine les quatre heures par jour. Les sectes utilisent évidemment ce média pour agrandir leur réseau.

À RETENIR

L'utilisation de moyens détournés

Les sectes recrutent leurs futurs adeptes en les sélectionnant soigneusement parmi certaines populations, plus sensibles et influençables. Pour cela, elles organisent souvent des réunions, des conférences ou des séminaires sur des thèmes bien définis (développement personnel, tests de personnalité…), qui attirent des individus à la recherche de réponses.

L'opération séduction

La première approche est suivie par la mise en place d'un environnement très rassurant, voire idyllique. Le futur disciple devient le centre d'attention de la communauté tout entière, dans laquelle il est intégré le plus rapidement possible.

La création d'un fort sentiment d'appartenance

La recrue a ainsi l'impression d'être enfin reconnue à sa juste valeur, d'avoir une véritable importance aux yeux de sa communauté d'adoption : il est « choisi ». Son besoin de reconnaissance est ainsi largement comblé. Il devient alors de plus en plus dépendant de son nouvel environnement.

Sectes et dépendance

« Le pouvoir ne rapporte pas à celui qui sait ; il va à celui qui croit qu'il sait et est capable de persuader les autres »

John Kenneth Galbraith

Un peu de théorie

Un « lavage de cerveau » ?

Nous avons vu dans le chapitre précédent comment les sectes opéraient pour approcher et séduire leurs futurs disciples. Dans ce chapitre, nous allons voir quels moyens elles utilisent afin de rendre les adeptes dépendants et soumis à leurs gourous et à leurs doctrines.

Ces techniques, que l'on appelle souvent des « lavages de cerveau », sont extrêmement puissantes, puisqu'elles amènent, dans certains cas, à la mort de l'adepte, notamment dans les cas des suicides collectifs...

Rappelons que l'expression « lavage de cerveau » vient de l'expérience de militaires américains lors de la guerre de Corée, torturés tant psychiquement que physiquement...

Annihiler tout esprit critique et éviter les questions gênantes

L'introspection individuelle n'est pas particulièrement encouragée, car elle peut amener des questionnements et des critiques par rapport à la doctrine professée. Il est d'ailleurs souvent enseigné qu'il est vain, pour l'adepte lambda, de raisonner sur les tenants et les aboutissants de cette illumination, puisque cette révélation explique tout... même les doutes des adeptes un peu trop critiques ! L'effet « puits » est ici utilisé à volonté et la « vérité » ou la « révélation » est souvent suffisamment vague pour expliquer tout et n'importe quoi. Certaines sectes n'hésitent d'ailleurs pas à créer de faux miracles, de faux témoignages ou de fausses preuves pour convaincre les disciples récalcitrants.

Découvrons le témoignage d'Élodie :

« Il y a cinq ans, je venais de me séparer de mon mari et j'étais un peu déboussolée. J'ai toujours été intéressée par le développement personnel et je suis allée voir une conférence sur le sujet pour me changer les idées. L'orateur était très charismatique, très beau aussi, on était comme envoûté par ce qu'il disait. Mais, à un moment, le charme s'est rompu à cause d'une remarque que je trouvais bizarre, sur l'avortement et le mariage… J'ai passé le reste de la conférence à me demander comment j'avais pu me laisser embobiner pendant une heure ! Et je me suis aperçue que j'étais tombée dans une réunion vraiment étrange ! Du coup, je me suis donné un malin plaisir à poser des questions embarrassantes… « Mais comment savez-vous cela ? » « Avez-vous des preuves de ce que vous dites ? »… *À la fin de la conférence, une personne du staff est venue me voir et m'a gentiment mais fermement demandé de partir pour ne plus revenir… Je suis sûre que c'était une secte qui venait recruter de nouveaux adeptes… »*

Remplacer l'individualisme par le communautarisme

La notion de communauté est primordiale lorsque l'on parle de sectes. En effet, le groupe, pour pouvoir fonctionner, doit se montrer très soudé, porté vers un même but et poursuivant le même idéal. La secte utilise la tendance naturelle de l'homme à se conformer aux règles d'un groupe pour en devenir membre (le besoin d'appartenance). L'individu devient de plus en plus dépendant de sa communauté, quelquefois au mépris de sa propre personnalité, de ses propres émotions et de son esprit d'initiative propre. Une personne trop indépendante et trop active intellectuellement serait dangereuse pour l'harmonie générale…

Dans la même optique, les membres du groupe sont infantilisés, souvent sous prétexte d'humilité : ils doivent par exemple demander l'autorisation pour des actes anodins, comme aller aux toilettes, se promener, faire des courses… Cela a pour effet d'augmenter encore leur dépendance au groupe et les conditionne également à obéir aveuglément à la hiérarchie, le gourou ou une autre personne faisant figure d'autorité.

Changer les repères et les valeurs

Très souvent, l'adepte a la possibilité de « renaître ». On lui donne un nouveau nom, une nouvelle famille, de nouvelles valeurs… Bref, une nouvelle identité. Son ancienne identité et son comportement précédent sont ainsi conspués et critiqués. Il est invité à changer de rythme et d'hygiène de vie… Il épouse ainsi plus facilement les nouvelles valeurs et règles de la communauté.

Favoriser le déracinement

Les personnes isolées sont évidemment les plus manipulables, puisque personne n'est là pour s'apercevoir qu'elles rentrent dans une secte. Mais les sectes sont aussi très habiles pour provoquer des séparations et isoler leurs victimes. La rupture avec le milieu d'origine est souvent obligatoire ! Sans elle, pas de pureté, pas de renaissance, pas de confiance…

D'ailleurs, il n'est pas rare que la victime s'isole d'elle-même, affirmant à ses proches *« qu'ils ne peuvent pas comprendre sa nouvelle vie »*. Les inquiétudes et accusations de l'entourage, qui dénonce les nouvelles activités ou amitiés de la victime, deviennent des calomnies et ne font que creuser le fossé entre l'adepte et son entourage…

La secte a souvent d'ailleurs des théories très élaborées sur des complots qui viseraient leurs membres ou leurs gourous. Toutes les attaques sont ainsi considérées comme faisant partie d'un complot… Ces allégations permettent notamment de rapprocher les membres pour lutter contre l'adversité.

À SAVOIR

Le profil psychologique du gourou se rapproche finalement beaucoup de celui du dictateur… Il est très souvent extrêmement charismatique, très brillant, voire d'une intelligence supérieure. Il sait élaborer des raisonnements très structurés, bien articulés, qui seraient même crédibles s'ils ne reposaient pas sur des bases délirantes. Car le gourou est aussi mégalomane : il est au minimum le « prophète », le « messager divin » ou « l'élu », qui répand la bonne parole au monde entier ou, à défaut, à son cercle d'initiés… Cette aura surnaturelle, parfois divine, qu'il se donne est très souvent la base de son autorité : il est le seul à détenir la « vérité », ou du moins le seul à pouvoir la transmettre ! On lui doit donc respect et obéissance.

Une des forces du gourou est surtout d'être très fin psychologue. Il sait trouver d'emblée la parole qui rassure ou qui choque, ou encore les fragilités que l'on essaie de cacher, afin de s'en servir. Il utilise avec maestria les techniques de man

À RETENIR

Augmenter la dépendance au groupe

Par divers moyens, la communauté finit par vampiriser la personnalité du nouveau disciple, qui finit par se fondre complètement dans les principes, les doctrines ainsi que les règles imposées. Pour lui, seule la communauté peut le comprendre, le protéger, le nourrir… D'ailleurs, la jeune recrue est souvent isolée de son entourage et de ses proches, qui, faisant partie du monde extérieur, risqueraient de lui ouvrir les yeux…

Détruire l'esprit critique

Le gourou recherche la totale soumission de ses disciples, qui sont alors conditionnés pour lui obéir. Infantilisés, désorientés, ces derniers perdent leurs valeurs d'origine pour adopter celles de leur secte, qui sont aussi celles de leur gourou. Ces « valeurs », soumission à l'autorité, obéissance… contribuent encore une fois à nier l'individualité de chacun au profit du groupe.

Le pervers narcissique : petite définition

« La perversion, ça consiste à retourner toutes les valeurs et à appeler mal ce qui est bien ou noir ce qui est blanc »

Michel Tournier

Un peu de théorie

Le pervers narcissique : une notion trouble

Un pervers narcissique est, comme son nom l'indique, un individu atteint de perversion narcissique. Deux grands éléments sont importants dans cette définition.

La perversion, d'abord, est définie par la psychanalyse comme une organisation psychique, un mode de pensée, qui utilise le mode relationnel pour assouvir ses pulsions par des actes opérés aux dépens des autres et sans éprouver la moindre culpabilité. En d'autres termes, le pervers est une personne dont la seule préoccupation est d'assouvir ses désirs, sans penser aux conséquences et dommages collatéraux pour les autres. Évidemment, il utilisera sans scrupule l'emprise et donc la manipulation pour arriver à ses fins.

Le narcissisme est, à la base, l'amour que l'on porte à soi-même. Par extension, il désigne également la trop grande importance que l'on s'accorde à soi-même et à son image. Une personne narcissique, dans le langage courant, est d'ailleurs considérée comme arrogante et hautaine, faisant peu de cas des autres. Elle est souvent dans l'apparence et privilégie la forme au fond.

Les deux termes, « pervers » et « narcissique », sont évidemment très péjoratifs et il convient donc de les manier avec prudence. Il serait trop facile de qualifier n'importe qui de ces noms d'oiseau ! De plus, le terme de « pervers narcissique » fait encore polémique, et les psychiatres et psychologues eux-mêmes ne s'accordent pas toujours sur sa définition ! Nonobstant ces querelles de clocher, il est quand même possible de définir de grandes lignes quant aux comportements caractéristiques de ce type de structure mentale.

Une haute image de soi

Le pervers narcissique a très souvent une très haute image de lui. Il ne le montre néanmoins pas forcément, car un comportement trop arrogant peut se révéler contre-productif dans l'atteinte de ses objectifs… Intérieurement, il a, malgré les apparences, un sens aigu de sa propre importance et pense très souvent être unique en son genre, spécial, différent… En un mot, supérieur aux autres ! Par exemple, il peut très bien demander (ou exiger) des avantages ou des faveurs aux autres, sans forcément rendre la pareille – le principe de réciprocité n'existe pas avec lui ! – puisqu'il pense que ces faveurs et ces avantages lui sont dus !

Un déni total

Comme le paranoïaque, dont il emprunte quelquefois certains traits, le pervers narcissique, ayant une si haute opinion de lui-même, ne peut se rendre compte de son comportement. Pour lui, le souci, ce sont les autres, jamais lui ! Il est donc extrêmement difficile de le mettre face à son problème, car il pense ne pas en avoir. C'est une des raisons pour lesquelles il a tendance à faire culpabiliser les autres au lieu de se remettre en cause. Le pervers narcissique a en effet la particularité d'éviter les conflits intérieurs, comme les remords ou les scrupules. Son mécanisme de défense consiste à extérioriser ses conflits en en imputant la responsabilité à quelqu'un d'autre.

Utilitarisme relationnel et déshumanisation de l'autre

Le pervers narcissique vit pour assouvir ses pulsions. Il est donc prêt à tout pour y arriver. De fait, il est normal qu'il considère ceux qui l'entourent comme des pions, qu'il déplace au gré de ses besoins. Si une personne lui est utile à un moment donné, il fera bonne figure avec elle le temps nécessaire à l'assouvissement de sa pulsion, pour ensuite la renvoyer sans ménagement, puis l'oublier.

Manque d'empathie

Ce qui caractérise le pervers narcissique est un total manque d'empathie : faire souffrir les autres ne l'affecte absolument pas car cela fait partie de son « plan ». Toutefois, il peut faire preuve d'une relativement bonne intelligence émotionnelle. Il sait très bien reconnaître un état émotionnel chez l'autre pour s'en servir, voire « mimer » des émotions qu'il n'éprouve pas, selon les circonstances. Mais l'attachement, l'amour même, reste pour lui le défaut des faibles… Dont il ne fait évidemment pas partie !

Instrumentalisation des autres

La manipulation exige évidemment beaucoup de mémoire et surtout énormément de sang-froid. Et le pervers narcissique en est bien pourvu : ce ne sont pas les émotions qui lui feront perdre la tête !
Il utilise la manipulation car elle présente, pour lui, deux avantages. Premièrement, elle est jouissive ! Il pense souvent : *« Ce n'est pas ma faute si cette personne est idiote et qu'elle ne s'aperçoit pas de ce que je fais ! »* Ou alors : *« Il mérite bien ce que je lui fais ! »* Il peut donc éprouver un véritable plaisir à tromper les autres, en se moquant, entre autres choses, de leur manque de clairvoyance.
Deuxièmement, manipuler autrui lui permet d'échafauder des hypothèses, de jouer avec les émotions des autres et de tester leurs limites, d'élaborer des plans qu'il s'amuse ensuite à modifier ou détruire selon ses envies et les situations. Le pervers narcissique est un joueur invétéré…

À SAVOIR

S'il est difficile de déterminer exactement pourquoi un individu devient « pervers narcissique », on peut toutefois faire des hypothèses sur la genèse d'une telle structure mentale, en prenant appui, dans un premier temps, sur le processus « normal » de construction d'un individu. Nous nous construisons tous au travers des liens que nous tissons avec les personnes de notre entourage. Ces relations aident l'enfant à se structurer et à grandir. C'est la qualité de ces liens qui déterminera la bonne organisation de sa personnalité. On peut ainsi dire sans trop se tromper que l'enfant qui devient un pervers narcissique peut avoir vécu des liens affectifs familiaux nocifs, c'est-à-dire peu équilibrants ou présentant des carences quant à certaines qualités sociales primordiales, comme l'empathie, la réciprocité, la tolérance… Les parents peuvent par exemple avoir énormément investi l'enfant, sans forcément l'avoir aimé au sens inconditionnel du terme. Nous pouvons prendre le cas de parents qui gâtent outrageusement leurs enfants, sans jamais leur montrer leur amour autrement. Nous pouvons également prendre l'exemple de parents divorcés, chacun des parents demandant à l'enfant de l'aimer plus que l'autre. Soumis à des injonctions ou à des choix terribles, l'enfant peut réagir en se détachant de ses sentiments, trop difficiles à supporter, et en se « construisant » plusieurs personnalités suivant les désirs des autres… Il apprend alors à obtenir ce qu'il veut, en laissant de côté ses émotions. En résumé, il apprend à manipuler, et non à aimer.

À RETENIR

La perversion narcissique : un mélange détonnant et encore polémique

La perversion et le narcissisme sont deux notions acceptées par les psychologues et les psychiatres, mais la perversion narcissique est un type de structure mentale encore sujet à caution. Cependant, il est utile d'en parler ici pour mieux appréhender ce concept et ne pas l'utiliser à tort.

Un mégalomane calculateur

S'il reste une image dans notre esprit, après avoir lu la définition d'un pervers narcissique, c'est bien celle-ci ! Sans tomber dans la caricature extrême, il demeure cependant que ce dernier a une très haute opinion de lui-même, ainsi qu'une très mauvaise opinion des autres, ce qui lui permet de ne pas se remettre en cause personnellement et d'en souffrir. Après tout, ce n'est pas de sa faute si les autres sont idiots…

Le pervers narcissique en couple

« L'enfer est un cœur vide »

Khalil Gibran

Un peu de théorie

Le pervers narcissique... en couple ?

Au regard de la description de la personnalité du pervers narcissique, il est évident que personne n'aimerait être pris dans ses filets. Cependant, sa capacité de dissimulation est proportionnelle à sa capacité de nuisance ! Il est très habile pour trouver un conjoint, qu'il peut manipuler à sa guise avant de le laisser « en miettes », puis s'en prendre à quelqu'un d'autre... Alors, comment reconnaître un pervers narcissique quand on a le malheur d'en être la victime ? Précisons que celui-ci n'est pas forcément un homme et que le masculin est uniquement employé dans un but pratique... Les hommes n'ont malheureusement pas l'exclusivité des sévices psychologiques...

La « vampirisation » de l'autre

Les pervers narcissiques souffrent en fait d'un sentiment de vide qu'ils ne peuvent s'avouer, mais qu'il leur est nécessaire de combler en se servant des autres. En conséquence, ils envient, voire ils haïssent ceux qui savent profiter du moment présent, donner gratuitement, aimer... Leur but est alors de s'approprier ces qualités pour « remplir leur propre vide » et maintenir aussi une image positive d'eux-mêmes. Cette appropriation s'opère évidemment au détriment de la victime, qui se trouve dépossédée de ses qualités. Le pervers narcissique va même plus loin, puisqu'il échange les rôles et finit souvent par convaincre sa victime que c'est elle la seule responsable de tout ce gâchis.

Séduction et destruction

On peut se demander comment un pervers narcissique peut faire autant de mal à un individu, sans que ce dernier se rebelle ou se rende compte de l'imposture. La grande force du pervers narcissique est qu'il prépare le terrain avec soin, en instaurant, dès le début, une dépendance affective nocive. Il alterne ainsi des phases intenses de séduction et de destruction.

Dans un premier temps, le pervers narcissique est évidemment prudent : il se montre sécurisant, avenant, souriant… C'est le gendre (ou la bru) idéal(e) ! La victime, parfois peu sûre d'elle, mais souvent admirative, tombe sous le charme. Puis arrivent les premiers incidents : une phrase blessante, un regard meurtrier, une réaction inattendue ou violente… Mais ils sont toujours suivis de moments agréables, où le pervers agit « comme si de rien n'était » et où la victime se demande si elle n'a pas rêvé ces scènes pénibles. Est-ce bien la même personne, celle qui était insultante la veille et qui maintenant est douce comme un agneau ?

La victime (presque) consentante

Cette incohérence de surface, le côté adorable/odieux, est pernicieuse, car la victime pardonne beaucoup plus à son bourreau s'il se montre gentil de temps en temps… Ainsi, le « souffre-douleur » tolérera plus facilement les brimades, insultes et autres comportements injurieux, et sera prêt à tout pardonner pour quelques moments plaisants, généralement de plus en plus rares…

En effet, le pervers narcissique est très habile pour chercher en priorité des conjoints influençables, sur lesquels il pourra établir une vraie domination mentale. Il s'attaque ainsi plus volontiers à des personnes ayant déjà une forte propension à culpabiliser, ou possédant un grand instinct protecteur. Il lui est ainsi plus facile de les séduire et de les manipuler en jouant sur cette corde sensible.

Le pervers narcissique peut très bien par exemple exprimer des demandes, mais il s'arrange paradoxalement pour que sa demande ne puisse pas être satisfaite. Soit la demande dépasse les capacités de l'autre, le pervers en profite alors pour taxer son conjoint d'impuissance ou de mauvaise volonté. Soit la demande se fait au mauvais moment, quand l'autre ne peut pas y répondre et engendre alors un « *tu n'es jamais là quand j'ai besoin de toi* » par exemple. Ainsi, le pervers narcissique se place lui-même dans la position de la victime, plaçant l'autre dans le rôle du bourreau.

Écoutons François :

« Après avoir passé trois ans avec Fany, j'avais l'impression de n'être plus capable de combler ses besoins. Avec elle, je n'en faisais jamais assez ! Elle me reprochait sans cesse mon manque de disponibilité à cause de mon travail, tout en me taxant presque de radin si je ne l'emmenais pas en week-end à la mer… week-end pendant lequel elle se montrait adorable, évidemment ! Comme si elle ne comprenait pas que je devais travailler pour avoir les moyens de partir ! Je me suis épuisé pendant ces trois années à trimer comme un fou, pour elle, pour la soutenir dans ses démarches : elle voulait travailler en tant que graphiste indépendante, mais « n'avait jamais de chance »… Elle ne gagnait pas suffisamment d'argent pour subvenir à ses besoins. J'ai fini par me rendre compte de mon état quand j'ai revu ma sœur, qui habite Montréal et que je vois rarement. Elle m'a ouvert les yeux sur les véritables raisons de ma fatigue chronique, de mes angoisses et de ma mauvaise humeur persistante. Avec le recul, je m'aperçois en effet que je n'étais plus le même. C'est comme si Fany avait stimulé en moi tout le mauvais pour m'enlever tout ce qui était bon… »

À SAVOIR

Il est peut-être inutile de le rappeler, mais une relation épanouie suscite des émotions ainsi que des sentiments nobles et positifs : amour, joie, bonheur, envie de créer, d'être meilleur, de se dépasser, de donner, de recevoir… Évidemment, il y a des hauts et des bas, comme dans toute relation, des frustrations, des jalousies, des colères, de la peur même, mais ces émotions, dans une relation harmonieuse, sont dépassées à deux grâce au dialogue, au compromis, au pardon.

Le pervers narcissique, lui, ne peut créer une telle relation puisqu'il ne veut pas construire, aimer, donner. Il veut au contraire détruire, haïr, prendre. Et, comme un effet de miroir, il influence petit à petit sa victime, qui finit par penser comme lui une fois que le processus de destruction est avancé. Comme le dit très bien François, le pervers narcissique encourage *« tout le mauvais pour enlever tout ce qui était bon »*. Ce qui caractérise une relation pervertie est un sentiment croissant d'inconfort, d'incompréhension, mais aussi de peur, d'angoisse, de colère, de tristesse. La victime se sent honteuse, dégradée, anxieuse, inhibée, elle s'emporte et se blesse facilement, devient maussade, négative, plaintive. Ces émotions, auxquelles il est important de prêter attention, sont bien souvent les signes d'une relation à sens unique, destructrice et nocive.

À RETENIR

Le pervers narcissique a besoin de l'autre pour se sentir bien

Pour cela, il fait en sorte que l'autre se sente fautif, coupable, indigne, car c'est pour lui dans l'ordre des choses : il doit détruire l'autre pour que lui-même se « construise ». Comme dans le système des vases communicants, plus la victime se désespère, plus le pervers narcissique prend de l'assurance… Mais il ne faut pas oublier qu'il est autant, si ce n'est plus, dépendant de sa victime que sa victime est dépendante de lui. Sans elle, il n'est qu'une coquille vide…

Séduire pour mieux détruire

Le pervers sait reconnaître les points faibles et les carences affectives de chacun pour mieux en jouer. Le pervers narcissique ne séduit que pour mieux assurer son emprise sur l'autre et l'utiliser selon ses besoins et ses pulsions. Petit à petit, la victime rentre dans ce système et devient presque « complice », en acceptant des actes et des situations intolérables. Elle devient véritablement un objet passif et fataliste…

Le pervers narcissique au travail

« Dans l'entreprise, c'est de la rencontre de l'envie de pouvoir et de la perversité que naissent la violence et le harcèlement »

Marie-France Hirigoyen

Un peu de théorie

Le travail : un catalyseur de violences ?

Le monde du travail n'a jamais été aussi compétitif, dur, inflexible. La situation de crise mondiale, qui s'étend en toile de fond depuis plusieurs années, a rendu le travail à la fois nécessaire et tyrannique. Nécessaire parce que ne pas avoir de travail, à l'heure actuelle, c'est souvent ne pas avoir de statut, d'identité. Tyrannique, parce que même si le travail que l'on fait ne nous correspond pas, il n'est pas souvent possible de changer, de se reconvertir. Beaucoup de salariés vivent actuellement dans l'angoisse d'aller au travail, mais aussi dans celle de le perdre.

Mais, sans même tenir compte de la situation économique actuelle, le travail cristallise naturellement des enjeux importants, comme le pouvoir ou le besoin d'être reconnu et accepté. Il exacerbe les luttes pour la domination d'autrui, à petite ou à grande échelle. Il intensifie certaines problématiques sociales et culturelles, comme le racisme ou le sexisme, surtout dans les métiers très codifiés, lorsque, par exemple, la majorité des travailleurs sont des hommes, des femmes, des blancs, des noirs… Les nouveaux venus, « différents », risquent forts d'être rejetés, du moins les premiers temps.

Les difficultés sont souvent aggravées quand le management en place remplit mal son rôle : les managers ne managent plus, les cadres n'encadrent plus… C'est la règle du *« chacun pour soi et Dieu pour tous* » ! Mais nous y reviendrons plus tard. Le pervers narcissique peut donc tout à fait s'épanouir dans cet environnement et trouver plaisir à dérégler encore un peu plus une mécanique déjà malmenée…

Le pervers narcissique : un parfait harceleur

Contrairement à ce que l'on pense, le harceleur – et donc ici le pervers narcissique – n'est pas toujours le supérieur hiérarchique. Il peut être le collègue, voire le subordonné. Il lui suffit simplement de trouver une proie pour commencer son travail de sape.

Le début du processus

Le harcèlement commence souvent avec des petits détails que l'on pense, au début, anodins. La victime, qui en général ne veut pas faire de vagues, ne relève pas ces petites marques d'irrespect, qui ne sont que les prémices d'un processus qui la détruira lentement mais sûrement. Comme elle ne réagit pas, le pervers prend alors de l'assurance et met à exécution une vraie tentative de déstabilisation : les moqueries et plaisanteries deviennent quotidiennes. *« Oh, ben faut pas s'énerver, on rigole juste ! »* Les sous-entendus, les rumeurs et les ragots se multiplient et s'amplifient, même s'ils n'ont aucun fondement. Les sourires et les commentaires deviennent condescendants, mais restent toujours dans les limites de la « politesse ». En fait, tout est suggéré, insinué : la victime ne peut mettre de nom sur ce qu'elle subit, car tout n'est qu'ambiguïté.

Le refus de communiquer

La victime, de toute bonne foi, essaie alors de discuter avec la personne qu'elle pense responsable de son malaise. Et là, la technique du pervers narcissique est simple : il refuse tout simplement de communiquer, nie la totalité des accusations, ou encore minimise et tourne tout à la dérision, en s'arrangeant pour que la victime n'ait aucune prise pour le confondre. Il l'accuse même de *« faire tout un plat de quelques remarques sans importance »*, de *« voir le mal partout »*, ou même d'être *« complètement parano ou caractérielle »*. La réaction est d'ailleurs immédiate : les insinuations s'intensifient, les regards méprisants se multiplient et la vraie « mise au placard » commence. Le harcelé n'est plus informé, plus convié aux réunions, aux pots du bureau. Ses tâches deviennent inintéressantes et inutiles, il ne trouve plus de sens à son travail.

Le cercle vicieux

Le salarié harcelé se retrouve alors dans une situation extrêmement inconfortable. Il continue à être rémunéré, mais il sait très bien qu'il n'évoluera pas. Il a également peur pour son travail, car il ne veut pas le perdre. Il sait que quelque chose se trame contre lui mais n'arrive pas à mettre la main sur des preuves concrètes. Bref, il (sur)vit difficilement, toujours sur le qui-vive, attendant la prochaine brimade. Évidemment, il ne peut donner le meilleur de lui dans ces conditions et son travail s'en ressent. Bien sûr, c'est une façon pour le pervers narcissique de le pousser à la faute, afin de pouvoir expliquer, a posteriori, l'attitude qu'il a eue a priori envers la personne harcelée… La personne prise en faute se replie alors encore plus sur elle-même, ce qui n'arrange en rien sa situation. Malheureusement, cela termine souvent devant la médecine du travail, les prud'hommes ou chez le psy… La situation est déjà tellement gangrenée qu'il est alors difficile de savoir qui dit la vérité…

À SAVOIR

La plupart des personnes victimes de harcèlement moral le diront : elles ne se sont jamais senties aussi seules qu'entourées de leurs collègues de travail, même et surtout quand la situation devenait difficilement tolérable. Car il faut bien le reconnaître, le harcèlement se nourrit de la division, des mésententes, des jalousies inhérentes à la vie en communauté.

Entre ceux qui font l'autruche pour ne pas être « contaminés par le mouton noir », parce qu'ils ont peur pour leur propre travail, et ceux qui relaient, consciemment ou non les rumeurs, les sous-entendus, voire les brimades, la personne harcelée peut rarement compter sur le soutien de ses pairs. Il y a également ceux qui minimisent la situation ou qui assènent un glacial « au moins, tu peux t'estimer heureux(se) d'avoir un travail ! ». Bref, la solidarité n'est pas le fort de la vie au travail quand la situation s'envenime.

Ce phénomène ne fait d'ailleurs qu'amplifier l'incompréhension de la victime, qui finit réellement par se demander si elle ne se fait pas des idées, si elle n'exagère pas ou si la situation est bien comme elle le croit. Souvent, quand elle a gardé encore un peu de lucidité, la lâcheté des autres l'exaspère, la révolte ou la déprime, ce qui rend son isolement encore plus flagrant.

À RETENIR

Quand le travail devient anxiogène

Travailler peut être une activité épanouissante ou devenir un véritable bagne ! Pris dans l'étau de la productivité à tout prix, de la peur du chômage, certaines personnes doivent accepter des situations qu'elles n'auraient jamais acceptées en temps normal. Les abus de pouvoir, le harcèlement moral, la domination pure et simple peuvent alors atteindre des proportions inégalées… En toute impunité !

Quand le pervers narcissique harcèle

Le pervers narcissique peut donc facilement prendre ses aises dans un contexte aussi compétitif. Il s'acharne alors à déstabiliser, à discréditer et à démolir ceux qui lui semblent faibles. Pour lui, ce sera juste une question de « sélection naturelle »…

Le règne du « chacun pour soi »

Le mutisme, le laisser-faire et parfois la jalousie des autres collègues, qui peuvent alors se « venger » de leur propre frustration sur la victime, sont malheureusement monnaie courante actuellement et ne font qu'aggraver des situations aux issues parfois dramatiques…

Ne plus se faire manipuler

Faire confiance à son système d'alarme interne

« Le prix de la liberté, c'est la vigilance éternelle »

Thomas Jefferson

Un peu de théorie

Faut-il être paranoïaque pour ne pas se faire manipuler ?

À la lecture de ce livre, il est compréhensible que l'on puisse prendre peur. Les techniques de manipulation sont si diverses et leur utilisation si diffuse et universelle, qu'il faudrait peut-être se méfier de tous ceux qui nous entourent…

Cependant, le but de ce livre n'est pas de vous rendre paranoïaque, loin de là ! D'ailleurs, le fait de lire ces quelques chapitres ne vous évitera sûrement pas de vous faire manipuler… Pour la simple et bonne raison que notre cerveau ne peut rester branché 24 heures sur 24 sur le mode « manipulation » et qu'il serait fatigant et inutile d'ailleurs de chercher à débusquer la moindre anguille qui se cacherait sous les multiples roches de la suspicion.

Mais, sans aller jusqu'à la paranoïa, il y a cependant une certaine vigilance à avoir, pour, comme le sous-entend Thomas Jefferson, ne pas perdre sa liberté. Certains signes, mis bout à bout, peuvent nous mettre la puce à l'oreille et renforcer notre vigilance à l'égard de personnes mal intentionnées, ou bien intentionnées mais utilisant les mauvais outils… L'enfer n'est-il pas pavé de bonnes intentions ?

Ces signes, qui annonceraient qu'une manipulation est en cours, ne sont pas difficiles à cerner, puisqu'ils sont en chacun de nous. En fait, c'est là que se trouve toute la difficulté, car il est parfois difficile de s'écouter, d'écouter son corps et plus encore d'interpréter correctement ce que l'on ressent…

Être à l'écoute de ses émotions

Les émotions jouent en quelque sorte un rôle de régulation : elles apparaissent pour indiquer, entre autres, que nos besoins ne sont pas satisfaits. Mais encore faut-il savoir les écouter, voire, pour certains, mettre un nom dessus ! Ainsi, lors d'une manipulation malveillante, il est possible que vous ressentiez un sentiment d'angoisse sourd et diffus, mais que vous ne sachiez pas d'où il vient. Cette angoisse fait partie d'une grande famille d'émotions : celle de la peur. Et la peur sert à mobiliser nos forces quand nous nous sentons menacés. L'angoisse est donc là pour nous rendre plus vigilants. Il ne faut pas la refouler, ni la minimiser : elle est là pour remplir son rôle. En revanche, notre intuition et notre sens de l'observation, qui peuvent d'ailleurs s'intensifier quand nous sommes sur le qui-vive, peuvent nous permettre de déterminer d'où provient cette anxiété.

De même, la colère ou la tristesse peuvent s'avérer révélateurs d'une manipulation cachée. La colère révèle un sentiment d'injustice, de frustration. Il n'est même pas besoin que ce sentiment soit conscient et la raison explicite pour provoquer la colère : nous connaissons tous des personnes qui sont toujours en colère, qui s'emportent pour un rien et avec qui il faut faire très attention à ce que l'on dit. Alors, si vous-même n'êtes pas d'un naturel irascible, mais que vous vous apercevez que vous avez tendance à adopter ce comportement, demandez-vous avant tout quelle en est la raison…

Enfin, la tristesse, le désespoir, le découragement peuvent également être les signes d'une manipulation. La tristesse est en général due au sentiment de perte, qui peut ici signifier la perte de sa liberté…

Une estime de soi en chute libre

Pensez à la dernière fois que vous vous êtes fait manipuler : vous ne deviez pas être fier de vous et vous avez peut-être même ressenti de la honte. En effet, la honte est un des premiers signes d'une blessure de l'estime de soi : elle ronge l'amour que l'on se porte, sape la confiance en soi et empêche même parfois de se projeter dans des projets futurs. La honte est comme un poids trop lourd pour les épaules, surtout quand elle devient constante, et peut même entraîner un dégoût de soi, voire un état dépressif. Comme la culpabilité, sa cousine, la honte altère l'image que l'on a de soi et la salit parfois durablement. Si, à la base, c'est une émotion normale, elle peut devenir très difficile à vivre quand elle devient omniprésente. Les manipulateurs, nous l'avons vu, cherchent à provoquer ces deux émotions, afin de nous rendre plus malléables et de nous plier à leurs désirs…

De plus, la honte emprisonne souvent celui qui la ressent, car il est toujours extrêmement difficile de parler de ce qui nous fait honte. C'est comme une partie de soi qui pourrit mais que l'on n'ose montrer au médecin, de peur qu'il refuse de nous soigner. Elle empêche le dialogue franc et ouvert, qui pourrait pourtant mettre fin à la manipulation. C'est pourquoi elle est donc une des armes préférées des manipulateurs malveillants. Même s'il est possible de se confier à certaines personnes de confiance, qui ne nous jugeront pas, ce n'est qu'en son for intérieur que l'on peut vraiment l'examiner. Méfions-nous donc quand nous nous sentons abattus sans savoir pourquoi : un sentiment de malaise n'apparaît jamais par hasard…

À SAVOIR

La communication entre les êtres humains comporte deux domaines distincts : le langage verbal, c'est-à-dire les paroles prononcées, et le langage non verbal, c'est-à-dire la gestuelle, le ton de la voix, les regards, le débit, les tics nerveux, etc. En 1967, Albert Mehrabian a mis en évidence une chose incroyable pour les êtres « doués de raison » que nous sommes : le langage verbal ne représenterait que 7 % de la communication, le reste étant du domaine du non verbal. Cela met en exergue au moins une chose : on ne peut pas déterminer l'exactitude ou la sincérité des propos d'un individu en faisant seulement attention à ce qu'il dit. Les mots ne reflètent qu'une infime partie de ce que l'on pense. Un exemple simple et universel est par exemple la réponse stéréotypée que l'on donne à cette question quotidienne : « Comment vas-tu ? »… La seule solution, pour déterminer les véritables sentiments intérieurs d'un manipulateur consiste donc à observer sa gestuelle : il est infiniment plus difficile de mentir avec son corps qu'avec sa langue… En vous focalisant sur ses gestes, son regard, certaines choses vous frapperont peut-être : de nombreux « autocontacts », c'est-à-dire le fait de multiplier les touchers de main sur son propre visage, peuvent par exemple indiquer la piste du mensonge. Des regards fuyants ou, au contraire, une position anormalement dominante en votre présence – comme la sensation d'étouffer, de ne pas avoir assez de place, etc. – peuvent aussi vous confirmer qu'il ressent un sentiment contraire à ses paroles mielleuses.

À RETENIR

Notre corps nous parle, écoutons-le !

Nous ressentons souvent à notre insu les conséquences d'une manipulation : le « corps » enregistre inconsciemment certains décalages, certaines incohérences, que le cerveau « réfléchi » ne veut pas toujours voir. En retour, il provoque donc des émotions désagréables, qu'il est important d'écouter.

Honte, culpabilité, colère, tristesse, peur…

Ces émotions ou ces sentiments nous rappellent parfois durement que nos besoins de vérité, de cohérence, voire de bien-être, tout simplement, ne sont pas satisfaits. Au lieu de les refouler ou de faire « comme si de rien n'était », il importe de chercher la cause de leur apparition, qui peut être une tentative de manipulation.

Capter les signes d'incohérence chez le manipulateur

Ces signes d'incohérence sont souvent provoqués par le décalage entre ce que le manipulateur dit (le langage verbal) et ce qu'il ressent vraiment pour vous (le langage non verbal). Heureusement, les manipulateurs obéissent, comme nous, à certaines lois naturelles et ne peuvent contrôler leurs corps à 100 %. À nous d'apprendre à décrypter certains indices.

Ne plus culpabiliser

« La culpabilité est un sentiment irrationnel, le sentiment d'être responsable de tout le mal du monde »

Antonio Tabucchi

Un peu de théorie

La « bonne » culpabilité

À l'origine, le sentiment de culpabilité est un sentiment plutôt normal, voire tout à fait sain. Il démontre en général un bon sens des responsabilités et une grande importance donnée aux valeurs éthiques qui nous gouvernent. Par exemple, nous nous sentons coupables parce que nous n'avons pas fait quelque chose que nous devions faire, c'est-à-dire quelque chose dont nous nous sentions responsables. Nous pouvons également nous sentir coupables d'avoir transgressé une de nos valeurs morales. Imaginons par exemple que votre patron vous demande où vous en êtes dans un dossier très important. Vous lui répondez avec un air détaché que vous arrivez au bout de vos efforts, alors qu'en fait vous n'en avez pas fait le quart ! Vous pouvez alors ressentir de la culpabilité. Dans ce cas-là, la culpabilité peut même vous être utile : vous redoublerez alors d'énergie pour boucler votre dossier et pour ne plus éprouver ce sentiment désagréable…

En fait, il faudrait plutôt s'inquiéter si nous ne ressentions jamais de culpabilité ! Certains manipulateurs sont malheureusement ainsi : dépourvus d'empathie, ils ne ressentent pas la souffrance des autres… ou se débrouillent pour ne pas la ressentir ! Ils peuvent alors nier les faits, comme le font certains accusés dans les tribunaux, ou faire porter le chapeau à un bouc émissaire. Ils peuvent aussi, et c'est une autre façon de manipuler, accuser de façon préventive les autres pour se blanchir à l'avance de leurs propres actes…

Quand la culpabilité devient excessive

Il y a cependant des personnes pour qui la culpabilité devient chronique et fait partie de leur personnalité. Cela peut être la conséquence d'une certaine éducation ou d'un traumatisme psychologique, mais aussi, nous l'avons vu, d'une manipulation insidieuse sur du long terme, de la part de quelqu'un de proche et donc, d'influent. Ces malheureux, toujours coupables, passent beaucoup de temps à faire des choses dont ils n'ont pas vraiment envie, à seule fin de se libérer de ce sentiment envahissant.

Il est vrai que cette culpabilité peut prendre sa source dans des événements réels. En effet, combien de fois entendons-nous par jour : « *J'ai l'impression de priver mes enfants de leur père suite à notre divorce* », « *Je vois bien que ma vieille mère s'ennuie dans la monotonie de cette maison de retraite* », « *J'ai tellement de travail ! Je n'ai plus d'énergie à consacrer à mes enfants quand je rentre le soir* », « *Il y a tellement de misère dans le monde. Je devrais être plus généreux !* »...

C'est parce que la culpabilité est génératrice de stress et de comportements « sacrificiels » qu'elle est utilisée par les manipulateurs pour obtenir ce qu'ils veulent. Apprendre à tolérer sa propre culpabilité est une première étape, ô combien importante, pour déjouer l'influence de ces derniers et gagner le respect de soi-même.

Bien établir les responsabilités de chacun

Les manipulateurs provoquent la culpabilité en attribuant à leurs victimes une responsabilité exagérée. En effet, si nous nous sentons responsables de quelque chose, alors il y a de fortes chances que nous nous sentions coupables si cela se passe mal... En d'autres termes, les manipulateurs arrivent à provoquer ce sentiment chez leurs proies en leur laissant croire qu'elles auraient pu changer le cours des choses, même sur des éléments totalement hors de leur contrôle. Ils ne partagent pas ce sentiment de culpabilité et le laisse, en entier, à la pauvre victime manipulée...

Laurence, une jeune maman de 31 ans, témoigne :

« Mon ex-mari m'a longtemps fait culpabiliser à cause de notre divorce, en disant que je privais ainsi mes enfants de leur père, que j'aurais pu faire des efforts pour faire en sorte que cela se passe mieux, que j'avais le pouvoir et la possibilité d'éviter le divorce. Mais je me suis rendu compte que ce n'était pas vrai ! Même si je l'avais voulu, je ne pouvais pas, moi toute seule, porter notre mariage raté à bout de bras ! Une relation, ça se construit à deux : je ne suis pas la seule fautive ! »

Laurence a compris que le fait de partager symboliquement les responsabilités pouvait atténuer son sentiment de culpabilité et le rendre plus tolérable.

Faire une différence entre les actes et les sentiments

Il y a des situations où la culpabilité ne s'efface pas aussi facilement que cela et pour lesquelles il faut trouver des solutions afin de mieux vivre avec. En fait, le secret est alors de ne pas la nier, mais au contraire de l'accepter. Il sera alors plus facile de faire la différence entre le sentiment que l'on éprouve et les actions que l'on souhaite faire pour l'atténuer. Mais cela ne signifie pas non plus de faire tout et n'importe quoi pour se détacher de ce sentiment. Cela permet notamment de dire à la personne qui vous manipule : « C'est vrai, je me sens coupable, mais ce n'est pas pour cela que je ferai ce que tu me demandes, et qui va à l'encontre de ma volonté et de mes valeurs. »

À SAVOIR

Nous nous sentons également coupables quand nous n'agissons pas selon nos valeurs. Ce sont alors ces valeurs qui nous manipulent. La technique consiste donc à réfléchir sur ces valeurs et sur ce qu'elles nous poussent à faire. Prenons l'exemple de Jean, qui a dû placer sa mère en maison de retraite et qui culpabilise beaucoup parce qu'il pense ne pas suffisamment aller la voir. Jean pourrait se poser les quatre questions suivantes.

Première question : « *Pourquoi est-ce que je me sens coupable ?* » Jean répond alors : « *Je me sens coupable parce que je ne suis pas allé voir ma mère tous les jours.* »

Deuxième question : « *Laquelle de mes valeurs ai-je bafouée ?* » Jean répond : « *Il est important pour moi de soutenir ma mère quand elle est malade.* »

Troisième question : « *Qu'est-ce que je me demande de faire pour respecter cette valeur ?* » Jean répond : « *Il faudrait que j'aille voir ma mère tous les jours.* » Sachant que Jean travaille énormément, notamment pour payer une partie de la prise en charge de sa mère, il sait bien qu'il lui est impossible d'aller voir sa mère tous les jours. Il peut alors se poser la dernière question : « *Que puis-je réellement faire pour respecter cette valeur ?* » Jean de répondre : « *Même si c'est ma mère, je n'ai pas la possibilité d'être tout le temps avec elle. Je vais me débrouiller pour aller la voir deux ou trois fois par semaine et l'appeler les autres jours.* »

À RETENIR

La culpabilité est un sentiment normal

C'est celui qui ne ressent jamais de culpabilité qui n'est pas « normal ». La culpabilité pousse à vouloir réparer ses erreurs et dédommager les autres de ses erreurs. C'est donc un sentiment plutôt noble à l'origine. Elle peut cependant devenir pesante et handicapante quand elle est trop intense ou chronique.

Être lucide quant à ses responsabilités

Le manipulateur aimerait nous faire croire que nous sommes responsables de tout et que c'est donc notre faute si tout se passe mal. Et bien non ! Restez lucide et humble sur le pouvoir que vous avez sur vous et sur les autres, afin de ne pas vous charger d'une culpabilité inutile.

Accepter la culpabilité pour mieux la gérer

La culpabilité est comme toutes les autres émotions : il faut l'avoir analysée et apprivoisée pour pouvoir agir dessus. Cela vous permettra peut-être de ne pas faire d'amalgame entre ce sentiment et les actions que vous entreprenez (ou que l'on vous demande d'entreprendre) pour vous soulager…

Faire preuve d'affirmation

« Il faut oser ou se résigner à tout… »

Tite-Live

Un peu de théorie

Qu'est ce que l'affirmation de soi ?

L'affirmation de soi, c'est tout simplement faire en sorte de respecter ses besoins et ses valeurs, tout en essayant de garder de bonnes relations avec autrui. L'affirmation de soi consiste à exprimer de façon assertive, c'est-à-dire de façon bénéfique pour soi, sans blesser l'autre, ses sentiments, ses opinions, ce que l'on veut ou ce que l'on ne veut pas. S'affirmer est nécessaire dans la vie quotidienne, que ce soit dans les grandes ou les petites circonstances, car cela permet de se respecter et de ne pas se faire marcher sur les pieds.

Les effets d'une mauvaise affirmation de soi

Contrairement à celles qui « s'affirment trop » et qui sont souvent agressives, les personnes qui ne savent pas s'affirmer font preuve d'un comportement plutôt inhibé. Elles ne savent pas communiquer, ont en général des difficultés relationnelles qui se répercutent souvent sur elles-mêmes et ne font pas ce dont elles ont réellement envie ou besoin. Cette attitude favorise la manipulation, car elle engendre des remises en cause personnelles permanentes, un manque de confiance en soi chronique, voire des troubles anxieux et des difficultés sociales.
Ces personnes sont sensibles à la manipulation, car elles préfèrent privilégier le maintien de la relation, même si celle-ci a des effets négatifs, plutôt que risquer le conflit pour obtenir ce qu'elles souhaitent réellement. Les manipulateurs recherchent en priorité ce type de personnes effacées et inhibées, car elles sont faciles à influencer. On dirait parfois

qu'elles n'ont pas de volonté propre et qu'elles se contentent plutôt de voguer au gré du courant. La plupart des manipulateurs comptent sur cette passivité et sur cette timidité pour asseoir leur autorité, leur domination et manipuler ces individus en toute quiétude.

Prenons par exemple le témoignage d'Alexandra :
« J'ai toujours du mal à dire quelque chose quand je ne suis pas d'accord avec quelqu'un. Avec Michel, mon supérieur, cela a pris des proportions effrayantes. Il savait qu'il me faisait peur et il en jouait énormément. Combien d'heures supplémentaires j'ai pu faire à cause de cela, alors que tout le monde était déjà parti (même Michel...) et que j'avais des choses prévues, que je devais annuler au dernier moment ! Mais je n'osais rien dire, de peur de me faire rabrouer méchamment... J'ai fini par quitter ce service pour des causes médicales après un accident (je ne pouvais pas porter de choses lourdes, ni rester debout trop longtemps). Comme j'avais un certificat médical, mon excuse pour le quitter était toute trouvée et je n'ai pas eu à me justifier. Et je me suis bien réjouie de sa tête quand il a su que je ne pouvais pas rester dans son service. Je suis presque contente quelquefois d'avoir eu cet accident, parce que je ne sais toujours pas si j'aurais osé lui tenir tête... »

Comment s'affirmer ?

Prendre conscience de ses besoins et de ses sentiment

La première chose importante est d'avoir une idée très claire de ce dont vous avez vraiment besoin ou envie. Si vous avez prévu un dîner entre amis depuis longtemps et que l'on vous demande de rester plus tard, vous n'êtes pas obligé d'accepter ! De même, si vous avez besoin de vous reposer alors que vos enfants crient dans le salon, vous êtes tout à fait dans votre droit de leur demander d'aller jouer dans le jardin ! Les manipulateurs profitent du fait que l'on n'ait pas conscience de nos besoins pour nous imposer les leurs. Prenez donc toujours le temps de vous poser la question suivante : *« Est-ce que je respecte mes besoins en disant oui ou non, en gardant le silence ou en ne formulant pas la demande qui me brûle les lèvres ? »*

Analyser clairement la position de l'autre

Cela permet, entre autres, de prendre un peu de recul face à la situation et de ne pas précipiter sa décision. Cela permet aussi d'éviter de se faire de fausses idées sur la situation de l'autre, ce qui pourrait entraîner des réactions dommageables. Enfin, cela permet également de mettre au point la façon dont on va faire passer son message, en fonction de la capacité de l'autre à le recevoir.

Dans l'analyse de l'autre, il s'agit d'être le plus lucide possible. Il n'y a pas que des « méchants » sur terre, mais un monde idéal, peuplé uniquement de personnes gentilles, est tout aussi utopique. Demandez-vous donc quel est votre intérêt dans la situation, mais aussi quel est le sien, et comment vous pouvez concilier les deux. Cependant, pensez bien que la plupart d'entre nous, même sans intention malveillante, ont souvent des actions égoïstes, dans le sens où ils privilégient leur propre bien-être, parfois au détriment de celui des autres…

À SAVOIR

La première chose à faire, quand on sent qu'on est victime de manipulation, est tout simplement de le dire.

Prendre conscience sa part de responsabilité rend la manipulation moins facile, puisque l'on a enfin l'impression de pouvoir agir, de changer le cours des choses, de prendre le contrôle, trois notions opposées au sentiment de manipulation. S'affirmer, et donc sortir de la manipulation, signifie sortir de ce statut de victime.

Prenons l'exemple de Simon, un jeune homme de 28 ans, qui s'est fait manipuler par sa mère, célibataire, pour qu'il ne quitte pas la maison. Elle lui a longtemps fait du chantage affectif et il culpabilise énormément de s'installer enfin avec sa copine après vingt-huit ans de bons et loyaux services… Il doit s'affirmer et rester ferme dans sa décision. Il pourrait par exemple dire à sa mère : « *Écoute maman, j'ai besoin de vivre ailleurs pour pouvoir m'épanouir. Je suis triste et je me sens coupable de te quitter parce que je sais que cela te fait de la peine et que tu as tout fait pour que je me sente bien ici, mais j'ai décidé de partir m'installer avec Alicia l'année prochaine et je ne changerai pas d'avis.* » Simon exprime ainsi bien son besoin, de façon directe et franche. De plus, il montre également de l'empathie pour sa mère. Cependant, cela ne l'empêche pas d'exprimer la culpabilité qu'il ressent, mais de façon responsable, en s'impliquant personnellement (« *Je me sens coupable* » et non « *Tu me fais me culpabiliser* »).

À RETENIR

L'affirmation de soi : une arme efficace contre les manipulateurs

Les manipulateurs fuient les personnes sûres d'elles-mêmes, sans être suffisantes, car elles ne laissent que très peu de prises à la manipulation. Se respecter et respecter les autres, vivre selon ses valeurs et ses besoins sont des principes nécessaires à une bonne affirmation de soi et restent incompréhensibles pour les manipulateurs !

Mieux cerner ses propres besoins

Se connaître est la première étape de l'affirmation de soi. Car, comment être bien si l'on ne sait même pas ce que l'on veut ?

Observer l'autre en toute lucidité, sans le juger

Prendre le temps de se mettre à la place de l'autre n'est pas du temps perdu, car cela nous apporte toujours de précieuses indications sur les intentions et les besoins de ce dernier.

Verbaliser ce que l'on pense de façon constructive et assertive

C'est prendre la responsabilité de ce que l'on dit, de ses émotions, de ses sentiments, de ses opinions. L'emploi du pronom « je » est donc indispensable à cette responsabilisation, au lieu du « tu », qui déresponsabilise celui qui le prononce…

Savoir dire non

« Les deux mots les plus brefs et les plus anciens, oui et non, sont ceux qui exigent le plus de réflexion »

Pythagore

Un peu de théorie

Savoir dire non : une composante essentielle de l'affirmation de

En effet, le « non » n'est pas anodin et ce petit mot universel a une grande force. Il peut être même plus fort que le mot « oui », dans le sens où refuser quelque chose à quelqu'un nécessite une grande détermination et une certaine part d'égocentrisme… Et oui ! Nous pouvons illustrer cette idée de manière simple : tous les parents connaissent cette période de l'enfance où les enfants disent « non » à chaque fois qu'on leur demande ou qu'on leur propose quelque chose… Si pénible que soit cette période, elle est pourtant primordiale pour l'enfant : c'est un passage obligé de son évolution et de la construction de sa personnalité. C'est aussi une façon de tester les limites de ses parents. Nous pourrions également avoir la même réflexion vis-à-vis du manipulateur : savoir dire « non », c'est lui donner la limite de ce que vous ne voulez pas ou ne pouvez pas supporter…

Les personnes qui ne savent pas dire non ne savent pas non plus exprimer de véritables « oui » : en effet, nous ne savons jamais si c'est un « oui » choisi, franc, qui vient du fond du cœur… Ce « oui » perd donc beaucoup de valeur ! Apprendre à dire non, c'est donc revaloriser le « oui » et se donner la possibilité de choisir sa voie.

Différencier l'automanipulation de la manipulation

Certaines personnes, même quand elles ne sont pas face à un manipulateur, ne conçoivent pas de refuser quelque chose à quelqu'un, une caractéristique qui attire cependant beaucoup les manipulateurs… Elles ont ainsi tendance à se manipuler elles-mêmes, en donnant foi à ce que l'on appelle des croyances « limitantes », c'est-à-dire des croyances sur elles-mêmes ou sur le monde qui les empêchent de s'épanouir complètement.

En quoi ces personnes croient-elles donc pour se refuser autant le droit d'exister pleinement ? En général, ce sont des personnes relativement peu sûres d'elles-mêmes, qui pensent que tout accepter les rendra plus aimables, soit plus dignes d'être aimées, et plus intéressantes. Elles fonctionnent souvent « à l'affectif » et privilégient la relation avec autrui à leur bien-être personnel. Elles considèrent aussi qu'un « non » peut provoquer la rupture d'une relation, le désamour. Mais elles se trompent sur toute la ligne !

Il faut savoir faire la différence entre un conflit et une rupture relationnelle et l'un ne suit pas automatiquement l'autre, surtout si le refus est fait de la bonne façon. Le conflit fait partie de la relation et vouloir l'éviter à tout prix, c'est refuser de se donner de la valeur : tout le monde a le droit de ne pas être d'accord, disponible ou serviable tout le temps !

Ces personnes, que l'on qualifie parfois de « bonnes poires » et dont on profite d'ailleurs, se retrouvent ainsi souvent à devoir faire les corvées des autres, sans pour autant être masochistes ! Mais quand on dit « oui » une fois, deux fois, trois fois, il est ensuite difficile de dire « non ». Et plus les « oui » se succèdent, plus les « non » deviennent problématiques. Imaginez que votre patron vous demande de rester plus tard pour la cinquième fois de la semaine… Si vous avez dit « oui » quatre fois, pourquoi répondriez-vous « non » cette fois-ci ?

Après l'automanipulation vient la véritable manipulation. Certains manipulateurs sont très habiles pour nous faire dire « oui » alors que nous pensons clairement « non » ! Si l'on se sent obligé de dire « oui », sans vraiment savoir pourquoi, alors la question que l'on nous a posée n'est plus une demande ! C'est un ordre… ou une tentative de manipulation ! Les techniques peuvent être très diverses et se suivre à un rythme effréné pour saper la fermeté du refus : promesses et cajoleries, menaces à peine voilées, utilisation de la force ou de la domination mentale ou physique, ou encore culpabilisation sans retenue… Cette dernière technique est bien sûr la plus efficace, comme en témoigne Maxime :

« Ma sœur est la reine du chantage affectif. Elle a tout le monde à ses bottes, et surtout son mari ! Cela m'énerve au plus haut point. La dernière fois, je les entendais encore discuter de l'achat d'une piscine pour « agrémenter » leur jardin. Paul, mon beau-frère, ne roule pas sur l'or, mais ma sœur ne l'aide vraiment pas à être économe ! C'est une véritable enfant gâtée – c'est la petite dernière de la famille – et elle sait parfaitement manipuler son mari, gentil mais un peu benêt. Elle lui disait, entre autres, qu'elle avait l'impression qu'il ne voulait pas la rendre heureuse, elle qui lui consacrait tout son temps et son énergie… J'avais l'impression de rêver ! À force de le culpabiliser à mort, ça n'a pas loupé, il a fini par céder… Je ne comprends pas qu'il ne se rende pas compte des énormes ficelles qu'elle tire pour lui faire faire n'importe quoi ! »

À SAVOIR

Dans un premier temps, pour éviter l'automanipulation, il faut se convaincre que dire « non » à un manipulateur ne peut ni le blesser, ni lui faire du mal. Au pire, il essaiera sa technique sur quelqu'un d'autre. Au mieux, il vous respectera, même s'il ne vous appréciera pas forcément…

Le plus important est de rester très ferme dans ses convictions et de ne pas se laisser déstabiliser par les multiples tentatives du manipulateur. Car il essaiera sûrement toutes les techniques de son inventaire pour vous faire mollir. Ne cédez pas d'un pouce, c'est-à-dire ne cherchez pas d'excuses ou d'explications pour justifier vos refus. Car, se justifier, c'est donner à l'autre des armes supplémentaires. Vous ne pouvez pas l'aider le samedi parce que vous avez un cours de poterie ? Mais vous pouvez le dimanche ! Vous n'avez pas votre porte-monnaie pour lui prêter cinquante euros ?

Si vous ne pouvez vraiment pas faire autrement, donnez une seule bonne raison à votre refus, sans vous perdre dans les détails, et pratiquez ensuite la technique du « disque rayé » : répétez sans cesse le même argument, sans changer votre discours. Si vous culpabilisez trop, cherchez éventuellement une alternative à votre refus, et non une compensation. Explorez les autres possibilités que le manipulateur pourrait avoir pour satisfaire sa demande mais qui ne vous incluent pas dans le scénario.

À RETENIR

Formuler un refus n'est pas si facile !

Refuser reste un acte difficile quand on recherche la reconnaissance, l'amour ou l'attention. Cependant, tout accepter n'est pas forcément le bon choix. Cela donne le plus souvent l'image de quelqu'un de faible, dont on a envie de profiter.

Ne pas se dévaluer aux yeux des autres

Ce n'est pas parce que vous direz « non » que les gens vous aimeront moins… Pour la simple raison qu'ils ne vous aiment pas parce que vous dites « oui » tout le temps ! Penser ainsi, c'est avoir de fausses croyances sur le fonctionnement des relations humaines et prendre le risque de se faire souvent manipuler.

Refuser la culpabilité

Ce n'est pas parce que vous vous sentez coupable que vous devez dire « amen » à tout ce qui passe. Et ce n'est pas parce qu'on vous fait culpabiliser que vous êtes forcément coupable ! Alors donnez-vous le droit de dire « non » avec fermeté, douceur et empathie !

Éviter le piège de la réciprocité

« Presque tous les hommes sont esclaves faute de savoir prononcer la syllabe : non »

Chamfort

Un peu de théorie

Difficile de ne pas se soustraire au principe de réciprocité...

Le principe de réciprocité est une règle extrêmement puissante, car elle est ancrée très profondément dans notre quotidien, dans notre société, dans notre culture, voire dans notre inconscient. La « réciprocité » est tellement universelle qu'il est difficile d'y échapper... c'est-à-dire, de vivre en autarcie sans rien devoir à personne. Ce moyen d'échapper à la manipulation deviendrait alors un fardeau bien lourd à porter et la somme des inconvénients serait bien supérieure à la somme des avantages retirés. N'oublions pas que la réciprocité est, dans 99 % des cas, plutôt bénéfique. Alors comment faire pour ne pas céder à la culpabilité face à de l'aide ou une faveur non rendue ?

La première chose qui nous vient à l'esprit, pour éviter le piège de la réciprocité, serait donc de refuser tout cadeau, toute aide, tout service. Mission difficile ! Non seulement cela serait extrêmement nuisible pour nos relations sociales, belle-maman ne serait sûrement pas contente que vous refusiez ses magnifiques chenets de cheminée, mais cela serait également quasiment impossible ! Le principe de réciprocité est tellement enraciné dans nos comportements que la pression sociale devient terrible pour ceux qui ne s'y soumettent pas. Cette attitude est souvent assimilée à un manque certain de savoir-vivre, voire à de la rébellion ou même à de la folie pure et simple.

Écoutons Claire, un de nos témoins

« Je ne suis pas très famille. Personnellement, moins je la vois et mieux je me porte. Mais il y a des circonstances où je n'ai pas vraiment le choix. À Noël dernier notamment, nous étions tous réunis – j'ai cinq sœurs qui sont toutes mariées et qui ont toutes au moins un ou deux enfants... Je vous laisse donc imaginer la course aux cadeaux – et, au moment des échanges, j'ai craqué ! Une de mes sœurs m'avait acheté un pull vraiment horrible, rose bonbon. Il me semblait pourtant que tout le monde connaissait mon aversion pour le rose. Je ne sais pas pourquoi, mais ça a été la goutte d'eau qui a fait déborder le vase. Je n'ai pas pu faire bonne figure et j'ai refusé le cadeau... Vous n'imaginez pas la tête consternée de tout le monde. Évidemment, je me suis sentie coupable et je suis partie très tôt. J'imagine bien les commentaires que ma famille a pu faire après mon départ : "Elle ne changera jamais... Elle est vraiment folle, elle aurait pu faire un effort..." En refusant ce cadeau, même si le processus était déjà latent, je sais que j'ai définitivement rompu avec mes proches. »

Faire la différence entre de la générosité authentique et une demande intéressée

Le plus important est ici de bien savoir définir les situations. Contrairement à ce que l'on pense, la plupart des tentatives de manipulation sont relativement visibles. Les relations commerciales ou professionnelles, par exemple, ne répondent pas aux mêmes codes que les relations affectives ou familiales. Il est ainsi bien établi qu'au travail, ou dans la plupart des relations « contractualisées », une concession en appelle une autre : une faveur accordée à un certain moment à un partenaire sous-entend forcément un effort de la part de ce dernier à un autre moment. Toutes les négociations commerciales et diplomatiques suivent ce principe et personne ne pense à le remettre en cause. Ainsi, quand vous êtes face à un vendeur, n'oubliez pas une chose : il est là pour faire son travail, c'est-à-dire vendre ! Même s'il est gentil, même s'il vous offre des échantillons, une période d'essai gratuite, ou encore qu'il déménage toute sa boutique pour trouver ce que vous cherchez, ne perdez pas cela de vue ! Il sera sûrement dépité de ne pas voir la transaction aboutir si vous refusez, mais vous resterez pour lui un client et il sera peut-être même content de vous revoir. En revanche, pensez plutôt à la somme que vous économiserez en ne cédant pas aux sirènes coûteuses de la réciprocité…

Mais la difficulté vient surtout des autres relations : affectives, familiales, amicales. Comment faire la différence entre un service rendu de bon du cœur et un service rendu avec des arrière-pensées ? La question reste insoluble. Cependant, vous pouvez faire une chose, pour « limiter les dégâts » : vous demander, seulement si vous avez un doute évidemment (nul besoin de faire cette gymnastique à chaque fois que quelqu'un vous donne quelque chose !), quelle est l'intention de la personne qui sollicite et enclenche le processus de réciprocité. Fait-elle cela pour obtenir quelque chose en échange ? Que pourrait-elle demander alors ? Qu'êtes-vous prêt à donner en échange ? Tout repose évidemment sur des questions de confiance, de relationnel et de vécu commun avec la personne en question. Sans compter qu'il y a des circonstances dans lesquelles il faut savoir compter sur la générosité (même calculée) des autres pour pouvoir avancer soi-même…

À SAVOIR

La première chose à faire pour rester conscient du principe de réciprocité est la réflexion, c'est-à-dire ne pas prendre certaines décisions parce que l'on se sent obligé de le faire, mais plutôt parce que l'on connaît l'avantage qu'on a à le faire. Mais il est des situations dans lesquelles connaître l'avantage que l'on peut avoir à accepter une faveur ou un cadeau cela ne suffit pas. Il faut aussi, et de façon précise, surtout dans une relation ambiguë dont vous vous méfiez, savoir exactement ce que vous êtes prêt à accorder en échange et vous fixer une limite à ne pas dépasser. Par exemple, imaginons que vous êtes en discothèque et que vous êtes une femme. Un homme veut vous offrir un verre. Comme beaucoup de femmes, vous vous méfiez un peu de ce genre de procédé et vous vous demandez généralement : *« Pourquoi cet homme veut-il m'offrir un verre ? »* La réponse est plutôt facile à trouver, vous en conviendrez. Mais l'avantage que vous tirerez de la situation est également simple à cerner : vous économiserez le prix peut-être exorbitant demandé pour cette consommation. La seconde chose à faire est donc de réfléchir à ceci : *« Si j'accepte ce verre, et si l'homme me plaît évidemment, que suis-je prête à "donner" en échange ? Un sourire ? Une danse ? Un baiser ? Une nuit ? »* Le fait de se donner des limites dès le début du processus est déjà, en soi, une mesure très efficace. Car, en vertu du principe de cohérence et d'engagement, vous devrez renégocier avec vous-même la permission de « donner plus que prévu ».

À RETENIR

Le principe de réciprocité est universel

Et, étant universel, il est difficile de s'y soustraire, sans provoquer l'opprobre général, la méfiance et la rupture relationnelle. Alors, plutôt que de le refuser en bloc, il vaut mieux prendre le parti d'en être conscient pour pouvoir l'utiliser intelligemment.

Réfléchir aux avantages immédiats...

Tout en s'interrogeant sur les intentions de celui qui enclenche le processus de réciprocité ! Toute chose donnée n'est pas forcément un cadeau ! La plupart des relations que nous vivons sont régies par un principe de réciprocité bien codifié, que l'on se doit de respecter. Il est alors important de rester conscient que ce n'est pas gratuit, mais que cela fait partie d'un processus relationnel bien établi.

Savoir ce que l'on est prêt à donner en échange

Fixez-vous un seuil à ne pas dépasser s'il vous faut rendre la faveur qui vous a été accordée. Dites-vous aussi que vous êtes la seule personne capable de répondre non... à votre place !

Savoir revenir sur sa décision

« Il faut savoir tenir à une résolution parce qu'elle est bonne, et non parce qu'on l'a prise »

François de La Rochefoucauld

Un peu de théorie

La théorie de l'engagement : un piège insidieux

Nous avons vu que l'engagement et la cohérence sont deux choses naturelles qui expliquent la plupart de nos comportements. La cohérence nous oblige d'une certaine façon à faire ce que l'on dit et à être cohérent avec les décisions prises précédemment. La théorie de l'engagement, elle, stipule que les actes nous engagent. Les actes nous engagent même plus que nos sentiments ou nos idées. Bien sûr, il est évident que nous sommes plus engagés si nous prononçons un serment devant mille personnes que si nous le faisons dans notre journal intime. Mais l'important à retenir ici est que si nous réfléchissons beaucoup avant de prendre une décision, une fois celle-ci prise et les premières démarches engagées, nous ne la remettrons plus en cause. Et nous chercherons même toutes les excuses possibles et imaginables pour justifier a posteriori cette décision…

Cet effet spectaculaire de nos actes sur nos opinions présente deux gros inconvénients. Premièrement, cela nous entraîne dans un piège, puisque, même si nous nous sommes trompés, et que nous le sentons bien quelque part, nous sommes trop entêtés pour reconnaître notre erreur. Un comportement qui nous conduit quelques fois à pâtir bêtement de nos décisions. Deuxièmement, il n'est pas si difficile, pour quelqu'un qui connaît ce principe, de nous obliger à faire quelque chose que nous n'aurions pas fait naturellement… même si nous le faisons en « toute liberté » ! Car, une première étape passée, la deuxième sera plus facile, la troisième encore plus, et ainsi de suite... Nous nous retrouvons donc à excuser nos actes en nous justifiant a posteriori, et donc forcément avec des arguments pas très solides... Le danger, c'est que ces actes, finalement en contradiction avec nos valeurs ou opinions, vont progressivement être intériorisés et forcément modifier nos premières opinions. Nous finissons ainsi par être intimement persuadés du bien-fondé de notre nouvelle opinion...

Comment ne pas être victime de cette théorie de l'engagement ?

Le plus difficile à gérer, avec cet effet d'engagement, c'est que nous sommes les premiers à nous manipuler ! Car c'est bien de l'automanipulation dont il s'agit, même si quelqu'un peut donner un coup de pouce pour le début ! Cela dit, d'une manière générale, ce processus n'est pas négatif : il est ancré en nous et nous rend service dans 99 % des cas. Il serait en effet illusoire d'essayer de réfléchir 24 heures sur 24 pour être sûr que la nouvelle décision que l'on a prise est bien la bonne : nous nous épuiserions à cette tâche et ne ferions pas grand-chose de nos journées... Mais c'est plutôt quand nous nous engageons de façon aveugle et irréfléchie que cela devient dangereux, car d'autres personnes peuvent alors profiter de notre faiblesse passagère.

Savoir reconnaître ses erreurs

Combien de douleurs, de frustrations et de malheurs pourraient être évités si nous faisions preuve un tant soit peu de cette humilité. Mais combien d'entre nous, par fierté, par entêtement, continuent de foncer tête baissée dans l'automanipulation, voire dans la manipulation ? Pourtant, les signaux d'alarme sont souvent là, à plusieurs reprises même, mais cet engagement reste plus fort.

Il suffit de se poser cinq minutes et de se demander une chose : *« Sachant ce que je sais maintenant et si je pouvais revenir en arrière, prendrais-je toujours la même décision ? »*

Cela est valable dans n'importe quelle situation : un appartement, qui ne possède finalement pas tous les avantages attendus, une machine à laver, qui est plus chère que prévue, un amoureux potentiel qui déçoit, mais que l'on n'ose pas éconduire, *« s'il s'est déplacé jusque-là, je ne vais quand même pas le laisser tomber dès le début de soirée... »*... Combien de fois certaines femmes – et certains hommes – se résignent ainsi ! Que d'argent et d'énergie gaspillés, au seul nom de notre engagement ! Et envers qui ?

Savoir dire stop

Il y a parfois des situations où l'on se dit : *« C'est trop bête ! Avec tout ce que j'ai sacrifié jusque-là, je ne vais pas arrêter maintenant ! »* Pour faire un parallèle intéressant, c'est exactement ce que se dit le joueur invétéré à Las Vegas avant de perdre son argent, sa voiture et sa chemise… Il existe une nuance, parfois difficile à saisir, entre obstination et persévérance ! Alors, fixez-vous une limite ou donnez-vous une échéance pour réexaminer la situation et décider de continuer… ou pas.

Ne jamais se presser pour prendre une décision

Surtout si elle fait suite à une première décision ! Réfléchissez toujours à deux fois entre deux résolutions importantes et ne pensez pas que vous êtes obligé de prendre la deuxième, tout ça parce que vous avez pris la première. Les occasions où vous êtes réellement obligé de le faire sont finalement rares, très rares…

Certains commerciaux sont notamment très forts pour profiter de cette tendance naturelle : après avoir négocié un contrat, et au moment de nous le faire signer, ils rajoutent in extremis une « petite clause », de préférence reconductible tacitement ! Puisque nous avons déjà décidé de signer le contrat, il est difficile de revenir en arrière et de tout rediscuter… Alors n'hésitez pas à demander un délai de réflexion !

À SAVOIR

L'effet d'engagement est aussi ancré au cœur de nos habitudes quotidiennes. Cette routine nous amène à avoir des comportements stéréotypés, qu'il devient difficile de changer au bout d'un moment. Les manipulateurs le savent bien et profitent de cette résistance au changement pour tisser leur toile et profiter de nous. Sans ces habitudes, certaines personnes auraient plus de mal à nous contrôler et devraient être sans cesse sur leurs gardes !

Écoutons Serge, 45 ans :

« Tous les jeudis, je ferme le magasin et je fais un petit somme au travail, entre 14 et 15 heures, car je ferme plus tard le soir ce jour-là. Je ne m'étais jamais rendu compte jusqu'à il y a un mois que mon employé me piquait des sous en douce dans la caisse, pendant ma sieste. Cela m'étonnait aussi, étant si fainéant, qu'il veuille absolument ouvrir la boutique à ce moment-là, soi-disant parce qu'il voyait du monde passer devant la boutique et que l'on perdait des clients… Heureusement que je me suis aperçu rapidement qu'il y avait de plus en plus de trous dans la caisse ! »

N'hésitez donc pas à mettre un peu de fantaisie dans votre quotidien, à bouleverser un peu votre emploi du temps, à faire des (contrôles) surprise, pour surprendre les éventuels manipulateurs qui pensaient si bien vous connaître…

À RETENIR

Les implications de la théorie de l'engagement se cachent derrière chacune de nos décisions

Le tout est d'en être conscient et de ne pas faire preuve d'une cohérence mal avisée, c'est-à-dire aveugle. Ne prenez jamais une décision parce que « vous l'avez déjà fait auparavant », mais réfléchissez à la légitimité de celles qui se révéleront coûteuses et limitez l'automanipulation.

Sachez dire stop avant de tout sacrifier

« Seuls les imbéciles ne changent pas d'avis ! » Et dans certaines situations, il est tout simplement plus intelligent de reconnaître que l'on s'est trompé, même si notre ego en prend un coup. Ne pensez pas au regard des autres. « Les conseilleurs ne sont pas les payeurs » comme dit le dicton…

Demandez un délai de réflexion dès que vous hésitez

Cette petite boule dans la gorge, cette petite voix qui s'agite au fond de vous-même ont peut-être raison : peut-être que vous vous faites effectivement avoir ! Et n'oubliez jamais cela : « Sachant ce que je sais maintenant, referais-je la même chose si je pouvais revenir sur ma décision ? »

Garder contact avec ceux qui comptent

« Ce ne sont pas les influences qui comptent, c'est le choix de ses influences qui est important »

Titouan Lamazou

Un peu de théorie

Éviter le compartimentage

La manipulation est d'autant plus efficace quand certaines conditions sont réunies : une faible estime de soi ou une position d'incertitude par exemple. Mais les personnes isolées, de gré ou de force, sont aussi fragiles. Il est en effet crucial pour le manipulateur d'assurer une emprise durable et forte sur sa victime. Pour établir cette relation d'emprise, il est important pour lui de devenir l'unique référence de la personne manipulée, son seul point de repère, sa seule bouée de sauvetage. Pour cela, il faut donc supprimer toutes les autres références, c'est-à-dire... toutes les autres personnes !

Le compartimentage, une arme propre à tous les manipulateurs, consiste à « diviser pour mieux régner ». Le nombre fait souvent la force, on se sent plus fort entouré de personnes que l'on sait solidaires, et la solitude est donc souvent une faiblesse. En effet, une personne seule aspire à être écoutée, plainte ou aidée, ce qui la rend plus manipulable. Le manipulateur fera donc attention à exacerber les tensions, casser l'harmonie d'un groupe, monter les gens les uns contre les autres, à seule fin de mieux pouvoir manipuler tout le monde ou une personne en particulier. Il lui est ainsi plus facile de susciter les confidences de chacun, en se posant comme une oreille objective et compréhensive, mouvant dans ses opinions au gré des personnes écoutées. En couple, ce compartimentage s'opère insidieusement, mais sûrement. Le manipulateur prend un malin plaisir à déformer, mettre en exergue ou au contraire taire certains faits pour critiquer les amis, les parents, la famille, les collègues, afin de pousser sa victime à couper la communication avec ses proches.

Cet étouffement progressif est crucial, car le manipulateur finit par devenir la seule personne avec qui la victime pense « communiquer ». Ce processus la rend ainsi plus fragile et plus malléable, et elle peut ainsi épouser certains points de vue qu'elle n'aurait peut-être jamais épousés si elle avait gardé des liens avec l'extérieur. On peut prendre la métaphore (pas si fantaisiste) d'un pays dans lequel un seul courant politique aurait le droit de parole via les journaux, la télévision, la radio, Internet... Comment ne pas être manipulé quand on n'a qu'une seule source d'information ?

Entretenir son réseau

Pour sortir de cet engrenage, il faut donc, à tout prix, garder des canaux de communication ouverts, voire les multiplier, afin de conserver une certaine objectivité quant à la situation. Cette règle est même cruciale si vous sentez que vous vous faites manipuler, d'une façon ou d'une autre.

Écoutons Jocelyne, une jeune femme de 38 ans

« Quand j'ai rencontré Boris, j'étais une jeune femme assez sociable, bien que réservée. Mais, avec lui, ça a été très fusionnel, tout de suite. Nous nous sommes installés rapidement ensemble. Dès le début, cela a posé un problème avec mes amis, qui, je pense, ne l'appréciaient pas vraiment. Certains me l'avaient même laissé entendre... Mais j'étais amoureuse et je les ai sacrifiés ! J'ai coupé les ponts avec la plupart d'entre eux. Seuls les amis de Boris étaient les bienvenus chez nous. À l'époque, je n'en souffrais pas, car j'étais complètement aveuglée et je ne vivais que pour être avec lui.

Au bout de deux ans, je me suis rendu compte que je n'étais plus si heureuse que ça et que, au fond, mes amis avaient peut-être raison. Boris était extrêmement jaloux : il ne supportait pas que j'aille boire un verre avec des collègues ou que je sorte toute seule pour aller faire du shopping. Ça a empiré de plus en plus. Mais j'étais comme coincée : je n'avais plus que lui, car j'avais laissé tomber tous les autres ! La situation a été très difficile, car, quand je l'ai quitté, je me suis retrouvée encore plus seule qu'avant… Je me rends compte maintenant que mes amis étaient peut-être les seuls qui voulaient me mettre en garde contre mon ex et qu'en rompant mes liens avec eux, je m'étais mise en danger… »

Comme Jocelyne, vivre à travers une seule relation fusionnelle n'est absolument pas sain, car cela favorise la manipulation, la possessivité et le manque de recul. Apparemment, Boris la voulait pour lui seul et avait fait en sorte de l'isoler, ou du moins de surveiller ses relations, pour mieux la contrôler…

Communiquer !

Les manipulateurs n'hésitent pas à mentir pour s'approprier leurs victimes et les séparer de leurs proches. Ils s'arrangent ensuite pour éviter toute communication, afin de couper court à toute explication qui pourrait assainir la situation. Ils peuvent aller jusqu'à subtiliser le courrier, effacer les messages sur le répondeur… Cette rupture de communication est souvent favorisée par les victimes elles-mêmes, qui préfèrent en général éviter les conflits et donc la discussion. Et c'est justement ce que cherchent à faire les manipulateurs…

À SAVOIR

Le premier signe d'une tentative de compartimentage est très souvent la rumeur. Au travail, mais aussi dans le cadre affectif ou amical, ce sont souvent des phrases qui commencent par : *« J'ai entendu que »*, *« Il paraît que »*… Ne prêtez pas le flanc à ce genre de manœuvre : demandez des précisions, posez des questions sur la source de la rumeur ou faites comme saint Thomas : croyez seulement ce que vous voyez !

La rumeur est un fléau qui peut se répandre comme une traînée de poudre. Mais, sans relais, elle s'éteint rapidement. Ne vous cantonnez pas à un seul avis ou à une seule source d'information. Mais ne divulguez jamais non plus des informations qui ne seraient pas fiables.

N'hésitez pas non plus à aller voir directement les personnes avec qui vous avez un malentendu pour mettre les choses à plat, car celui-ci peut simplement être une manœuvre de la part d'un manipulateur qui essaie de semer la zizanie. Mais attention ! N'accusez pas non plus ces personnes d'être à l'origine du problème (*« Tu as un problème avec moi ou quoi ? »*) ! Laissez le dialogue ouvert en ayant des propos plutôt neutres : *« Je vois bien que depuis quelque temps il y a quelque chose qui cloche entre nous et j'aimerais bien en parler avec toi. Tu veux bien que l'on prenne quelques minutes ? »* La plupart du temps, cela permet d'éclaircir la situation et de mettre à jour une tentative de manipulation. N'ayez pas peur d'aller au-devant des explications.

À RETENIR

Décelez le compartimentage

Manipuler signifie souvent acquérir suffisamment de pouvoir sur une personne pour pouvoir l'influencer. Cela implique donc de tout faire pour diminuer l'influence des autres personnes… Les techniques sont diverses et elles peuvent être très efficaces selon la personnalité de la victime : quelqu'un déjà en rupture avec sa famille, une personne peu sûre d'elle-même…

Gardez un lien avec des personnes de confiance

Pourquoi une seule personne remettrait-elle en cause tous ceux avec qui vous avez tissé des liens ? Une relation trop fusionnelle devient souvent étouffante et « l'après-rupture », qu'elle soit amoureuse, amicale ou professionnelle, peut être difficile si vous avez tiré un trait sur tous ceux qui faisaient partie de votre vie.

N'hésitez pas à prendre de front malentendus et rumeurs…

Et ceci pour éviter que cela ne se transforme en conflit et que la communication soit définitivement rompue ! Car c'est ce que recherche le manipulateur, pour mieux isoler et affaiblir leur victime.

Clarifier sa communication

« Entre ce que je pense, ce que je veux dire, ce que je crois dire, ce que je dis, ce que vous avez envie d'entendre, ce que vous entendez, ce que vous comprenez… Il y a dix possibilités qu'on ait des difficultés à communiquer. Mais essayons quand même »

Bernard Werber

Un peu de théorie

Qu'est-ce que la communication ?

Dans la communication, il y a trois éléments majeurs : l'émetteur, le récepteur et le message. À la lumière de ces trois éléments, et avant même de savoir ce qui a été communiqué, il y a donc naturellement trois fois plus de chance que la communication ne soit pas optimale… En effet, et comme le dit très bien Bernard Werber dans son Encyclopédie du savoir relatif et absolu, la communication souffre forcément d'une grande déperdition d'informations entre ce qui constitue l'émetteur (qui est lui-même le récepteur d'un autre émetteur) et le récepteur.

Le manipulateur utilise forcément cette faiblesse de la communication : il peut, par exemple, faire semblant de ne pas avoir compris ce qui a été dit, ou encore d'avoir mal compris, pour pouvoir agir à sa guise ou retourner la situation en sa faveur. Mais nous pouvons aussi nous faire manipuler parce que nous n'avons pas pris le temps ou l'énergie suffisante pour nous montrer clair dans notre communication. Alors autant mettre toutes les chances de notre côté dès le début en faisant l'effort d'être le plus objectifs possible, et ce afin d'éviter toute interprétation malveillante du message que l'on veut faire passer.

Les choses qui vont sans dire vont mieux en étant dites !

Les manipulateurs sont les as des sous-entendus, des insinuations et des allusions assassines. Pour eux, c'est une façon de faire passer des messages sans prendre de risques : menaces, moqueries, dévalorisation de l'autre… Ainsi, ils peuvent toujours nier l'avoir fait : « *Quoi ? Mais qu'est-ce que tu vas chercher là…* » Ou faire croire aux autres que vous n'avez pas d'humour : « *Allons, allons, tu n'as pas d'humour ou quoi ?* » Ces messages implicites sont pourtant destructeurs et il est important de savoir les désamorcer à temps pour ne pas les laisser faire de beaux dégâts. Le mieux est alors de vous comporter comme si vous étiez « naïf », en dévoilant la pensée sous-jacente à chaque fois que vous pressentez un message à double sens. Par exemple, vous pouvez très bien dire une phrase comme : « *Quand tu dis ça, est-ce que ça veut dire que…* » ou « *Moi, quand tu me parles ainsi, je comprends que… Ai-je raison ?* »… Le manipulateur se verra alors contraint de nier et vous pourrez alors lui asséner un « *Ah bon, j'ai eu peur ! Je pensais que tu te moquais de moi…* » Mais il peut aussi acquiescer et le sous-entendu deviendra alors une véritable agression explicite. Vous pourrez ainsi agir en conséquence et de façon plus limpide. Ne restez jamais dans le flou, car le manipulateur est bien plus fort que vous à ce petit jeu-là !

Ne laissez aucune place à l'interprétation

Nous faisons parfois, et sans le faire exprès, des erreurs de communication avec les manipulateurs parce que nous ne sommes pas assez clairs et précis. Réfléchissez bien à ce que vous voulez dire et positionnez-vous toujours de façon marquée et argumentée. Pesez chaque mot à sa juste valeur, même si ce vous vous apercevez ensuite que vous faites erreur. Il sera toujours temps de faire passer un « erratum » par la suite !

La réponse de Normand, *« P'têt ben qu'oui, p'têt ben qu'non »*, est à laisser au placard ! En effet, le manipulateur peut très bien s'en servir pour vous faire dire des choses que vous n'avez jamais dites ! Les *« Moi je n'avais pas compris ça quand tu m'as dit que... »* sont trop faciles à utiliser pour vous désarçonner et doivent donc être supprimés de vos conversations avec un manipulateur. Pour cela, une seule solution : cadrez bien ce que vous dites dans le contexte, soyez le plus précis possible et ne laissez pas vos phrases en suspens... Il sera trop tentant pour un manipulateur de les terminer à votre place... et à votre insu !

De même, forcez le manipulateur à prendre position, en refusant les réponses vagues et imprécises. Posez de préférence des questions fermées, quand l'interlocuteur ne peut répondre que par « oui » ou par « non », ou alternatives, vous donnez vous-même le choix des réponses possibles. Soyez ferme et précisez que vous ne partirez pas tant que vous n'aurez pas obtenu une réponse explicite et claire.

Au besoin, n'hésitez pas à poser des questions ouvertes. Les questions ouvertes sont dites « techniques » : elles commencent toujours par un adverbe comme comment, où, quand, pourquoi... et servent à préciser un propos. Abusez-en volontiers, car les manipulateurs détestent être passés ainsi sur le gril. Ils préféreront même certainement manipuler quelqu'un d'autre de plus crédule et de moins curieux sur les détails de leurs intentions...

Enfin, vous pouvez également utiliser la reformulation, afin de vous assurer du sens du message. Par exemple, vous pouvez très bien commencer votre phrase par : *« Alors, si j'ai bien compris ce que tu viens de me dire... »* Ou encore par : *« Laisse-moi récapituler »*... Le manipulateur ne sera pas dupe et comprendra à qui il a affaire !

À SAVOIR

En effet, les manipulateurs préfèrent en général s'exprimer oralement que par écrit, car ils comptent bien sur la mémoire humaine pour oublier ce qu'ils ont dit ! Ils peuvent ainsi passer maîtres dans l'art des phrases à double sens, des retournements de veste et des mensonges, puisque personne ne peut prouver leur duplicité. C'est d'ailleurs la raison pour laquelle ils préfèrent en général voir les gens en tête à tête : il est plus facile de manipuler une seule personne que deux, l'un pouvant soutenir et servir de témoin à l'autre.

Dans les entreprises notamment, ou dans toutes formes de relations contractualisées, il peut être très utile d'utiliser l'écrit pour communiquer. L'e-mail notamment peut tout à fait servir de « preuve » en cas de conflit, voire de litige au sens juridique du terme.

Trois conditions sont cependant obligatoires pour qu'un e-mail puisse être utilisé dans ce cas-là, c'est-à-dire considéré comme fiable : l'identification claire de l'émetteur, la mention précise de la date et la sauvegarde de l'intégralité du message.

Quelques petits conseils : insérez une signature électronique et cliquez sur « Répondre » plutôt que sur « Nouveau message » quand vous devez réagir à un mail (votre message fera apparaître celui du manipulateur). Activez les accusés de réception, ou l'option « message recommandé », et, surtout, conservez soigneusement vos e-mails !

À RETENIR

La communication est par essence imparfaite...

Car elle fait forcément apparaître un émetteur et un récepteur (ainsi qu'un message), tous deux également imparfaits. En effet, à moins d'utiliser la transmission de pensée, il est quasiment impossible de faire passer correctement l'intégralité d'un message. Mais cela ne doit pas vous empêcher d'essayer !

Les manipulateurs utilisent les failles de la communication

Ils se délectent de pouvoir compter sur les subtilités de la communication humaine, car cela leur est utile dans leurs tentatives d'influence. Ils peuvent alors faire passer des messages ambigus ou feindre d'avoir mal interprété certains propos...

Clarifier ses propos au maximum

Si l'on ne peut changer ce qu'il y a dans les pensées des manipulateurs, on peut cependant faire attention au message que nous leur transmettons. Pour cela, ce dernier doit être sans équivoque, le plus clair possible et ne pas comporter de propos à double sens.de la date et la sauvegarde de l'intégralité du message.

Être clair avec soi-même

« Le courage est le prix que la vie exige pour accorder la paix »

Amélia Earhart

Un peu de théorie

Avoir « la conscience tranquille »

Nul n'est parfaitement innocent. Aucun d'entre nous n'est sans reproche, sans remords ou sans regret. Avoir la conscience tranquille ne signifie donc pas se convaincre que l'on n'a jamais rien fait de mal – comme le disait Jésus : *« Que celui qui n'a jamais péché lui jette la première pierre »* – mais c'est avoir la pleine conscience de ses responsabilités, de ses moments de faiblesse et de lassitude. C'est aussi accepter que son attitude puisse être interprétée différemment au regard de l'intention que l'on avait au début, afin de pouvoir mieux se défendre le moment venu. C'est enfin être lucide sur son comportement et ses motivations, pour être en paix avec soi-même. Nous appréhendons mieux la manipulation quand on voit la situation dans son contexte, avec plus de recul et donc d'acuité.

Quelles sont mes motivations ?

Comme nous l'avons vu dans les chapitres précédents, nous avons tous des points faibles : nous désirons être aimés, admirés, respectés, et ce, à des degrés divers. Certains d'entre nous désirent par exemple être « un peu plus » que les autres et sont prêts à faire beaucoup de concessions pour y arriver. D'autres, au contraire, veulent à tout prix s'intégrer et rentrer dans un certain moule afin d'être mieux acceptés et de s'accepter également. D'aucuns préfèrent encore vivre dans la dépendance confortable, alors que d'autres privilégient la solitude et la tranquillité. Certains enfin cherchent à combler un vide ou veulent combler le vide des autres.

En bref, nous avons tous des motivations complexes, des objectifs inconscients ou inavouables, qui sont autant de points faibles sur lesquels appuyer pour nous influencer. Prendre conscience de la vision que l'on a de soi-même et des autres est fondamental pour éviter la manipulation, car ce sont les valeurs que nous véhiculons qui nous rendent faibles et forts à la fois.

Suis-je suffisamment lucide ?

Il est également important, sans tomber dans le cynisme absolu, de se rendre compte que le monde idéal qu'on aime imaginer n'existe pas ! Chacun vit pour soi. Nous sommes tous égoïstes, nous pensons tous à notre bien-être personnel (ou à celui de nos proches), et manipuler pour l'obtenir ne nous paraît pas si monstrueux que ça… Cela n'excuse pas forcément ceux qui le font à nos dépens, mais y penser nous aide à mieux comprendre certaines situations.

Être lucide nous autorise deux choses. Premièrement, cela permet de nous attendre à tout, car l'homme est capable de tout pour obtenir quelque chose qui lui tient à cœur. Deuxièmement, être réaliste sur ce que nous sommes ne signifie pas forcément être désabusé. Bien au contraire ! Cela nous permet d'être encore plus « touchés » quand une action gratuite, une « bonne action », est complètement désintéressée. Nous la gardons en mémoire longtemps et nous nous en inspirerons peut-être, dans les moments perdus.

Suis-je clair avec mes objectifs conscients ?

Il ne faut pas confondre besoins inconscients (être aimé, être admiré…) et objectifs conscients. Il arrive que nous nous fassions manipuler parce que nous voulons tant quelque chose que nous passons outre certaines de nos valeurs pour l'obtenir. Si vous vous êtes fait manipuler, demandez-vous les raisons qui vous ont poussé à accepter la manipulation : vouliez-vous être plus riche ? Cherchiez-vous à grignoter un peu plus de pouvoir ? Souhaitiez-vous être remarqué par quelqu'un ?

Tous ces objectifs ne sont pas mauvais en soi. Ce qui est plus discutable, c'est ce que nous sommes prêts à accepter pour y arriver, la façon dont nous nous y prenons pour atteindre nos objectifs. Souvent, la manipulation n'est pas si invisible que ça et il arrive que l'on y mette (un peu) du sien, comme en témoigne Clara :

« Quand j'ai rencontré Sylvain, je m'ennuyais terriblement dans ma vie. J'avais un petit boulot pépère, une vie bien rangée, des amis un peu chiants, une mère envahissante et un petit chien capricieux. Bref, une vie normale ! Pourtant, depuis toute petite, je voulais vivre des choses extraordinaires et des amours tumultueuses, comme les héroïnes de mes romans préférés. J'étais une romantique qui ne s'assumait pas. Sylvain m'est tout de suite apparu comme dangereux pour le confort de ma vie. Il était un peu marginal mais très malin, un peu aventurier et sans attaches. Il ressemblait énormément au « corsaire » que l'on rêve de rencontrer. Il m'a tout de suite plu. Mais après deux ans de relation, j'étais épuisée, en froid avec ma mère, mon compte en banque était vide et mes amis partis. Je ne sais pas s'il m'a manipulée pour que je lui ressemble ou pour ne pas être seul dans sa fuite en avant, mais je sais que je me suis laissé faire parce qu'il m'apportait ce que je voulais : du rêve. Maintenant, je suis de nouveau seule, mais je suis presque heureuse d'avoir vécu cette parenthèse. Après coup, cela ne me semble pas si terrible. J'ai eu ce que je voulais : deux ans dans la peau de quelqu'un d'extraordinaire… »

À SAVOIR

Les questions que nous nous posons ne sont pas faites pour nous faire culpabiliser, les autres le font assez pour nous. Au contraire, elles sont faites pour justifier, voire peut-être excuser certains comportements, en démasquant les intentions et les besoins qui étaient soigneusement tapis derrière. Quand nous nous faisons manipuler, nous sommes effectivement victimes des intentions d'autrui, mais ce n'est pas une raison pour nous comporter en victime.

Il faut parfois savoir prendre ses responsabilités, se dire que l'on ne fait pas forcément les choix les plus judicieux, mais que cela reste rattrapable si l'on redevient maître de son jeu. Peut-être qu'à un moment donné, être une victime nous arrangeait, peut-être qu'à un moment, il était plus simple de se laisser manipuler, de laisser les rênes à quelqu'un d'autre, parce qu'on n'avait soi-même pas assez de force pour prendre nos responsabilités. Quand on laisse le volant à quelqu'un d'autre, tout en restant dans le véhicule, il ne faut pas se plaindre si la voiture est éraflée, mais plutôt essayer de se rappeler les raisons pour lesquelles on a laissé le volant !

Grandir, progresser, apprendre, c'est assumer ses vraies responsabilités, c'est-à-dire les choses sur lesquelles nous avons un véritable pouvoir, et ne pas rejeter sur l'autre toute la faute de la manipulation. Le mieux est peut-être de se demander pourquoi on a été aveugle à ce point… et ne plus recommencer !

À RETENIR

Faire un examen de conscience

Il est rare de se faire manipuler sans avoir, ne serait-ce qu'un tout petit peu, prêté le flanc à la manipulation, même de façon inconsciente. Nos besoins se transforment souvent en motivations et nos motivations en objectifs. Atteindre ces objectifs demande parfois de faire quelques concessions.

Garder l'esprit clair

Nous pouvons nous faire manipuler quand nous rentrons dans les plans de quelqu'un d'autre qui veut atteindre ses propres objectifs. Mais nous avons aussi les nôtres, parfois pas si différents de ceux de l'autre. N'oublions pas cela quand arrive le moment de nous expliquer.

Ne pas se comporter en victime

Jouer les victimes, c'est le meilleur moyen de le rester ! Même dans les situations les plus difficiles, il est important de faire un point sur ses propres responsabilités, ne serait-ce que pour mieux déterminer celles du manipulateur. Cela permet en outre de savoir quoi changer pour aller mieux…

Être conscient de ses choix

« Le seul mauvais choix est l'absence de choix »

Amélie Nothomb

Un peu de théorie

Le secret de la manipulation ?

La manipulation, souvent, n'est finalement rendue possible que par l'attitude de la personne manipulée. En effet, c'est souvent la recherche de sécurité, de confort et de tranquillité (bien naturelle, nous l'admettons), qui permet aux manipulateurs en tout genre (médias, proches, employeurs…) de s'approprier nos besoins, nos opinions et nos choix, et de faire de nous des marionnettes, parfois récalcitrantes, il faut bien le dire.

Pour que la manipulation soit efficace, il faut en effet faire un (non-) choix entre deux attitudes : une trop grande passivité d'une part ou une trop grande réactivité d'autre part.

La passivité

Même actifs, voire hyperactifs pour certains, nous avons parfois tendance à faire preuve d'une certaine fainéantise intellectuelle. Rien de bien grave en général : notre tendance à vouloir faire comme les autres – le concept de « preuve sociale » ainsi que notre besoin de conformité –, notre facilité à répéter des choses déjà faites, notre propension à créer des habitudes et des automatismes, notre aptitude à nous soumettre à l'autorité naturellement, ou encore notre penchant pour une certaine cohérence (voir la théorie de l'engagement)…, tout ceci nous permet de vivre la plupart du temps en bonne intelligence avec autrui. Ce serait donc notre instinct grégaire qui serait à la base de notre capacité à nous faire manipuler !

Mais certains d'entre nous sont bien plus passifs que d'autres : par exemple, ils ont tendance à se reposer exclusivement sur les autres, pour prendre les décisions, mineures ou importantes, pour subvenir à leurs besoins, ou même pour savoir, parfois, quelle est la meilleure opinion à avoir. Qu'elle soit acquise ou innée, consciente ou inconsciente, choisie ou forcée, cette propension à la passivité donne souvent la part belle au destin ou au fatalisme. Mais c'est évidemment nier cette part de libre arbitre, infime mais réelle, qui fait de nous des êtres pensants et conscients... Évidemment, l'occasion est trop belle pour que les manipulateurs n'utilisent pas cette foule passive et résignée pour la mener par le bout du nez...

La réactivité

Une trop grande réactivité est un tout autre problème. Les personnes très réactives sont souvent plus fragiles face à la manipulation, car elles manquent de recul pour juger de la situation dans sa globalité. Elles se contentent de réagir à des stimuli, parfois très bien, d'ailleurs, sans forcément réfléchir de façon posée à la raison de ces stimuli.

En fait, la réactivité est intimement liée à l'émotivité, et, comme nous l'avons vu, les émotions provoquent des comportements automatiques, donc prévisibles. C'est la raison pour laquelle, rappelons-le, les dictatures imposent souvent le régime de la peur, car celle-ci, la peur psychologique, provoque souvent un comportement de soumission, bien pratique pour manipuler les citoyens. Évidemment, la peur fait parfois place à la colère, mais, pour cela aussi, les dictatures sont bien préparées...

Les manipulateurs s'appuient donc beaucoup sur les émotions (la honte, la peur, la colère, la culpabilité, la tristesse...) et les provoquent à leur guise, pour obliger leurs victimes à adopter des comportements attendus, et parfois même conditionnés (tout comme le chien de Pavlov, qui salivait déjà lorsqu'il entendait le bruit précédant la pâtée...).

Alors, que faire ?

Dans un premier temps, il est capital de prendre conscience du phénomène. En ce qui concerne notre passivité, cela peut passer par des questions sur soi : *« Dans quels domaines ai-je l'habitude d'être plus passif ? »* Cela peut être quand on regarde la télévision sans s'informer par ailleurs, par exemple, ni par les journaux, ni par Internet. Cela peut être quand on laisse son collègue envahir son espace vital et prendre certaines décisions importantes sans même nous consulter. Cela peut être encore quand on a décidé d'acheter une marque de lessive parce qu'on a vu la publicité à la télévision… Pour ce qui est de notre réactivité, ce dont il faut prendre conscience, c'est la façon dont nous réagissons naturellement quand nous ressentons une certaine émotion et comment ce comportement peut être utilisé à des fins manipulatrices. *« Quand ma femme me culpabilise pour telle ou telle raison, quelle est ma réaction ? Et si, dans ces cas-là, je lui achète un cadeau, ne pourrait-elle pas provoquer, inconsciemment peut-être, ce type de compensation ? »*

Dans un deuxième temps, il est important d'agir et non pas subir. Dans cette deuxième phase, peu importe si l'on fait exactement la même chose qu'avant : l'important est de le faire de façon consciente. Vous regardez quand même la télévision sans lire les journaux ? Vous achetez quand même un cadeau à votre femme qui vous fait culpabiliser ? Très bien, mais sachez que cela devient en quelque sorte votre choix si vous vous faites manipuler… Évidemment, l'idéal consiste à dresser un constat de ce qui est bon ou mauvais dans son attitude, et de ce que l'on peut changer ou non. Si vous n'aimez pas lire les journaux, vous pouvez écouter la radio. Si vous ne voulez plus acheter un cadeau à votre femme, vous pouvez essayer de parler de votre culpabilité et de son attitude…

À SAVOIR

Le lecteur l'aura peut-être remarqué, mais le mot « manipulation » recouvre plusieurs sens et plusieurs réalités qu'il convient de rappeler.

Premièrement, il y a des techniques de communication, dont l'exemple le plus parlant est la technique du commercial chez un concessionnaire, par exemple, ou encore de celle du mari jaloux, qui veut garder son épouse sous son contrôle.

Deuxièmement, la manipulation recouvre également l'ensemble des messages persuasifs, dont nous connaissons l'intention la plupart du temps, pour acheter telle marque de yaourt par exemple. Troisièmement, on utilise enfin le terme de manipulation en ce qui concerne les grandes manœuvres stratégiques et politiques de certaines élites, pour prendre, garder et protéger leur pouvoir...

Nous rappelons également ici qu'il est très difficile de faire une séparation nette et précise entre manipulation et influence. Où commence la manipulation ? Qui ne la pratique pas, ne serait-ce que pour se faire aimer ou aider ?

Nous arrivons donc à la conclusion peu rassurante, pourtant si conforme aux questions soulevées par le premier chapitre de ce livre, que la manipulation se retrouve partout, mais qu'elle n'est finalement pas si « invisible » que ça. En effet, avec un peu d'attention, si l'on ne peut peut-être pas toujours l'éviter, on peut au moins s'en rendre compte et redoubler de vigilance... Protégeons notre liberté !

À RETENIR

Passivité et réactivité : les deux amies de la manipulation

Quand la passivité provoque et entretient la manipulation, la réactivité la rend plus efficace. Ainsi, certaines tendances, que nous avons naturellement, de par notre culture, notre sexe, notre caractère ou tout simplement notre condition d'être humain, nous rendent plus facilement manipulables. De même, notre propension à réagir aux événements de façon irréfléchie peut nous rendre plus influençables.

Prendre conscience de ses comportements passifs ou émotionnels

Il convient de procéder à une petite introspection, pour juger si nous ne serions pas tous sujets à ce genre de comportements, dans des domaines différents. Même si nous ne changeons pas de comportement, cela nous permet déjà de nous poser quelques questions : « *Quelle prise est-ce que je laisse aux manipulateurs ?* », « *Comment puis-je lutter contre mes faiblesses ?* »

CONCLUSION

Ces chapitres vous auront aidé, nous l'espérons, sinon à être un expert en manipulation, du moins à mieux comprendre le fonctionnement de la communication, ses enjeux et ses subtilités, pour obtenir des autres avec plus de facilité ce que vous désirez. Désormais au fait des techniques de manipulation, vous devriez aussi être capable de les reconnaître et de ne pas tomber dans les pièges que le quotidien vous tend. Ce livre a également pour vocation de faire réfléchir le lecteur sur ses relations avec autrui, sur ses points faibles (qui correspondent bien souvent à ses besoins) et sur ses motivations. C'est un voyage intérieur dans le labyrinthe de sa propre expérience que nous avons voulu proposer à celui qui s'intéresse à ces comportements, souvent invisibles et pourtant omniprésents…

Quelques dernières recommandations en guise de conclusion. Demandez-vous toujours s'il n'est pas plus simple ou plus efficace de demander directement. Gardez à l'esprit que chacun est différent et réagit de manière singulière aux stimulations et aux événements. Ce qui fonctionnera bien pour une personne n'est donc pas assuré de rencontrer le même succès chez une autre. Sachez vous adapter et rebondir en cas d'échec, ne vous entêtez pas sur une technique. Soyez au fait des grosses techniques de manipulation mais n'en faites pas votre mode de communication préféré. Il vaut mieux, ne serait-ce que pour votre propre estime, ne pas abuser les gens.

Prévoyez toujours les conséquences à long terme de vos actions : pour vous et pour les autres. Développez votre empathie : si vous faites un effort de compréhension envers les personnes, vous serez plus à même d'analyser ce qui motive leurs comportements et de vous adapter en conséquence. Privilégiez l'influence basée sur la confiance et le respect mutuel, c'est la seule solide et durable.

NOTES

NOTES

NOTES

NOTES

Auteurs : p. 15 à 186 par Anne Guibert et p. 193 à 347 par Marie-Laure Cuzacq

EDITIONS ESI

60, rue Vitruve, 75020 Paris
Imprimé en République Tchèque à Cesky Tesin par Finidr

ISBN : 978-2-8226-0051-4 - N° Sofédis : S496017